COLLECTION PICARD

BIBLIOTHÈQUE COLONIALE ET DE VOYAGES

PAUL SOLEILLET
EN AFRIQUE
PAR
JULES GROS
ANCIEN SECRÉTAIRE DE LA SOCIÉTÉ DE GÉOGRAPHIE COMMERCIALE DE PARIS

Illustrations de Genilloud, Massé et Notor

PARIS

A. PICARD ET KAAN
ÉDITEURS
, rue Soufflot, 11

Maurice DREYFOUS
ÉDITEUR
13, faubourg Montmartre, 13

(Propriété réservée)

BIBLIOTHÈQUE COLONIALE ET DE VOYAGES

PAUL SOLEILLET
EN AFRIQUE

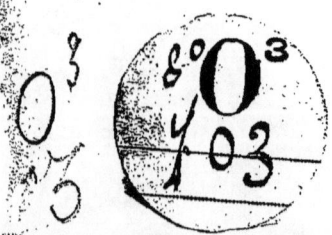

PAUL SOLEILLET

COLLECTION PICARD

BIBLIOTHÈQUE COLONIALE ET DE VOYAGES

PAUL SOLEILLET EN AFRIQUE

PAR

JULES GROS

ANCIEN SECRÉTAIRE DE LA SOCIÉTÉ DE GÉOGRAPHIE COMMERCIALE DE PARIS

Illustrations de Genilloud, Massé et Notor.

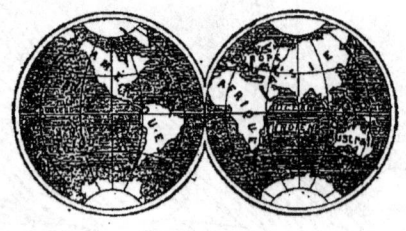

PARIS

A. PICARD ET KAAN
ÉDITEURS
11, rue Soufflot, 11.

Maurice DREYFOUS
ÉDITEUR
13, faubourg Montmartre, 13.

(*Propriété réservée.*)

PAUL SOLEILLET
EN AFRIQUE

BIOGRAPHIE DE PAUL SOLEILLET

Jean-Paul Soleillet est né à Nîmes le 29 avril 1842. La famille de son père était originaire de Marseille et était une des plus anciennes de cette ville, dans laquelle se trouvait une rue nommée rue des Soleillet. Vers la fin du XIVe siècle un syndic des patrons pêcheurs de Marseille portait comme l'explorateur de l'Afrique le nom de Jean Paul Soleillet.

Le jeune Jean-Paul fut élevé à Avignon où son père était directeur des contributions indirectes. Sa mère était une demoiselle Boyer et était la petite-nièce du célèbre Boyer-Brun, le rédacteur des *Actes des Apôtres* et l'auteur d'un livre très recherché sur la caricature pendant la Révolution. Sa grand'mère maternelle était une parente de Della Maria, le compositeur marseillais.

Jean-Paul Soleillet, qui avait débuté par être employé chez son père à Avignon, s'engagea en qualité de volontaire pour aller délivrer la Pologne. Il ne put mener jusqu'au bout son généreux projet, car il apprit, en arrivant à Genève, la reddition du malheureux pays opprimé. Vers 1863, il vint à Paris où il entra comme employé au ministère des finances. En 1865, il quitta définitivement l'administration et entra dans le commerce. Son occupation fut l'étude de la fabrication des étoffes orientales. Cela le conduisit au Maroc, en Algérie, en Tunisie et en Tripolitaine.

Ce fut le moment où se révéla la véritable vocation du jeune homme. De tout temps il avait montré un goût extraordinaire pour les voyages et la géographie. Dès l'âge de sept ans il racontait sans sourciller et sans commettre la moindre erreur, les voyages de Chardin au comte Muller, qui était un des amis de sa famille.

Lors de son premier voyage à Tunis, une grande épidémie de choléra venant de se déclarer, Jean-Paul n'hésita pas à suivre les conseils de son courage et de son dévouement; il entra dans une ambulance pour soigner les malades, et gagna ainsi un diplôme de félicitation qui lui fut donné par le gouvernement italien.

Plus tard, Soleillet dut renoncer à ses entreprises commerciales interrompues par la guerre et ce fut alors qu'il résolut de faire un voyage d'exploration dans le Sahara et qu'il commença à se mettre en mesure d'exécuter ce projet.

C'était l'époque où commençaient nos désastres. Soleillet sentit le besoin d'aller au secours de sa patrie et, remettant à des temps meilleurs la réalisation de tous ses projets d'avenir, il s'engagea dans le 91e régiment d'infanterie et fit la campagne de la Loire avec les modestes galons de caporal.

Cependant l'amour des voyages loin de s'atténuer dans l'esprit du jeune soldat, s'accentuait toujours davantage. Pendant tout le temps qu'il avait consacré à des voyages commerciaux, il n'avait pas cessé de combiner les moyens à employer pour faire une exploration complète d'une région encore inconnue. Quand la campagne fut terminée, il reprit ses projets avec plus d'ardeur et fit dans ce sens une note qu'il adressa à M. de Larcy, son compatriote et un des amis de sa famille.

Dans ce travail il indiquait nettement ses idées et proposait de créer une ville commerciale, sorte de vaste marché, dans le sud de l'Algérie afin d'y attirer les caravanes venant du Soudan.

Plus tard Soleillet vint à Paris et proposa cette idée à la Société Algérienne qui la goûta fort, fit imprimer son Mémoire et envoya l'auteur lui-même à Alger en lui donnant mission de s'entendre avec le directeur du Comptoir d'Alger.

Cette tentative fut vaine. Le jeune délégué était alors en relations suivies avec M. Varnier, député d'Alger, qui lui témoignait beaucoup d'affection; tous deux comprirent que l'administration coloniale ne ferait rien parce qu'elle ne voulait rien faire. Soleillet résolut alors de faire lui-même une exploration complète de tout le Sahara algérien.

Le vaillant voyageur a écrit lui-même ses angoisses et les difficultés de tout ordre qu'il a eu à combattre à cette époque. Cela figure dans une brochure qu'il a publiée chez l'éditeur Challamel aîné et qui a pour titre : *Avenir de la France en Algérie.*

« J'étais inconnu, seul, sans protecteur, sans argent, dit-il, mais j'avais en moi, comme je l'ai encore, grâce à Dieu, cette confiance absolue que donne la foi dans une idée que l'on sait vraie et j'osais essayer de mettre en œuvre un projet qui devait créer des relations suivies de commerce et d'amitié entre la France et les peuples du Sahara central et du Soudan occidental.

» Une telle entreprise avait toujours paru d'une exécution difficile au Gouvernement lui-même, qui en vain avait tout tenté, à un moment donné, de 1842 à 1862, et qui, depuis la mission de Ghadamès, se bornait à former des vœux sans plus rien entreprendre, entreprise qu'une société puissante n'ose encore aujourd'hui essayer de réaliser.

» Ayant trouvé dans un de mes amis, M. Furche, qui écrivait alors dans l'*Algérie française,* journal d'Alger, le moyen d'entretenir de mes projets le public algérien, je confiai à son amitié le soin de commencer une campagne en leur faveur, pour remettre sous les yeux du public une question qui a tant de titres pour être populaire en Algérie; je quittai (fin septembre 1872) Alger pour l'oasis de Laghouat et de là je fis une première exploration dans le Sahara central, au cours de laquelle je visitai les oasis de Beni-M'zab et des Chaamba, ainsi que les queçour du Djebel Amour.

» De retour à Alger, au mois d'avril 1873, je présentais à la Chambre de commerce de cette ville, revêtu de l'approbation des deux hommes les plus compétents en de telles questions, le général Mircher, ancien chef de la mission de Ghadamès, et le docteur Varnier, député d'Alger, un projet d'exploration commerciale d'Alger à l'oasis d'In-Çalah. »

Le général Mircher était chef du cabinet militaire de l'amiral de Guédon; il avait été ministre de la guerre du bey de Tunis, puis directeur de l'École égyptienne à Paris. C'était donc de toute façon un personnage très considérable.

Mais laissons de nouveau la parole au voyageur :

« La Chambre voulut bien accorder son haut patronage à ma future expédition, et le 26 juin elle réunissait les principaux négociants de sa circonscription, devant lesquels j'étais admis à exposer mon projet de voyage et l'avenir que je croyais réservé au commerce et à l'industrie de la France dans l'intérieur de l'Afrique ; je terminais ma communication en disant : « J'ai dépensé sept ans de ma vie et » une partie de ma fortune à la réalisation d'une idée ; je ne demande » qu'une chose : que cette idée, si elle est reconnue utile, profite à » mon pays. » Les journaux de l'Algérie, notamment l'*Algérie française* du 28 juin 1873, ont rendu compte de cette séance ; la presse, tant de la métropole que de la colonie, avait discuté sérieusement mes idées, et cela généralement avec la plus grande bienveillance, je suis heureux de le reconnaître ici.

» Après de nombreuses difficultés, je quittais Alger le 27 décembre 1873. Le but de mon voyage était cette mystérieuse oasis d'In-Çalah, *encore plus impénétrable aux chrétiens que Tombouctou* ainsi que le dit M. Duveyrier.

» J'avais promis à la Chambre de commerce d'Alger, au Gouvernement, à la Société de géographie, de me rendre d'Alger à l'oasis d'In-Çalah, et de ramener avec moi des marchands du Touat porteurs des produits du Sahara et du Soudan, que je mettrais, à Alger même, en relations avec le commerce français ; ces promesses que j'ai faites, je suis heureux de pouvoir le dire, je les ai toutes tenues. »

Disons d'ailleurs que, malgré l'engagement formel pris par Soleillet, devant la Société de géographie de France, d'aller jusqu'à In-Çalah sinon de pénétrer dans cette oasis, cette Société refusa de lui donner aucune espèce de concours. Une injuste prévention régnait contre le voyageur et semblait paralyser tous ses efforts. Quand nous raconterons ce beau voyage nous montrerons combien étaient injustes ces défiances et combien les efforts de Soleillet ont été fructueux pour la science et pour l'avenir commercial de nos colonies africaines.

Ce qui donnait à l'explorateur une si grande confiance en la réussite de son entreprise, était la précaution qu'il avait eue, longtemps à l'avance, de se créer des relations amicales avec des chefs Chaamba et des Ouled-Sidi-Cheik. Dans un livre publié par M. Houdas, proesseur d'arabe à la chaire publique d'Alger, se trouve une lettre qui témoigne de l'affection que le voyageur avait su inspirer aux indigènes. Elle est écrite par un Touareg et demande des nouvelles de Soleillet avec lequel il avait été en rapport à Tripoli de Barbarie en 1868.

Quand il fut de retour à Alger, le vaillant explorateur y fit connaissance avec Mac Carthy et des liens d'une sincère amitié ne tardèrent pas à les unir. A cette époque aussi il fit la connaissance de M. Masqueray, qui, depuis, n'a jamais cessé de lui donner des preuves d'un dévouement constant.

Signalons encore dans cette période de la vie du voyageur la connaissance qu'il fit de Dourneaux-Duperré, qui devait périr si misérablement au milieu des plaines sablonneuses du Sahara, sous les coups perfides d'une bande de malfaiteurs.

Soleillet a écrit dans les Mémoires de la Société scientifique et littéraire d'Alais, une courte notice biographique sur son ami Charles-Norbert Dourneaux-Duperré. Nous ne pouvons résister au désir de faire connaître à nos lecteurs ce morceau éclos de la plume du voyageur; ils pourront ainsi se convaincre que, contrairement à des affirmations erronées émises par des membres de la Société de géographie, auxquels on aurait le droit de demander plus de justice et d'impartialité, il y avait dans l'intrépide voyageur non seulement un courage indomptable, mais encore l'étoffe d'un savant et d'un littérateur.

Voici en quels termes Soleillet racontait l'histoire de Dourneaux-Duperré, qui, lui aussi, a succombé dans le continent africain et qui y a grossi le nombre des martyrs de la science géographique :

« Vers le milieu de juillet 1873, je quittais Alger me rendant à Paris. Sur le même bateau se trouvait Charles-Norbert Dourneaux-Duperré; il allait, lui aussi, en France, solliciter le concours matériel du Gouvernement, pour l'exploration qu'il voulait entreprendre et dans laquelle il a trouvé la mort, assassiné avec son compagnon Eugène Joubert, le 17 avril 1874, à Aghahar Mellen, entre Ghadamès et Ghat, par des Chaamba révoltés.

» Dès les premières heures de la traversée, nous fûmes, Duperré et moi, bons camarades; arrivés à Marseille, nous étions de bons amis; et, lorsqu'il me quitta à Alger, en novembre 1873, partant pour ce voyage qui a eu une si triste issue, nous nous embrassâmes comme des frères.

» Duperré, dont je voudrais pouvoir faire vivre la mémoire, était, je le crois, sans le triste accident qui l'a ravi à notre affection et à la science, destiné à acquérir gloire et renommée. D'une taille bien au-dessous de la moyenne, il avait les mains et les pieds — les *abattis,* comme il les appelait gaiement — d'une finesse toute féminine; sa tête était remarquable, car elle avait une expression d'énergie peu commune, augmentée par les cheveux noirs, touffus et raides qui la garnissaient, et la moustache également noire, coupée en brosse, qui estompait sa lèvre supérieure. Mais ce qui donnait surtout à cette physionomie son caractère, c'étaient des yeux noirs, brillants comme des escarboucles, et constamment en mouvement.

» Duperré était né à la Guadeloupe, le 2 juin 1845. Pour peu qu'on vécût intimement avec lui, on comprenait qu'il y avait dans son cœur un grand chagrin, et qu'il provenait de l'isolement dans lequel l'absence de famille l'avait réduit dès son enfance. Voici ce que j'ai pu apprendre de l'histoire de mon malheureux ami : Sa mère était une créole appartenant à une bonne famille; elle fut trompée par un officier ou un employé du Gouvernement; elle mourut jeune, et Duperré, encore enfant, fut envoyé en France et mis dans un collège. Il y fit de brillantes études et fut ensuite placé dans l'Institution Barbet, à Paris, où il se prépara à l'École de Saint-Cyr; il se présenta en 1863 et fut, avec un bon numéro, reconnu admissible.

» Aussi ses maîtres et ses condisciples furent-ils étonnés quand ils apprirent que Duperré, qui avait à peine dix-huit ans, renonçait à la carrière militaire. L'on crut qu'il était abandonné par le protecteur qui avait payé sa pension chez M. Barbet; il n'en était rien. Voici ce qui était arrivé :

» Ce protecteur, qui était le propre père de Duperré, se voyant avancé en âge et ayant entendu faire des éloges de son fils, conçut l'espérance que plus tard ce fils lui ferait honneur. Il voulut reconnaître les liens de parenté qui existaient entre eux.

» Au lieu d'accepter, Duperré dit avec indignation à celui qui l'appelait, pour la première fois, son fils :

« Monsieur, vous avez abandonné ma mère; elle est morte seule;
» je n'ai qu'une chose à vous demander, c'est de me traiter comme
» elle.

» Pendant deux ans vous avez payé ma pension chez M. Barbet,
» je ne vous en ai point de reconnaissance et je vous rendrai votre
» argent.

» Maintenant, Monsieur, si nous nous rencontrons dans la rue,
» vous ne serez point surpris si je ne vous salue pas. »

» A partir de ce moment, Duperré, tour à tour surveillant dans des pensionnats, maître d'étude dans un collège, employé dans les bureaux de la ville de Paris ou de la préfecture de la Seine, homme de lettres, mena la plus dure de toutes les existences, s'imposa les plus pénibles privations pour arriver à compter à son père la somme qui avait été dépensée pour lui, et qu'il rendit comme il l'avait promis.

» Cette vie toute de douleurs et de peines fut cependant traversée par une gracieuse apparition. Un jour, à l'Opéra-Comique, Duperré entend la sympathique et regrettée C..., il s'éprend d'un amour passionné pour la diva, lui envoie des épîtres brûlantes, fait tout pour obtenir d'être remarqué de l'artiste; et lui, pauvre petit employé, qui déjeune d'un verre d'eau et d'une flûte de deux sous, trouve assez d'argent dans son escarcelle pour corrompre la livrée de l'actrice et pénétrer chez elle pendant une de ses maladies.

» On peut juger de l'étonnement de Mlle C... lorsqu'une nuit, sonnant sa femme de chambre, elle voit, au lieu de la soubrette, Duperré qui remplissait auprès d'elle les fonctions de garde-malade. Ce n'était point la première fois.

» Mlle C... avait eu une grave maladie, fièvre typhoïde ou méningite, pendant laquelle elle avait constamment déliré; Duperré avait ainsi auprès d'elle, sans qu'elle s'en aperçût, remplacé sa domestique. Tout cela, il le racontait à la belle actrice en lui déclarant son amour. Qu'arriva-t-il ? — Nul ne le sait.

» Peu après cette aventure, Duperré quittait la France et allait au Mexique tenter la fortune. Il était muni d'une lettre que M. Barbet, son ancien maître, lui avait donnée pour un de ses anciens élèves, alors tout-puissant au Mexique : il s'appelait Bazaine. Mon pauvre ami prit du service dans l'armée de Maximilien et reçut un brevet d'officier d'artillerie. Après la triste fin du prince autrichien, Duperré sollicita et obtint une commission de commis dans la marine française; il fut envoyé comme garde-magasin à Saint-Louis-du-Sénégal, où le souvenir de différents traits de son caractère ne s'est point encore effacé.

» Lui, petit commis, ne craint point de se brouiller avec le gouverneur, un colonel : il refuse de le saluer. Le gouverneur prétend avoir droit au salut, et dit qu'il saura bien contraindre son subalterne; mais il avait compté sans son hôte, et, à partir de ce jour, quel que fût le temps, aussi bien sous les feux les plus brûlants du soleil que sous les cataractes des pluies tropicales, Duperré sortait toujours sans chapeau et cherchait, lorsqu'il y avait du monde dans les rues ou sur le pont Faidherbe, qui sert de promenade aux oisifs de Saint-Louis, à se croiser avec le gouverneur; et celui-ci d'éviter soigneusement son subordonné.

» Lorsque l'écho de nos désastres parvint à Saint-Louis, Duperré, qui était très Français, demanda à quitter la colonie et à venir défendre le territoire de la patrie envahie. Je ne sais pourquoi il fut embarqué sur un navire de guerre, qui le promena à travers les Antilles, fit d'autres voyages et mit plus de six mois pour aller de Saint-Louis à Toulon.

» La guerre était terminée lorsqu'il toucha le sol de la France. Duperré, qui avait trouvé au Sénégal le souvenir de René Caillié, eut l'idée d'accomplir une traversée de l'Afrique, et résolut d'aller en Algérie pour tenter cette entreprise. Il va de nouveau à Paris trouver M. Barbet. Celui-ci, qui a toujours porté à notre voyageur une affection toute particulière, lui remet des lettres pour ses amis d'Alger, entre autres pour M. Toubens, professeur au lycée de cette ville, connu par ses travaux sur les antiquités romaines de la Franche-Comté, et par de touchantes nouvelles que la *Revue des Deux Mondes* a publiées.

» En arrivant dans l'ancienne Icosium, Duperré, qui ne comprit jamais que l'exécution d'un projet dût être séparée de sa conception, ne parlait de rien moins que de s'enfoncer immédiatement dans le désert. Heureusement il trouva sur sa route l'hospitalière maison de M. O. Mac-Carthy, notre célèbre explorateur et géographe algérien, qui fut pour Duperré, comme il l'a été pour moi et pour tous les voyageurs africains qui l'ont connu, une véritable providence. Mon ami, aidé des conseils de M. O. Mac-Carthy, débuta par accepter un poste d'instituteur à Frenda, ville du Sahara Oranais, et là, pendant un an, il étudia avec ardeur la langue et les mœurs des indigènes ; il venait de Frenda lorsque je le rencontrai pour la première fois dans le port d'Alger, ainsi que je l'ai précédemment raconté.

» Avec ce que l'on connaît du caractère de mon malheureux ami, on comprend que le métier de solliciteur lui convenait peu. Après chaque visite, chaque nouvelle démarche, il fallait le voir s'indigner de ce qu'en France, un homme, décidé à sacrifier sa vie dans l'intérêt de son pays, fût obligé de solliciter les moyens nécessaires pour accomplir sa généreuse entreprise, dans la même antichambre et avec les mêmes courbettes que celui qui mendie quelque grasse sinécure.

» Duperré, qui avait obtenu très peu d'argent à Paris, ne fut pas plus heureux à Alger. Avant de le voir partir pour ce voyage, d'où il ne reviendra pas, je veux fixer ici le souvenir d'un des derniers entretiens que j'eus avec cet intrépide explorateur.

» Comme tous les voyageurs, — et c'est ce qui explique cette passion des voyages, incompréhensible du vulgaire, — Duperré aimait les aspects de la nature ; il la comprenait aussi bien lorsqu'elle se présente ornée des beautés douces et gracieuses d'une journée de printemps, dans de frais et plantureux vallons, que lorsqu'elle se montre grande et sublime, versant des torrents de lumière sur des déserts immenses, ou qu'elle mire la splendeur de ses cieux étoilés dans l'azur des mers.

» Un soir, par une belle nuit du mois de novembre 1873, nous nous étions ensemble beaucoup promenés sur un boulevard qui longe la mer, — le boulevard de la République, à Alger, — et, lorsque nous fûmes las de marcher, mais non de regarder la baie d'Alger, vue par une superbe nuit d'automne, nous nous accroupîmes, à la mode arabe, sur les larges parapets qui font de ce magnifique boulevard une splendide terrasse.

» Après avoir pendant longtemps contemplé en silence, doucement bercés par le bruit des flots, et la mer azurée et les cieux étincelants, j'étais personnellement arrivé à cette somnolence qui n'est plus la veille, mais qui n'est point encore le sommeil. Duperré m'en tira brusquement en me disant tout à coup :

» — C'est certain, je serai tué !

» — Cela peut vous arriver, mais il n'y a rien de certain.

» — Écoutez-moi, Soleillet, je vous parle sérieusement, j'ai écrit un roman, j'y ai mis tout ce qui m'était arrivé et, quand je n'ai eu plus rien à raconter, de ma propre vie, j'ai continué en narrant des aventures que je tirais de mon cerveau ; or, toutes celles que je prête à mon héros me sont arrivées jusqu'à aujourd'hui ; j'en suis maintenant au point où le personnage de mon livre va entreprendre un grand voyage, et j'ai trouvé commode de le faire assassiner tout comme dans un mélodrame (1).

. . . .

» Je changeai le sujet de la conversation et nous rentrâmes chez nous. Deux jours après je disais adieu à Duperré, qui partait pour Biskra ; je ne devais plus le revoir ! »

Le voyage d'In-Çalah fit le plus grand honneur à Soleillet ; cette route en effet n'avait jamais été faite avant lui et n'a jamais été faite depuis. Les promesses de concours ne lui manquèrent pas ; M. de Meaux, alors ministre, s'engagea à donner une subvention, puis, quelque temps après, répondait par une fin de non-recevoir.

Soleillet, malgré tous les déboires que lui causaient l'inconstance humaine et la coupable indifférence des gouvernants, ne se découragea pas un instant. Il se maria à Paris avec Mlle Flora, fille d'un consul qui avait été en résidence à Mogador, et utilisa son séjour dans la capitale en étendant ses relations ; c'est ainsi qu'il entra dans les bonnes grâces de l'illustre M. de Lesseps, de M. du Château, ancien ministre de France à Mogador, de M. Roche, son gendre, etc., etc.

La deuxième session du Congrès international des sciences géographiques avait lieu à cette époque à Paris. Soleillet n'eut garde d'y manquer et c'est là qu'il eut la bonne fortune de faire la connaissance

---

(1) L'auteur de ce livre espère que parmi ses lecteurs, il se trouvera peut-être quelqu'un qui puisse le renseigner sur le roman dont il est ici question. Comme il a paru sans nom d'auteur et que nous ignorons quel en est le titre et quel en a été l'éditeur, il nous a été jusqu'ici impossible de le retrouver.

de M. Georges Perrin, le député si connu, et qui n'a depuis cessé de lui donner des preuves de sympathie et d'amitié.

M. de Meaux, à qui Soleillet ne cessait de rappeler sa promesse de subvention afin d'être à même d'entreprendre un nouveau voyage, répondit que la Société de géographie était hostile à ce projet, que M. le général Chanzy le combattait également et qu'en cet état de choses il n'y avait rien à faire.

L'explorateur, loin de renoncer à ses idées, résolut de soulever l'opinion publique en sa faveur et de parcourir les principaux centres de France pour y faire des conférences. C'est ainsi qu'il alla exposer ses plans de voyages et ses pensées sur l'avenir du Sahara, du Soudan, du Sénégal et de l'Algérie, à Toulouse, à Bordeaux, à Avignon, à Lyon, à Montauban, à Perpignan, à Barcelone.

C'est dans cette dernière ville qu'il dit, au milieu des ovations que lui faisait une population enthousiaste, que le commerce du Sahara et du Soudan, revenant dans la Méditerranée en ferait un centre et que les peuples de race latine tiendraient alors le sceptre du monde. Le conférencier, après avoir parcouru le Midi, vint ensuite dans le Nord et se fit entendre successivement à Lille, à Rouen, au Havre, etc.

L'attention des sociétés savantes était éveillée et, si la vieille Société de géographie de France continuait à faire la sourde oreille, la Société de géographie Néerlandaise donnait au vaillant explorateur du Sahara, le titre de membre d'honneur. Depuis longtemps déjà la Société de climatologie d'Alger lui avait décerné le même honneur. Plus tard, la Société de géographie de Lyon faisait figurer, dans le premier numéro de son bulletin, le récit de son voyage à Ségou et lui faisait, pour le remercier, cadeau d'un chronomètre.

Quand le conférencier pensa sa cause suffisamment plaidée en France, il alla en Belgique, puis en Hollande ; c'est ainsi qu'il fit une série de conférences au Cercle artistique de Bruxelles. Le roi voulut le voir et le reçut tout à fait gracieusement.

— Que dites-vous de notre monarque? demanda à Soleillet un des personnages importants de la cour.

— Il m'a paru un parfait gentleman, répondit l'explorateur.

— Tiens ! c'est singulier, ce sont les propres termes que le roi a employés à votre endroit.

Partout les sociétés savantes et les cercles des gens du monde se disputaient la présence du voyageur qui fut ainsi reçu par la Société de géographie de Bruxelles, par celle d'Amsterdam et par toutes les villes de la Belgique, qui le comblèrent de bravos unanimes.

A Paris il fut réclamé plus tard, par la *Cigale*, société de notabilités méridionales, où il eut pour parrain, son ami et collègue en exploration, Brau de Saint-Pol Lias.

Soleillet a exposé ses idées sur l'avenir commercial du Nord-Ouest de l'Afrique dans une importante brochure que nous avons déjà citée. Notre cadre est trop restreint pour nous permettre d'insister sur l'importance des projets qu'il a mis au jour et des considérations d'un ordre supérieur que cet ouvrage renferme. Qu'il nous suffise de rappeler que Soleillet est le premier homme de France qui ait émis l'idée de rejoindre notre colonie d'Algérie à celle du Sénégal par un chemin de fer traversant le Sahara et passant par Tombouctou. Ce projet grandiose fut d'abord traité de folie, puis on s'y habitua et aujourd'hui il est entré dans le domaine des entreprises dont tout le monde admet la réalisation.

La vie de Soleillet était dès ce moment définitivement fixée. Elle a été remplie par la série des voyages que nous avons entrepris de raconter ici. Une partie de ces glorieuses entreprises a déjà été publiée par nous dans un livre édité par M. Maurice Dreyfous. Aujourd'hui, nous insisterons moins sur cette partie des voyages du vaillant explorateur et, nous contentant de résumer ses premiers travaux, nous raconterons les aventures qui lui sont survenues pendant ses derniers voyages à Obock, au Choah et dans le pays de Kaffa.

Pour terminer cette biographie nous citerons le texte d'une lettre que Soleillet adressait le 13 janvier 1875 à M. le ministre du commerce et qui prouve combien le célèbre voyageur avait à cœur la grande entreprise qu'il avait conçue et que la mort seule l'a obligé à abandonner. Il disait :

« Vous le savez, Monsieur le Ministre, car l'histoire nous l'enseigne, la prospérité des races latines a toujours été fortement liée à l'importance commerciale de la Méditerranée. Du jour où, par les découvertes de Colomb et de Gama, le commerce général, de méditerranéen qu'il était, devint transatlantique et transaustral, de ce jour-là, commence au détriment du commerce latin, l'accroissement commercial de l'Angleterre, de la Hollande, etc.

» Or, l'Afrique explorée par nous, peut donner à nos départements algériens une importance telle que le commerce général en soit sensiblement modifié.

» De toutes les contrées du globe, le continent africain est celui qui se présente le plus docilement aux efforts de l'industrie moderne, qui a su en faire une île par l'ouverture du canal de Suez et, en faisant jaillir par la sonde artésienne les eaux que ces arides contrées tenaient enfermées dans leur sein, a porté la fertilité et la vie dans les parages les plus déserts. Or, c'est là seulement le commencement des transformations que l'Afrique est appelée à subir.

» Lorsque l'idée se produisit, pour la première fois, il y a une quinzaine d'années, d'établir un chemin de fer qui, traversant le continent américain, relierait New-York à Sacramento, l'Atlantique au Pacifique, et donnerait aux États-Unis la prépondérance commerciale et politique dans l'Extrême-Orient, Chine et Japon, cette idée fut traitée de chimère et de rêverie, même en Amérique où les rêveurs ont eu si souvent raison.

» Aujourd'hui un railway continu relie l'une et l'autre mer sur une longueur de *cinq mille trois cents* kilomètres environ, dont plus de la moitié en pays inculte et désert, sur des terrains où la nature a accumulé des difficultés, où les pentes ont dû être multipliées et où la voie a dû être recouverte sur de longs parcours par des toits et des constructions solides pour résister à la chute des avalanches.

» Le chemin de fer du Pacifique a donné depuis son achèvement les résultats qu'on en attendait, et les Américains ont pu dire avec raison que l'œuvre de Colomb était accomplie et que c'est là le chemin qui conduit aux Indes.

» L'œuvre que je poursuis n'est pas l'établissement immédiat d'une voie ferrée dans le Sahara, ni toute autre entreprise industrielle. Je tiens à bien l'établir et à ne laisser aucun doute à cet égard. Mon but unique et exclusif est d'ouvrir l'Afrique aux Français et de faire tomber les barrières qui s'opposent à ce que des relations suivies de commerce et d'amitié s'établissent entre nous et les populations placées dans notre centre naturel d'attraction.

» Il m'est permis toutefois d'observer accessoirement et comme conséquence possible, que Saint-Louis est une station commerciale importante, à laquelle touchent déjà les navires, qui, venant du Brésil ou de la Plata, se rendent en Europe.

» Indépendamment des marchandises qui viendraient de l'Amérique du Sud, on trouverait des éléments considérables de trafic dans les objets que peuvent fournir le Soudan, le Sénégal, etc., et dont plusieurs, tels que les cotons, deviendraient immédiatement l'objet de transactions importantes s'ils avaient des moyens de transit plus faciles.

» Or, la distance qui sépare Saint-Louis d'Alger n'est pas de quatre mille kilomètres et la nature du pays est éminemment favorable à la construction d'une voie ferrée.

» On sait maintenant, à n'en pas douter, que le Sahara n'est pas un désert de sable et inhabité. De Boghari à In-Çalah, sur plus de 1200 kilomètres, j'ai trouvé partout un sol résistant et uni, je ne me suis trouvé qu'une seule fois dans des dunes de sable et leur traversée ne m'a pas pris quatre heures.

» L'œuvre de construction d'une voie ferrée consisterait uniquement dans la pose des traverses et des rails, les dunes n'étant pas assez étendues, ni assez rapprochées pour être un obstacle sérieux. D'autre part, je sais, à n'en pas douter, que d'In-Çalah à Tombouctou, la nature du terrain est absolument la même. Enfin les Arabes et les Maures appellent Sahara les terrains sur lesquels s'étend la route suivie par les Trarza pour se rendre de Tombouctou au Sénégal. Or, en arabe, l'appellation de Sahara est donnée uniquement aux terrains solides par opposition aux terrains mouvants. On peut dès lors conclure que la nature du sol est la même en deçà et au delà de Tombouctou.

» Veuillez agréer, etc.,   » *Signé* : Paul Soleillet. »

On verra dans la suite de ce récit quels événements étaient venus entraver le voyageur dans la poursuite de son œuvre et pourquoi il avait provisoirement quitté le Sahara pour aller parcourir les contrées de l'Afrique orientale qu'arrose le Nil Bleu et qu'habitent les descendants de la reine de Sabba.

LIVRE PREMIER

DANS LE SAHARA

CHAPITRE PREMIER

LAGHOUAT. — LE DJEBEL AMOUR.

Les Berbères. — Fêtes d'un mariage. — La musique arabe. — Aïn-Mahdi. — La mosquée. — Le marabout Sidi-Béchir. — Les Beni-M'zab ou Mzabites.

Paul Soleillet, qui nourrissait depuis longtemps le vif désir de parcourir l'Algérie et de tracer une route commerciale d'Alger à Saint-Louis, en passant par l'oasis d'In-Çalah et par Tombouctou, put enfin donner un commencement de réalisation à son projet et s'embarqua à Marseille pour l'Algérie le 6 septembre 1872.

Sa première pensée fut d'apporter toute son application à l'étude de la langue arabe, des mœurs et de la religion des indigènes; il avait pressenti que ces connaissances étaient les premiers éléments de succès dans l'exploration de pays neufs ou peu connus.

Le voyageur a écrit ses impressions et les péripéties de ce premier voyage dans un volume qui a paru à Paris, chez l'éditeur Challamel aîné. C'est pourquoi nous n'en relèverons que les grandes lignes, nous réservant d'insister davantage sur ses explorations moins connues ou inédites.

Paul Soleillet visita successivement la ville et l'oasis de Laghouat, étudia les mœurs encore peu connues de ce pays et constata que la population comprend trois éléments bien distincts : les militaires, les civils et les indigènes.

Après une étude approfondie de ces derniers et du Coran, qui est l'évangile des musulmans, il se mit en route, non sans avoir eu soin de s'assurer des alliances chez les Arabes.

Parmi ces derniers, il convient de citer Sidi-Eddin, envoyé des Ouled-Sidi-Cheik, grande tribu de marabouts, qui compte comme vassaux presque tous les nomades du Sahara.

Parti de Laghouat le 31 décembre 1872 au matin, accompagné de son chaouch Mohamed, il prit la direction de Tajemont village situé à 31 kilomètres nord-ouest de Laghouat.

Il y remarqua de beaux jardins remplis d'arbres fruitiers, principalement d'abricotiers, et de grands champs de blé et d'orge.

Le lendemain de son arrivée à Tajemont, Soleillet, qui n'a jamais négligé de se préoccuper de tous les éléments qui peuvent un jour donner lieu à un mouvement commercial, alla visiter un gisement de combustible minéral, où travaillaient des sapeurs du génie.

Nous laisserons la parole au voyageur pour raconter un trait de mœurs assez intéressant.

La mine exploitée se trouvait à Guementa, dont les habitants, les Guementia, sont des Berbères.

« Lorsqu'ils sont réunis ensemble, dit Soleillet, l'usage veut que celui qui prend la parole se découvre la tête. Il le fait en renvoyant en arrière sa chechïa, qui reste prise dans le pli du haïk et retenue par une corde en poils de chameau.

» Cela est considéré comme une marque de déférence pour les auditeurs, et y manquer constituerait, suivant les mœurs arabes, une grave impolitesse. »

Le caïd des Guementia offrit à l'explorateur de lui donner un guide qu'il choisirait lui-même, et, en effet, le 3 janvier, Soleillet vit arriver un petit homme trapu, tout nerfs et tout muscles, dans lequel il reconnut du premier coup-d'œil un marcheur émérite.

Il se remit donc en route, traversa une contrée qui lui rappela les Cévennes de France, et arriva vers trois heures à El-Keicha.

Il descendit chez un beau vieillard, à tête de patriarche, qui lui donna d'autant plus volontiers l'hospitalité qu'il avait lui-même un fils à Laghouat, et qu'à ce titre il se considérait comme l'hôte des Laghouatais.

Un confortable repas fut servi, assaisonné de lait de chèvre, qu'on buvait à tour de rôle dans la même tasse, le *merdjem*, sorte de verre en fer battu.

Le soir, les habitants, qui étaient des Berbères, vinrent offrir au voyageur, qui n'eut garde de refuser, d'assister à une fête ou *diffa* que l'on donnait à l'occasion d'un mariage célébré la veille.

« J'accepte, dit-il, et précédé d'un fanal, car il est huit heures du soir, et les rues d'El-Keicha sont étroites et raboteuses, nous partons pour la maison des mariés, où l'on doit se réunir.

» J'arrive devant une construction d'assez bonne apparence, auprès de laquelle stationnent des groupes de curieux. On pénètre, par un long corridor sombre, dans la cour intérieure de l'habitation, où vont se célébrer les divertissements.

» Cette cour peut avoir une quarantaine de mètres en tous sens; elle forme un carré régulier entouré d'arceaux qui supportent des galeries à la hauteur du premier étage. Elles mêmes sont couvertes par un toit-terrasse.

» Galeries et terrasses sont illuminées par des centaines de bougies et de petits cierges peints et dorés; elles sont remplies d'hommes et de femmes revêtus de leurs habits de fête : c'est la famille des mariés.

» Il importe, en effet, de dire que les femmes berbères, contrairement à ce qui a lieu chez les Arabes, circulent librement, le visage découvert.

» Dans la cour, sous les arceaux et devant la famille, sur plusieurs files, se trouvent accroupis les habitants du village et des environs qui ne sont pas parents des nouveaux époux.

» Des feux de plantes odorantes brûlent aux quatre coins et éclairent d'une façon fantastique des groupes de Bédouins drapés de leurs blancs burnous ou pliés dans leurs *keidous* (burnous noirs), raides comme des chapes de plomb.

» Je m'installe sur un tapis qui m'avait été généreusement réservé (1). Il est placé dans un angle, en face de celui occupé par l'orchestre, composé de deux clarinettes *(zémara)*, de deux flûtes en roseau *(quesba)* et d'un gigantesque tambour de basque *(tar)* ; je m'assieds en tailleur.

» Les musiciens commencent une de ces mélodies sahariennes, aux sons plaintifs et voluptueux, qui servent de thème aux pas des danseuses et aux scènes qu'elles miment.

» Après les premières mesures, deux femmes enveloppées dans un grand voile de laine blanche *(haïk)*, émergent de derrière les musiciens et se placent dans l'espace laissé vide au milieu de la cour.

» Le costume de ces danseuses mérite une description particulière. Elles portent sur la tête, plié en forme de mître tronquée, un mouchoir doré *(mahransa)* ; il retient un voile de mousseline blanche *(endjar)* qui les drape par derrière ; de dessous ce mouchoir sortent d'énormes tresses *(defair)* en laine noire, simulant les cheveux.

» Elles ont, à chaque oreille, de grands anneaux d'argent *(mckafel)* dans lesquels sont passés des morceaux d'ambre et de corail ; leurs robes sont formées de lais d'étoffes non cousus, de couleur bleu sombre ou grenat ; ces lais sont attachés avec des broches d'argent *(sfafed)* de forme antique, agrémentées de chaînettes. Elles ont la taille serrée par des ceintures *(heuzam)*, hautes de 20 à 30 centimètres, en argent massif et artistement fouillées.

» A leur cou pendent un collier de verroterie, d'ambre et de corail, et, retenues par de longues chaînes d'argent, des boîtes *(snideka)* du même métal, curieusement travaillées, ayant 6 ou 8 centimètres carrés, et remplies de parfums.

» Elles ont aussi, suspendue à ces chaînes, une grande main également d'argent, destinée à préserver du mauvais œil. Leurs poignets et la cheville de leurs pieds sont ornés de plusieurs grands cercles *(msaïs* et *klalklal)* toujours en argent.

» Leurs sourcils sont peints avec une pâte noirâtre, et elles ont

---

(1) Les tapis du Djebel Amour, appelés en arabe ferach (lit), sont très renommés dans tout le Sahara, et ils le méritent, car non seulement ils sont agréables à l'œil avec leurs longues laines de diverses couleurs élégamment nuancées ; mais ils sont aussi d'un excellent usage, presque inusables et fort moelleux. Ils ont de 2 à 5 mètres de largeur et 7 à 9 de longueur.

Les danseuses s'avancent glissant mollement sur leurs beaux pieds nus.

du *keul* (sulfure d'antimoine) autour des paupières, ce qui allonge et agrandit les yeux et rend le regard langoureux.

» Les mains, qui sont ornées de bagues *(kouatem)*, et les pieds ont reçu une légère teinte rouge orange avec du *henné*, et leurs ongles ont été rendus, avec la même préparation, noirs et brillants comme de l'ébène poli; une couche de fard *(heummaïr)* relève la blancheur de leur teint.

» Les deux danseuses qui viennent d'entrer dans le rond ainsi parées seraient partout trouvées belles, tant par la régularité de leurs traits que par la perfection de leurs formes. Elles s'avancent glissant mollement sur leurs beaux pieds nus, dont les orteils séparés rappellent ceux des statues antiques.

» Elles suivent le rythme doux de la musique; les ornements dont elles sont surchargées tintent doucement et accompagnent le son des instruments. En les voyant ainsi agir presque sans mouvement et rester toujours impassibles, malgré leurs changements d'attitudes, je leur prête ces vers de Beaudelaire :

> Je suis belle au mortel, comme un rêve de cygnes,
> Je hais le mouvement, qui déplace les lignes ;
> Et jamais je ne pleure, et jamais je ne ris.

» La musique s'anime peu à peu; les danseuses laissent tomber le haïk qui les tenait enveloppées; elles se séparent, et, ayant un mouchoir de soie écarlate dans chaque main, elles se mettent à mimer le drame si ancien et toujours nouveau de l'amour. Elles paraissent d'abord appeler par leurs cajoleries un amant invisible; elles le repoussent ensuite du geste et du regard; puis, se laissant emporter par l'ivresse de leurs sens, elles ont l'air de s'abandonner à ses caresses.

» A ce moment, un homme prend un brandon enflammé et se place derrière la danseuse, à côté de qui vient se mettre l'un des joueurs de clarinette; la danse continue, se composant toujours de mouvements des hanches et du ventre, les pieds glissant sur le sol et les bras s'agitant lentement.

» Chaque danseuse, suivie ainsi de son torchère et de son joueur de *zemara*, vient se placer devant les spectateurs. Si on veut lui donner quelque chose, on se lève et on lui applique sur le front une première pièce d'argent; l'almée s'arrête, elle porte le haut du corps en arrière, en remuant les hanches avec un mouvement cadencé; il est comparé par les Arabes à celui d'un van; les pieds et les jambes sont immobiles, les mains sont élevées près de la tête, qui est gracieusement encadrée par les bras, entourés de larges manches de tulle, ce qui lui fait une sorte d'auréole. Tant que l'on met des pièces sur le visage de la bayadère, le mouvement des hanches continue et le haut du corps se penche de plus en plus en arrière; pendant ce temps, l'homme à la clarinette souffle dans son instrument, sans reprendre haleine, la même note, et ses joues se gonflent à en éclater. Pendant que l'on place de l'argent sur le front et les joues de ces filles, l'homme à la torche ne reste point inactif; il agite son brandon dans l'air et crie le nom de celui qui donne, en invoquant Sidi-Abd-el-Kader-ben-Djellali, patron des musiciens, des danseuses, des mendiants, etc. A ces cris, les femmes, qui sont sur les terrasses et les galeries, répondent par de joyeux youb-youb.

» Une sensation, qui vous parcourt comme le frisson de la fièvre, s'empare de vous lorsqu'on se trouve ainsi en contact avec cette créature peinte, parfumée, toute sonnante, fantastiquement éclairée, dans cette atmosphère toute spéciale, créée par les émanations aromatiques des bois qui brûlent, et des parfums exotiques aux âcres senteurs dont sont remplies les femmes. A tout cela il faut joindre le scintillement des étoiles, au milieu d'un ciel bleu comme de l'indigo et transparent comme du cristal.

» L'argent que l'on donne à ces femmes n'est point pour elles, mais bien pour les musiciens. Ces danseuses, très nombreuses dans le Djebel Amour, appartiennent aux meilleures familles et se marient fort bien lorsqu'elles se décident à rentrer dans la vie commune.

» Entre chaque danse, un cafetier, qui s'est établi dans un coin de la maison, traverse la cour, portant sur sa tête un plateau chargé de tasses, et criant le nom de celui qui les paie et de ceux à qui elles sont offertes. Car une noce dans le désert est l'occasion d'une fête; mais ce n'est ni les mariés, ni leurs familles qui en font les frais: chacun y est pour soi.

» Tout en écoutant la musique arabe que j'aime beaucoup, je me rappelle que, la première fois qu'on l'entend, elle est sans charme ; mais après une certaine initiation à l'esprit et à la vie orientale, on lui trouve de grandes beautés dans sa douce monotonie et sa molle cadence qui invite aux rêves.

» La musique européenne exprime un sentiment déterminé, qu'elle s'efforce de faire ressentir à l'auditeur ; elle l'arrache à son caractère personnel, et veut, quelles que soient ses préoccupations du moment, le voir pleurer avec Edgard et rire avec Falstaff.

» La musique arabe, au contraire, isole l'auditeur dans ses propres sentiments en en augmentant l'acuité. Tout l'art oriental, du reste, est le même, et la remarque faite pour la musique peut s'appliquer aussi bien à l'architecture qu'à la danse ou à la littérature. Partout cet art cherche à conserver à chaque homme sa personnalité bien distincte, et, même dans ses rêves, à le faire retrouver avec ses propres sentiments : il y a tout un volume à écrire là-dessus.

» Après beaucoup de danses vues et beaucoup de tasses de café bues, le temps me paraît long, et je demande si l'on finira bientôt ; on me répond que de même que l'on a attendu mon arrivée pour commencer, l'on attend mon départ pour terminer. Je me lève immédiatement, et, escorté par une partie de l'assemblée, je regagne la maison de mon hôte, où je trouve un bon feu et un excellent tapis sur lequel je prends un sommeil réparateur. »

Soleillet, après avoir visité les environs d'El-Keicha, se remet en route le 5 janvier, accompagné de son fidèle chaouch Mohamed, et arriva, après quatre heures d'une route pénible à travers les rochers, à la ville d'Aïn-Madhi, dont il ne se fit ouvrir les portes qu'avec assez de difficulté.

On le fit loger dans une sorte de maison entretenue aux frais des habitants et qu'on appelle pour cela la *maison des hôtes*.

Laissons le voyageur nous raconter rapidement ses impressions de séjour dans cette région peu connue :

« Le 6 janvier, je me lève au jour et je vais me promener ; je désire voir les jardins ; pour sortir je suis obligé de me faire ouvrir les portes du queçar, je crois que c'est une coutume de les tenir ainsi fermées ; je demande d'où elle provient, il m'est répondu qu'elles sont ouvertes d'habitude dans le jour et qu'elles ne se ferment qu'à la nuit, mais que pendant la matinée des gens du Djebel Amour sont arrivés avec leurs bœufs porteurs, et qu'on les a closes pour empêcher les animaux de sortir.

» Les jardins d'Aïn-Madhi sont irrigués au moyen de petits canaux d'eau vive qui les traversent; le nom seul de ce queçar indique un lieu ou l'eau est abondante : Aïn en arabe veut dire *fontaine, source*; Madhi est un nom d'homme, diminutif de Madhani, nom très répandu dans le Sahara.

» Sur les huit heures, je rentre dans la ville; je suis frappé du grand nombre de nègres que je rencontre et de la physionomie recueillie de ses habitants. Ils marchent tous les yeux baissés en égrenant leurs chapelets.

» Après avoir flâné à droite et à gauche, je vais visiter la mosquée; elle est située sur une petite place, auprès du palais des marabouts; elle est d'une construction régulière; au centre une coupole très élevée et terminée par une lanterne de pierre fait le meilleur effet; sous cette coupole sont les tombes des deux fils de Sidi-Ahmed-Tedjini, elles sont l'une et l'autre recouvertes de drap de soie et d'or; de riches oriflammes aux brillantes couleurs sont pendues auprès; de grands chandeliers en fer forgé, curieusement ciselés, sont remplis de cierges parfumés, peints et dorés, qui y brûlent constamment.

» Des artistes du Maroc ont couvert les murs de la mosquée de peintures dans le goût hispano-mauresque; d'autres sont venus de Tunis et ont fouillé dans le stuc, qui forme les corniches des plafonds, les encadrements des portes, les niches, où les tolba se mettent pour lire le Coran, de curieuses arabesques. Le parquet et les murs, jusqu'à hauteur d'appui, sont recouverts de brillants carrelages de Livourne; des nattes et des tapis sont étendus par terre pour la prière. Un tronc est dans la chapelle, j'y mets mon offrande; un taleb récite à mon intention une prière, et je sors de la mosquée.

» A la porte, je trouve une quarantaine d'Aïn-Madhiens, l'un d'eux me demande si je ne veux pas voir le marabout; je réponds : Volontiers. Nous entrons dans le palais; il est formé d'une suite de grandes maisons à plusieurs étages de construction et de styles différents qui constituent un ensemble de bâtiments considérables.

» Des cours, des jardins, des arsenaux, des magasins pour serrer toutes les richesses des marabouts et les cadeaux qu'on leur fait, des greniers et des caves pour leurs provisions, des écuries pour leurs chevaux et leurs mules, des remises pour leurs voitures, des ateliers de menuiserie, une forge, un moulin occupent ces bâtisses, qui contiennent aussi des logements pour le nombreux personnel de leur maison, les appartements particuliers des marabouts et de leurs femmes, leur bibliothèque, leurs salles de réception et les pièces destinées aux hôtes.

» L'on me fait entrer dans une cour, traverser de longs et noirs couloirs, monter des escaliers, passer sur des terrasses, redescendre encore dans une cour, pénétrer sous un autre couloir, grimper un raide escalier, passer de nouveau sur une terrasse et entrer dans une vaste pièce dont les murs ne sont même pas recrépis, et je m'arrête devant une porte fermée. Les gens qui m'ont accompagné se retirent respectueusement en arrière, et je suis seul formant le centre d'un demi-cercle.

» Tout à coup la porte se rabat contre le mur comme si elle était ouverte par un truc de théâtre ; je vois sous la porte un jeune homme, presque un enfant, très gros, très marqué de la petite vérole, très noir ; c'est Sidi-Bechir. Il me fait le salut arabe, mettant les deux mains sur son cœur (ce qui veut dire je vous y place). J'ai pour coiffure un tarbouche, je lui réponds par le salut turc ; il consiste, on le sait, à mettre la main sur le front, la bouche et le cœur, ce qui signifie : je vous porte sur ma tête, je vous loue par ma bouche, je vous place dans mon cœur.

» Tous ces salamalecs terminés, Sidi-Bechir, qui a derrière lui plus de soixante personnes et qui, comme moi, forme le centre d'un demi-cercle, dit quelques mots excessivement bas, et sans changer de position, à l'un de ses gens placé à sa gauche et en dehors du cercle ; celui-ci me dit en très bon français : « Monsieur, Monsieur
» Bechir Tedjini est heureux de vous voir, il vous demande si vous
» êtes content de la réception qu'on vous a faite dans sa ville, et si
» vous n'avez besoin de rien ? »

» Je me retourne et je vois à ma gauche Mohamed. Remercie-les, lui dis-je ; et Mohamed, qui est joli garçon et beau parleur, fait un discours en trois points pour remercier Sidi-Bechir, lui dire combien je suis satisfait, l'assurer que rien ne me manque, appeler les bénédictions du ciel sur le marabout et sa famille, sur moi et ma famille, et enfin sur lui Mohamed, sa famille, les assistants et leurs familles. Quand mon loquace orateur a enfin terminé sa harangue, la porte se referme comme elle s'est ouverte : *è finita la comedia.*

» Les gens qui m'accompagnent paraissent tous heureux de ce que je me suis prêté au cérémonial qu'ils ont arrangé et ils m'accablent de politesses, de protestations d'amitié et de dévouement.

» Je ne veux point quitter le palais sans rendre visite à un Français qui y réside et est chargé de soigner le moulin. Je vois un petit vieux, très content de son sort, attaché aux gens et au pays, et qui, quoique seul de sa nation, vit très heureux au milieu de tous ces bédouins ; il est mécanicien de son état, répare les armes et les montres, et fait toutes sortes de travaux pour les gens de la maison ; ayant d'une façon ou d'une autre rendu service à chacun d'eux, il est bien vu de tous.

» De là, je rentre à la maison des hôtes ; des israélites de Laghouat, qui sont venus apporter de la mercerie, viennent me voir. Aïn-Madhi, bien que comptant plus de cinq cents fusils, n'a point de boutique, et ce queçar est exclusivement approvisionné par les colporteurs juifs ou kabyles qui parcourent le Sahara.

» Au coucher du soleil, les gens de la Djemâa me font apporter un succulent dîner, et restent une partie de la nuit à me conter des histoires et des anecdotes sur Aïn-Madhi et ses marabouts ; les unes sont ici reproduites, les autres je les réserve pour les raconter à mes amis, lorsque, les pieds sur les chenets et la pipe à la bouche, ils me feront évoquer pour eux, au doux murmure de la bouilloire, le Sahara, son steppe immense, son ciel de feu, ses folles fantasia, les récits de chasse et de combats écoutés sous la tente et les curieuses légendes recueillies dans les queçour du désert.

» Le 7 janvier, au jour, je monte à cheval. Les habitants d'Aïn-Madhi m'ont envoyé des provisions de bouche en cadeaux et la Djemâa veut qu'un de ses cavaliers m'escorte jusqu'à Laghouat ; de nombreux Aïn-Madhiens m'accompagnent jusqu'aux portes de la

Femme arabe dit M'zab.

ville, où ils prennent congé de moi en me faisant des souhaits d'heureux voyage; je les remercie de leur bonne hospitalité, et je m'engage dans une route encaissée entre les murs des jardins. Elle débouche dans une vaste plaine couverte d'alfa, légèrement mamelonnée; elle sépare le queçar d'Aïn-Madhi de l'oasis de Laghouat.

» Après avoir chevauché quelque temps, je me retourne pour juger de l'aspect qu'a de loin la résidence de Tedjini; je lui trouve fière mine, campée comme elle est, au milieu d'une butte, la seule qui se trouve dans la contrée; le centre de la ville est occupé par la mosquée dont la gracieuse coupole et les hauts minarets se profilent sur l'azur du ciel, dominant toutes les autres constructions; le palais des marabouts forme un grand carré irrégulier et a une certaine noblesse, causée par la quantité des bâtisses qui le composent. Les autres habitations sont cachées par le rempart qui, avec ses créneaux et ses tours carrées, rappelle ceux des forteresses du moyen âge; les jardins qui entourent ces murailles et l'oued qui coule à ses pieds donne de la vie et de la gaieté à l'ensemble du paysage.

» Je marche dans une plaine qui a toute l'étendue de l'horizon; elle est couverte d'alfa du plus beau vert; elle n'offrirait aucun accident du sol qui puisse guider le voyageur si, au milieu, ne serpentait un long ruban blanchâtre qui a l'aspect d'une route; il se dirige vers Laghouat. Ce chemin a été tracé par les voitures des marabouts, qui vont souvent d'Aïn-Madhi à Laghouat, et *vice versa;* l'alfa foulé par les roues et les pieds des chevaux, s'est réduit en poussière et la terre nue s'est montrée. Cette terre est argileuse, résonne sous le sabot des chevaux comme les grandes dalles qui pavent les voies romaines. A trois heures, j'arrive à Laghouat. »

Soleillet passa le mois de février et une grande partie de mars à visiter le M'zab, vaste contrée contenant sept villes et quatre oasis. Il en étudia les mœurs, l'industrie et l'administration.

Les femmes y fabriquent en grande quantité des étoffes d'un tissu ordinaire mais très apprécié. Par suite de cette fabrication de burnous, de haïks, de tapis, le prix des laines au M'zab se maintient constamment à un taux très élevé.

Bien que notre cadre soit restreint, nous ferons connaître les conditions de la femme dans le pays des Beni-M'zab ou Mzabites qui sont musulmans mais n'appartiennent à aucun des quatre rites orthodoxes qui divisent les mahométans.

« Les Mzabites, dit Soleillet, sont monogames, et leurs femmes vivent constamment enfermées dans les maisons, à filer et à tisser. Ces mille et mille commissions qui obligent nos ménagères à sortir à chaque instant du jour sont ici faites par les petites filles; c'est elles qui donnent aux villes du M'zab de l'animation et de la gaieté; elles sont fort gentilles et presque toutes jolies, ayant de grands yeux noirs et des traits réguliers, vêtues à peu près comme les autres filles du désert d'une robe en laine rouge ou bleue, retenue par des agrafes de métal et serrée à la taille par une ceinture; elles n'ont aucune autre coiffure que leurs cheveux, qui sont arrangés d'une façon assez bizarre; derrière la tête, elles en font une sorte de couronne et de chaque côté des tempes une grosse coque. Cela leur donne une physionomie étrange; elle est encore augmentée par l'usage où l'on est de leur badigeonner le bout du nez avec du goudron, pour les préserver du mauvais œil. »

Les savants ont déjà discuté, sans conclure, pour savoir à quelle race primitive l'on peut rattacher les Beni-M'zab; je croirais volontiers qu'ils appartiennent à la race sémitique, et que ce sont ou d'anciens israélites, ou qu'ils descendent de ces peuples qui habitaient la Palestine et avaient une foule d'usages communs avec les Hébreux, tels que la circoncision. Ne seraient-ils pas des Moabites qui vécurent pendant longtemps dans l'amitié d'Israël et furent tributaires de David?

Paul Soleillet touchait à la fin de son premier voyage qu'on peut considérer comme l'apprentissage de cet art de l'explorateur qu'il a poussé a une si grande perfection.

En rentrant vers Alger il visita les Chaamba (on dit au singulier un Chaambi). Peuple nomade qui vit dans le désert entre Ouargla, El Goléah et Metlili.

Enfin il arriva à Alger en avril 1873 et y obtint les subsides nécessaires pour aller reconnaître la route d'Alger à Aïn-Çalah.

Outre cette mission géographique, Soleillet s'engageait à présenter aux populations du Sahara central des échantillons de nos produits manufacturés et à s'efforcer de ramener avec lui, à son retour, des négociants d'Aïn-Çalah avec leurs marchandises et leurs produits.

CHAPITRE II

DJELFA. — OUARGLA.

Deuxième voyage. — L'alfa. — La faune et la flore sahariennes. — A Djelfa. — Chez les Laârba. — Au M'zab. — L'agah Ben-Driss à Ouargla. — Les mehara. A Metlili. — Le chérif Sidi-Mouley. — Le cheik Ahmet. — Les Châamba.

Paul Soleillet quitta Alger le 29 décembre 1873 pour accomplir son second voyage, un des plus importants qui aient été faits en Afrique et qui n'a été mené au même point que par deux explorateurs européens, Laing et Rohlfs.

Après avoir fait sur l'impériale d'une diligence le voyage de Médéah à Boghari, situé à 150 kilomètres au sud d'Alger, il visita cette localité, qui a une certaine importance commerciale et qu'il quitta le 8 janvier à 2 heures du matin.

Boghari est la limite du Sahara proprement dit. Monté sur une mauvaise voiture, Soleillet arriva à Djelfa après avoir traversé d'immenses plaines couvertes d'alfa.

Dans son excellent livre l'*Afrique occidentale*, l'explorateur dit d'une part ce que c'est que l'alfa et d'une autre ce qu'il pense du Sahara et ce qu'il faut entendre par cette désignation générale.

Comme nos lecteurs pourront lire dans cet ouvrage les détails du voyage, nous nous contenterons avant d'aller plus loin de lui emprunter ces deux descriptions qui ont à la fois le mérite d'être sincères et de ne pas manquer d'originalité.

Commençons par l'alfa qui, comme on le sait, occupe d'immenses étendues en Algérie et a donné lieu à un grand commerce.

Voici en quels termes s'exprime le voyageur :

« L'alfa (*stipa tenacissima*, Desf), forme de vastes champs qui couvrent la majeure partie de la surface du sol non cultivé entre Boghari au Nord et Ras-Chaab au Sud, sur une largeur de trois cents kilomètres environ et sur une longueur, de l'Ouest à l'Est, de plusieurs milliers de kilomètres, puisqu'ils vont du Maroc à la Tripolitanie. De tout temps, cette plante du nom de *spar*, a servi en Espagne à faire des cordages et divers ouvrages qui reçurent de là le nom de sparterie; mais elle n'a été réellement une richesse que du jour où l'on a trouvé le moyen de faire avec elle de la pâte à papier.

» Les papiers obtenus avec la fibre de ce textile, sont d'excellente qualité; ils servent à l'impression du *Times* et de plusieurs grands journaux de l'Europe et de l'Amérique. L'alfa ne servirait-il qu'à cette fabrication toujours croissante du papier, qu'il serait déjà pour le Sahara une source inépuisable de prospérité; mais l'industrie a su aussi l'utiliser pour d'autres usages; on en a obtenu un fil très résistant qui a servi à tisser des sacs et autres étoffes demandant une grande solidité. Ce fil est également employé pour former la chaîne de diverses moquettes et autres tissus. Dernièrement, un Américain prenait un brevet pour un carton fait avec de l'alfa et qui peut se travailler et se débiter comme le bois. Avec ce carton, il a confectionné des boîtes, des caisses et même des tonneaux, qui, tout en étant très légers, offrent la plus grande solidité.

» L'alfa, cette plante précieuse, pour le transport de laquelle s'arment aujourd'hui des navires en Europe et en Amérique; qui fait dans les deux mondes, marcher de nombreuses usines, aux préparations de laquelle des milliers d'ouvriers sont employés; qui fait construire des chemins de fer dans le Sahara et des ports dans la Méditerranée, n'était, il ne faut point l'oublier, qu'une mauvaise herbe, il y a à peine vingt ans. »

Maintenant nous passerons à l'opinion de Soleillet sur le Sahara :

« Je suis obligé, dit-il, pour faire comprendre à mon lecteur la signification qu'a pour moi ce mot *Sahara* que je viens d'écrire, de prendre la question d'un peu haut, au risque de passer pour pédant.

» L'Afrique occidentale se partage d'après sa constitution physique, en trois zones bien distinctes. L'une, que j'appellerai la région méditerranéenne, est formée par le Tell du Maroc, de l'Algérie, de la Tunisie, de la Tripolitaine; c'est ce que les géographes arabes appellent le *Mogreb* (couchant), l'Atlantide des anciens; cette région constitue une sorte d'île limitée au Nord par la mer et au Sud par le Sahara, qui confine les pentes méridionales de l'Atlas. Dans la région méditerranéenne se rencontrent tous les animaux et toutes les plantes de l'Europe méridionale; c'est aussi dans cette contrée que vivent les grands fauves : lions, panthères, etc.

» Le Sahara, lui, commence, nous l'avons vu, à Boghari; il s'étend au Sud jusqu'à la région des pluies tropicales; il est limité à l'Est par la Méditerranée et les sables du désert Libyque, à l'Ouest par l'Océan. Après le Sahara et avec les pluies tropicales, commence la Nigritie proprement dite.

» La Nigritie et le Mogreb sont ainsi séparés comme ils pourraient l'être par une mer, et ils forment deux régions, j'allais dire deux continents parfaitement distincts, ayant chacun leur faune, leur flore et leur climat; le Sahara qui les unit participe des deux.

» Le Sahara, ainsi que son nom arabe l'indique (*sahel* plaine, *rda* pâturer), est un pays de faciles pâturages; il s'y trouve cependant de grands massifs montagneux tels que le Djebel Hoggard, Djebel Amour, etc., qui constituent pour la contrée de véritables Alpes. Le sol du Sahara est si fertile qu'il suffit qu'il y pleuve tous les deux ou trois ans pour l'entretien des pâturages.

» Partout où son sol est habité et cultivé se trouvent de riches oasis qui produisent en abondance des céréales, des fruits, des légumes. Le Sahara nourrit aussi un grand nombre de troupeaux; ils pourraient être innombrables.

» Les sables mouvants ne sont dans le Sahara que l'exception, et, dans cette contrée qui est grande comme la moitié de l'Europe, *les sables mouvants n'occupent peut-être pas le tiers de la surface qu'ils occupent en Europe.*

» Le Sahara n'est point comme le désert de Libye, une série de dunes de sables mouvants séparées entre elles par des mers de sables mouvants, on ne saurait trop le dire.

» La végétation du Sahara est remarquable en ce que partout l'on trouve sur de grands espaces une plante annuelle de même espèce dominante qui ensuite est remplacée par une autre plante également annuelle; c'est ainsi qu'à l'*alfa (stipa barbata tenacissima,* Desf.) succède le *Drin (Arthratherum pugens,* P B), etc.

» La faune du Sahara a cela de particulier qu'en dehors de certains scorpions et de la céraste *(lefaa* des Arabes, vipère à cornes) elle ne possède aucun animal dangereux. Dans l'ordre des mammifères et des oiseaux le Sahara est caractérisé par la gazelle et l'autruche. »

Pendant son séjour à Djelfa, fidèle à son esprit d'observation, Paul Soleillet étudiait avec soin tout ce qui, dans ces contrées, peut intéresser les Européens et spécialement les Français.

Il compare Djelfa à Avignon; la ville, en effet, est située dans un site pittoresque et est traversée du nord au sud par une grande rue plantée d'arbres.

On y rencontre des cafés chantants où, tous les soirs, les habitants trouvent un spectacle varié.

Chanteuses et danseuses appartiennent à la tribu des Ouled-Naïd, renommée par la beauté de ses femmes, de ses chevaux et de ses chiens.

« Cette réputation, dit-il, est justement méritée. »

Djelfa est entourée de bois et de prairies; on y voit un moulin, placé sur le bord d'un *oued* (une rivière), qui est au centre d'un paysage des plus gracieux.

Il s'y trouve, au milieu d'une place, un grand marché couvert, occupé par des boutiques de Beni-M'zab et de nombreux magasins décorent toutes les rues de la ville.

Il se fabrique chez les Ouled-Naïd de longues pièces d'étoffe de laine qui servent à confectionner des sacs et des tentes fort estimés.

L'étoffe destinée aux tentes est rayée de noir et d'orange. C'est à cette disposition des couleurs que se distinguent au loin les campements de cette tribu.

Le voyageur, dans son livre, a complété la peinture qu'il a faite des Ouled-Naïd en racontant une cérémonie religieuse à laquelle il a eu la bonne fortune d'assister et que nos lecteurs nous remercieront sûrement de leur avoir fait connaître.

« Au mois de septembre 1872, je fus témoin, à Djelfa, d'une fête religieuse, célébrée par des nègres, avec des rites tellement curieux, que je ne puis la passer sous silence.

» En descendant de la voiture qui s'arrête quelques heures à Djelfa, mon oreille est frappée par le bruit des castagnettes de fer *(krakeuf)* et des gros tambours qui forment la musique des noirs. Je vois bientôt arriver une cinquantaine de ceux-ci, hommes et femmes, jouant de leurs barbares instruments et chantant des refrains dans une langue inconnue. Ils avaient au milieu d'eux un jeune bouc noir, que deux femmes, l'une vieille et l'autre jeune, menaient en le tirant par les cornes, qui, ainsi que les sabots, étaient grossièrement dorés. Comprenant qu'il allait se passer quelque chose d'insolite, je me joins à la foule d'enfants, de femmes et d'hommes, qui formaient cortège aux musiciens; mon grand chapeau de feutre *(colon sérieux)* émerge au-dessus des burnous crasseux et des haïks sales qui m'entourent et me rend le point de mire naturel de tous ces gens peu habitués à voir un Européen se mêler à eux.

» Un vieux nègre à la barbe blanche et au placide regard vient se placer à côté de moi, et tout en marchant il m'explique que l'on va sacrifier le bouc; c'est avec peine, me dit-il, qu'on a pu se le procurer, car il faut qu'il soit noir, sans tache et vierge, et il ajoute que tous ceux qui assisteront à la cérémonie auront de grands bonheurs, que ce que l'on va faire est une prière de son pays, du pays des noirs *bled el soudan.*

» Nous marchons, pressés comme un troupeau de moutons, et nous parcourons ainsi toute la grande rue de Djelfa; arrivés à son extrémité sud nous tournons à gauche et nous nous installons au milieu d'un terrain vague. Là il y a un grand espace sans arbre, sans maison, tout ensoleillé et rempli de poussière et de mouches. Les musiciens se groupent en masse; un ou deux nègres font former le rond aux spectateurs. Je joue des coudes et je me mets au premier rang; la jeune négresse qui tient le bouc et qui est vêtue de draperies blanches et rouges s'accroupit au milieu, maintenant la victime par les cornes.

» La bestiole est fort jolie, elle a de longs poils noirs, fins et brillants comme de la soie; elle bêle tristement en nous regardant, de son bel œil noir, l'un après l'autre; on dirait qu'elle comprend le sort qui lui est réservé et qu'elle cherche à implorer notre secours. A côté de la jeune négresse vient se placer la vieille femme qui l'aidait à conduire la victime; elle est toute décrépite et toute déguenillée, une vraie sorcière noire; elle tient dans la main un réchaud dans lequel brûle de l'encens, auquel l'on mélange du chanvre. Un grand nègre tout jeune et qui n'a pour vêtement qu'une *foutha* (serviette), jaune et bleue, autour des reins, entre aussi dans le rond.

» A ce moment, la musique et les chanteurs recommencent leur tapage; le bouc, mené par les deux femmes précédées du noir à la foutha, fait une dizaine de fois le tour du rond; tous reviennent au centre et la vieille se met, avec sa cassolette, à parfumer le bouc en tout sens; le nègre commence à chanter et à sauter, non sans venir de temps à autre respirer le mélange enivrant de *kif* (chanvre) et de *bekour* (encens), qui brûle dans le réchaud.

» Voici maintenant que la jeune femme, qui est assise par terre tenant le bouc dans son giron se met à le baiser à l'anus; son exemple est imité par la thuriféraire, le danseur, les musiciens, les chanteurs et un nombre assez considérable d'hommes et de femmes de couleur, répandus dans la foule; le bouc, toujours tenu par la négresse aux draperies rouges et blanches, a le cou tranché par la vieille. Dès que la bête est ainsi frappée, le noir danseur vient sucer le sang chaud qui sort de la blessure béante, pendant que la victime est encore agitée des dernières convulsions de l'agonie; les femmes arrachent le nègre de dessus le cou et lui mettent la tête sur le ventre; il déchire à belles dents la peau, mange les entrailles, et sa tête tout entière disparaît dans le cadavre tout fumant.

» La jeune négresse trempe sa main dans le sang du bouc et, suivie de la noire thuriféraire, elle se met à faire le tour de l'assemblée; l'une vous touche de sa main ensanglantée au front ou à l'épaule, l'autre vous fait respirer les parfums de son fourneau.

» De tous les points de l'horizon accoururent des malades de toutes espèces, des mères portant leurs enfants sur les bras et des vieillards péniblement appuyés sur leurs béquilles; les uns viennent demander à ces étranges cérémonies une guérison; les autres du bonheur pour leur progéniture; les troisièmes, le prolongement d'une vie qui doit être bien misérable à en juger par leurs haillons, leurs faces décharnées et leurs membres ankylosés.

» Lorsqu'elles ont fini de distribuer des bénédictions sous la forme de sang de chevreau et de vapeurs d'encens et de chanvre, et que le nègre a terminé son immonde festin, les deux négresses lui retirent la tête du ventre de l'animal et lui présentent le réchaud, dont ils aspirent bruyamment les âcres senteurs : la musique recommence son vacarme, et lui se met à danser une sarabande échevelée.

» Je n'ai jamais rien vu qui eût un aspect plus démoniaque que ce grand nègre se trémoussant infernalement au milieu de cette lumière blanche et crue du Sahara : la laine de sa tête est remplie des débris rouges et fumants de la victime qu'il vient de dévorer ; le sang qui a ruisselé sur tout son corps y forme de larges raies pourpres qui tranchent sur sa peau luisante et noire. Il saute et se démène jusqu'au moment où, épuisé, il tombe comme une masse inerte sur le sol.

» Ceci n'est point une scène d'*Assaouia*; les noirs que je viens de voir sont des gens du Soudan, qui, après s'être échappés de l'esclavage, sont venus se réfugier à Djelfa, où ils forment une petite colonie, ayant conservé entre eux l'usage de leurs idiomes particuliers et les coutumes idolâtriques de leur patrie.

» En revenant de ce sacrifice, qui m'avait si vivement intéressé, je réfléchissais en moi-même qu'il ne faut point s'étonner si les populations noires du Soudan, habituées à d'aussi sanglants spectacles, sont cruelles et même anthropophages, et je comparais dans mon esprit ce que je venais de voir avec ce que j'avais lu sur la démonolâtrie au moyen âge ; il y figure toujours l'adoration et l'encensement du démon représenté par un bouc noir, que l'on baise au derrière. »

Soleillet passa quatre jours à Djelfa et repartit pour Laghouat en voiture : il arriva dans cette ville en deux jours de marche et y séjourna jusqu'au 25 janvier. Il s'agissait, en effet, de faire des préparatifs pour son grand voyage.

Il se vêtit en Arabe, se fit raser la tête, se coiffa d'une chechia, porta le haïk et la corde en poils de chameau, les guenadeurs, les burnous, etc.

Les provisions de bouche, appropriées à la circonstance, consistèrent en couscous (1), en farine, en café, en thé et en sucre.

---

(1) On appelle ainsi une sorte de semoule très fine qu'on fait cuire à la vapeur et qui se mange avec de la volaille, de la viande et des légumes. Cela se mange avec des galettes de farine cuites sous la cendre.

Pour transporter son eau, il se munit d'outres en peau de bouc que les Arabes appellent *guerba*, bien goudronnées à l'intérieur et revêtues en dehors d'un poil long et abondant qui défend l'eau contre les ardeurs solaires. On conserve avec ces récipients de l'eau fraîche pendant plus de quinze jours.

Nous n'insisterons pas sur les objets divers complétant ce maigre viatique, savon, bougies, lanternes, cordes, etc., pas plus que sur la batterie de cuisine, qui était des plus sommaires.

Une caisse de médicaments complétait cet armement. Un médecin de Paris, M. Mouly, l'avait aidé à la faire et y avait joint une eau précieuse pour guérir les maladies des yeux. Bien souvent le voyageur eut à employer en route ce précieux ingrédient pour lui et pour ses compagnons et toujours il eut grandement à s'en louer. Ceci soit dit sans la moindre intention de faire une réclame à l'eau du docteur Mouly.

De tous côtés arrivaient de mauvaises nouvelles sur l'état des esprits dans le Sahara, et chacun semblait s'être donné le mot pour conseiller au voyageur de différer son départ. Comme tous ses préparatifs étaient faits, il ne s'en mit pas moins en route le dimanche 25 janvier.

Outre son fidèle compagnon de route, Mohamed, il emmenait avec lui le fils d'un chasseur d'autruches nommé Djellali-ben-Boufata, qui était lui-même un chasseur habile.

Soleillet, précédé de la caravane, composée de 12 chameaux, de 3 chameliers, d'une cuisinière et d'un de ses domestiques, partit à une heure et demie, avec une suite composée de 50 cavaliers arabes et d'un pharmacien militaire européen, M. Trappé.

Le soir, ils s'arrêtent à Ras Chaab, qui marque le point où l'alfa cesse de croître.

On se remit en route le lundi de grand matin, et l'on s'engagea sur un vaste plateau où croît à profusion une sorte d'armoise blanche dont les Arabes mêlent la fleur au café et au thé pour leur donner un arome agréable.

Ils rencontrèrent là un campement de Laârba, dont le chef offrit l'hospitalité aux voyageurs.

Cette hospitalité fut digne de celui qui l'offrait, qui était, comme la plupart de ses compatriotes, extrêmement riche.

Voici, d'ailleurs, en quels termes Soleillet raconte cette halte :

« Sur ce plateau, de nombreux moutons paissent sous la garde de leurs bergers, ainsi qu'une cinquantaine de chameaux, quelques ânes et quatre magnifiques juments. Nous passons au milieu de ces troupeaux, nous apercevons un douar formé d'une douzaine de tentes complètement noires ; c'est donc un campement de Laârba. Le chef de ce douar, grand vieillard à barbe grise, debout devant sa tente et appuyé sur un long bâton, surveille son douar, ses troupeaux et ses bergers ; il nous reconnaît, s'empresse courtoisement de venir nous inviter à nous arrêter un moment chez lui.

» Il fait froid, une petite pluie fine a remplacé le brouillard, le temps est de ceux où l'on préfère être à l'abri qu'en plein air : aussi la proposition de faire halte est accueillie avec joie, chacun est vite à terre ; nous sommes installés, mon compagnon de route et moi, sur un moelleux tapis placé au milieu d'une large et chaude tente, et j'écoute avec satisfaction le bruit que font, à côté de nous, les femmes qui apprêtent un festin à notre intention, car l'on va nous *differ*.

» Nous sommes les hôtes de El-Hadj-Taieb *(bon)*, qui est, comme la plupart des Laârba, excessivement riche.

» El-Hadj-Taieb arrive, tenant à la main une aiguière *(brik)* en cuivre doré remplie d'eau tiède ; un nègre le suit, porteur d'une cuvette du même métal ; au milieu de la cuvette se trouve un morceau de savon parfumé. L'hospitalité s'exerce ici comme du temps d'Abraham, et tout en me savonnant les mains, nous nous amusions à considérer nos têtes, et nous trouvions que, avec nos grandes draperies blanches et nos longues barbes, nous avions un air des plus bibliques.

» Notre hôte, qui était sorti, revient portant une cafetière pleine, toujours suivi de son noir, qui a dans les mains un plateau avec des tasses à café de forme française et de très jolie porcelaine ; il en remplit une, y trempe ses lèvres et nous l'offre : ainsi le veut le cérémonial.

» Le poison a joué et joue encore un rôle important dans la société arabe, et l'habitude de goûter la boisson que l'on offre n'a pas d'autre origine ; c'est une façon de dire : ce breuvage n'est pas empoisonné.

» Après le café, on place devant nous une longue *foutha* (serviette) de linge rouge terminée par des franges, et sur laquelle est déposé un plateau d'alfa tressé où s'étalent deux énormes régimes de dattes gnor de Bériane; nous en mangeons quelques-unes et nous buvons de l'excellent lait de chamelle.

» Le lait de chamelle du Sahara est d'une qualité très supérieure; il est très beurré et très parfumé; on ne le boit qu'en petite quantité; il passe pour se digérer difficilement.

» A peine le plateau de dattes est-il enlevé que du café est de nouveau offert, et au café succède un plat sur lequel se prélassent des brochettes de rognons; après ces brochettes, encore du café. Deux hommes viennent ensuite, portant sur une planche recouverte de laine rouge un mouton tout entier rôti; il est déposé devant nous deux; nous disons *au nom de Dieu*, et nous saisissons adroitement, entre le pouce et l'index, un morceau de peau dorée, nous tirons, il nous reste à la main une petite lanière, moitié peau, moitié viande grillée; nous en absorbons ainsi une quantité considérable; semblables aux héros d'Homère, qui dévoraient les dos des porcs succulents.

» Ce mouton rôti, qui est le mets national des nomades du Sahara, est réellement un très bon plat.

» Pour le préparer, les Bédouins écorchent et vident soigneusement un mouton; ils lui remplissent le ventre de chihh et autres plantes aromatiques, auxquelles ils mêlent en abondance du sel et des épices; ils ont une grande broche en bois dur, et, après avoir embroché l'animal comme un lièvre, deux hommes prennent la broche, chacun par un bout, et se mettent à la tourner au-dessus d'un feu flambant qu'entretient un troisième.

» Le mouton est remplacé par du couscous; vient ensuite le *hamis* (viande hachée), servi dans une sauce au piment et avec des galettes cuites sous la cendre; la boisson est à volonté ou de l'*halib* (lait doux) ou du *leben* (lait aigre); avant ou après chaque plat une tasse de café est offerte.

» El-Hadj-Taieb, qui nous a, suivant la coutume arabe, constamment servi, vient, à la fin du repas, avec son aiguière; nous en avons besoin, n'ayant eu que nos doigts pour couteaux, fourchettes et cuillers.

» Il n'est si bonnes choses qui ne doivent finir, et à trois heures, après avoir remercié notre hôte, nous remontons à cheval. Que l'on n'aille pas croire qu'un repas comme celui d'El-Hadj-Taieb est notre ordinaire; il est beaucoup plus modeste; d'habitude nous déjeunons avec des dattes et de l'eau, et nous soupons avec du couscous. »

Les voyageurs se remirent en route après le repas, traversèrent le plateau de Nili et arrivèrent à la *dayé* qui porte ce nom. Ils y trouvèrent leur camp établi et leurs tentes dressées par les hommes de la caravane.

« On appelle *dayé* (au pluriel *daya*), dit Soleillet, des îlots de verdure, sortes d'oasis naturelles que l'on rencontre dans le Sahara; ils sont formés par de grands arbres de pistachiers *(betoum* des Arabes, *Pistacia atlantica)*; ces arbres ont un fort beau port, qui rappelle celui des ormeaux d'Europe; ils poussent très lentement. Il a fallu des siècles pour le développement de ceux que nous vîmes en ce moment; ils avaient dû être préservés de la dent des chameaux quand ils n'étaient qu'arbrisseaux, et ils n'avaient pu l'être qu'en croissant au milieu de buissons épineux, protecteurs de leurs jeunes ans. »

Le lendemain, le camp fut dressé dans le dayé d'El-Mitat, et le jour suivant la caravane entra dans la *chebka* (filet), dont on traversa les collines assez régulièrement espacées et formant comme les mailles d'un filet.

Le 29 janvier, on arriva au M'zab, où Soleillet, muni d'une lettre de M. Crémieux, fut reçu très hospitalièrement par les Israélites de Gardaya.

Laissons-lui raconter lui-même comment il fut accueilli par un des principaux membres de cette association, nommé Aaron, auquel il eut occasion de faire une visite personnelle.

Aaron exerçait dans la ville la profession d'orfèvre, ce qui ne l'empêchait pas, à l'exemple du plus grand nombre des hommes de sa religion, d'acheter et de vendre toutes sortes d'objets étrangers à sa profession.

« L'on me fit monter au premier étage, dit-il, entrer dans une grande pièce nullement décorée, où un vaste fauteuil et une petite table avaient été préparés pour moi.

» L'on débute par me présenter des dattes sur un plateau d'alfa tressé et du lait dans de magnifiques hanaps en argent richement ciselé et d'un travail ancien. Ils doivent servir aux libations qui se font le soir du *séder* dans toutes les maisons d'Israël. Deux jeunes femmes assez belles, couvertes de bijoux d'argent, vêtues de longues robes bleues, coiffées de mouchoirs de soie, nous servent : ce sont la femme et la fille d'Aaron.

» Dès l'entrée, je suis désagréablement surpris par une forte odeur ammoniacale, et elle me poursuit jusqu'au premier : la propreté, je le sais bien, est le moindre défaut chez les Juifs africains, mais cette odeur dépasse tout ce que j'ai flairé jusqu'à ce jour. Curieux, je demandai d'où elle provenait. Les Mzabites, me dit-on, ont un règlement qui leur interdit d'habiter des maisons dans lesquelles l'on nourrit des animaux, quels qu'ils soient; ceux de Gardaya, ne voulant pas se priver d'avoir des poules et des œufs, mettent leurs volailles en pension chez les Juifs, dont toutes les maisons sont ainsi infectées par un nombre considérable de ces animaux.

» Djellali, qui a dans ses attributions de me porter, dans un sac de maroquin brodé, ma pipe et mon tabac, a l'heureuse inspiration de bourrer ma chibouk sans que je le lui demande et de me la présenter tout allumée ; je combats ainsi, par l'arome de la fumée, les émanations des pensionnaires d'Aaron. »

Des jardins qui environnent la ville attirent également l'attention de l'explorateur. Il en parle en ces termes dans le récit qu'il a fait de son voyage :

« Ces jardins, sont entourés de clôtures formées de murs de briques crues, pas assez hauts cependant pour qu'un cavalier ne puisse les dominer et voir, du haut de sa monture, tout ce qui s'y passe.

» Ces vergers sont remplis de vie et de mouvement, des hommes remuent le sol avec des bêches, sèment, sarclent et font toutes les opérations de la culture. Partout l'on entend le bruit de l'eau qui coule et des cordes qui grincent sur les poulies.

» Dans les oasis du Sahara, l'on est obligé d'arroser chaque jour la terre si l'on veut qu'elle soit fertile. Les Beni-M'zab irriguent leurs cultures au moyen de puits très profonds (plusieurs ont 60 mètres); à côté de ces puits sont placés des bassins carrés en maçonnerie

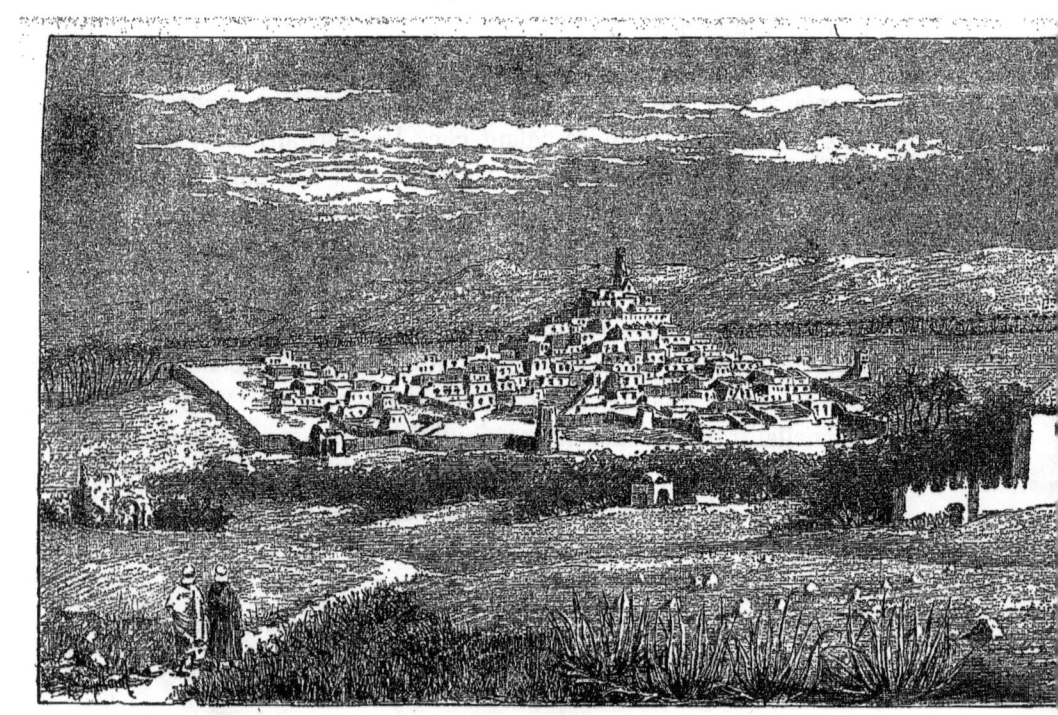
Vue de Gardaya, capitale du M'zab.

d'où partent des rigoles dans toutes les directions; l'on remplit ces bassins par le moyen d'un seau formé par une peau de bœuf, suspendu à une corde posée sur une poulie; à l'extrémité de cette corde on attelle des enfants, un nègre, un mulet ou un chameau.

» Lorsque c'est un animal qui sert à puiser de l'eau, les Beni-M'zab emploient, pour lui faire gaiement accomplir sa tâche, un procédé particulier. Comme il indique, mieux que ne le ferait une longue digression, l'esprit pratique et la douceur des mœurs de ces Sahariens, qui passent toujours en Europe pour être de féroces barbares, je le reproduis ici :

» Chaque fois que le chameau, le mulet ou l'âne a extrait du puits un seau rempli d'eau, son maître lui donne une rave, un morceau de courge, une carotte ou toute autre friandise, nourrissant ainsi sa bête, tout en l'encourageant au travail. »

Soleillet quitta Gardaya le 3 février et prit la route de Metlili, où il arriva le soir même.

Après avoir conclu avec le cheik Ahmed-ben-Ahmed une convention d'après laquelle cet Arabe s'engageait à l'accompagner à El-Goleah et à In-Çalah et lui fournirait chameaux et hommes nécessaires pour ce voyage, Soleillet, d'après les conseils contenus dans une lettre de son ami Dourneaux-Duperré se décida à aller voir l'agah de Ouargla, Si-Mohamed ben-Driss, qui a rendu tant de services à tous les voyageurs français dans le Sahara.

L'explorateur profita de cette occasion pour visiter Ouargla où, dit-il, les hommes ayant du sang noir peuvent seuls vivre et se reproduire.

L'agha Ben-Driss reçut Soleillet avec toute l'affection qu'il a toujours montrée pour la France. Voici le portrait qu'en fait Soleillet :

« Sidi-Mohamed-ben-Hadj-Driss est un officier de spahis indigène; il appartient à la tribu nomade des Çahari du cercle de Biskra. Élève de l'école arabe-française de cette ville, il parle et écrit fort purement le français; il a habité Paris, est propriétaire à Chatou, et complètement dévoué aux idées de la civilisation moderne. Il sait aussi allier l'amour le plus complet pour ses compatriotes et ses coreligionnaires à l'affection la plus grande et la plus sincère pour la France.

» Il travaille de tout son pouvoir à la régénération du Sahara, son pays, et il croit à la possibilité de l'assimilation des indigènes à la civilisation française; n'en est-il pas lui-même un exemple frappant? tout en ayant conservé les qualités de sa race, brave soldat, brillant cavalier, il se montre administrateur habile et intelligent.

» L'agha Mohamed fut pendant la guerre de 1870, le héros d'une chevaleresque aventure; tous les journaux de l'époque l'ont racontée : on causait, entre officiers, devant les Prussiens pendant que le canon grondait et que la fusillade roulait, de la manière de combattre des Arabes; les uns étaient pour, les autres contre. L'agha, sans rien dire, prend le fusil d'un de ses hommes, enlève son cheval au galop et charge à fond de train sur les Allemands qui ne peuvent comprendre ce que leur veut ce cavalier isolé dont le grand burnous rouge flotte au vent, qui pousse des cris rauques en brandissant son fusil et en labourant de ses *choubour* (éperons) les flancs de son noir coursier. Arrivé à deux cents mètres des Prussiens, sans arrêter sa monture, il vise, tire et tue un officier supérieur; retourne son cheval par une brusque pirouette sans lui faire quitter le galop et, tout en déchargeant son revolver sur l'ennemi qui lui envoie de nombreuses balles, il revient auprès des officiers français ses camarades et leur dit: *Voilà la guerre des Arabes.* »

Soleillet utilisa son séjour à Ouargla et en étudia les ressources et les produits :

« Le commerce de l'oasis, dit-il, se borne à la vente de quelques tissus de fabrication locale et des produits qui viennent de l'Europe, tels que cotonnades, cafés, sucre, etc. Ils arrivent dans l'oasis par le M'zab, où les habitants d'Ouargla vont vendre des dattes et de la trounia.

» La *trounia* est une sorte de carbonate de soude obtenu par l'incinération et le lavage d'une salsolanée, nommée en arabe *bulbul*, et qui couvre des surfaces considérables dans le Sahara. Les habitants de la petite ville nègre de Négouça, au nord d'Ouargla, se livrent sur une vaste échelle à la fabrication de la trounia.

» Le principal produit de l'oasis est le palmier. Non seulement les habitants se nourrissent, eux et leurs chevaux, avec son fruit, mais les dattes, de très belle qualité ici, font l'objet d'un négoce régulier et considérable. Le palmier produit également le bois nécessaire aux

Vue de Ouargla.

constructions et les planches qui servent à cloisonner les puits. De plus, avec la fibre des palmes, les habitants qui, comme tous les nègres, paraissent doués d'une aptitude toute spéciale pour les travaux de vannerie, confectionnent divers objets, dont plusieurs, tels que les grands chapeaux nommés *medal* (qui ombrage), sont importés dans tout l'intérieur de l'Afrique et même recherchés dans les villes du littoral.

» Nul doute que l'industrie européenne, qui utilise déjà les palmes pour la fabrication de certains chapeaux (imitation panama), ne retirât de nombreux produits du palmier. Il peut être taillé de telle façon que sa fibre donne une filasse apte au tissage.

» Si les sédentaires sont ici bien partagés, ayant en abondance
» dans leurs jardins ces palmiers, autour desquels pivote toute la vie
» des oasis, les nomades possèdent eux cet animal providentiel, qui
» seul pourrait subvenir à tous les besoins de ses maîtres. Son lait
» nourrit la famille arabe; sous les diverses formes de lait, de caillé,
» de fromage et de beurre; souvent même on mange sa chair. On
» fait des chaussures et des harnais de sa peau, des vêtements et des
» tentes de son poil. On transporte, par son moyen, de lourds far-
» deaux; enfin, lorsque la terre refuse le fourrage au cheval, si pré-
» cieux au Bédouin, le chameau subvient par son lait à la disette, sans
» qu'il en coûte autre chose que quelques tiges de ronces ou d'ab-
» sinthe et des noyaux de dattes pilés. Telle est l'importance du
» chameau pour le désert que si on l'en retirait, on en soutirerait
» toute la population dont il est l'unique pivot. (Volney) ».

» Les Chaamba d'Ouargla ont deux variétés de chameaux également renommées : l'une est utilisée pour les transports, l'autre, connue sous le nom de *mehara* (au sing. *mehari*), analogue au *hedjenie* de l'Égypte, sert comme animal de selle.

» Les mehara sont aux chameaux ordinaires ce qu'un pur sang de course anglais est à un carrossier allemand. Il a été débité sur les mehara un grand nombre de fables; l'une a eu pour origine l'usage où l'on est de donner, lorsqu'on achète un mehari, un certain nombre de chameaux d'espèce ordinaire, et même, lorsqu'on le paie en argent, de l'évaluer par la quantité de chameaux que son prix représente. L'on croit généralement qu'un mehari de six, huit ou dix chameaux, est un animal pouvant effectuer dans un seul jour une course représentant six, huit ou dix journées de caravanes. Il n'en est rien : peu de mehara, parmi les meilleurs, font plus de cent kilomètres en une seule course; trajet qui est facilement fait par la plupart des chevaux ou des mulets africains. Aucun mehari n'a une vitesse égale à celle du cheval.

» Ce qui fait la supériorité des mehara sur les chevaux, c'est qu'ils peuvent porter un poids bien plus considérable, rester plusieurs jours sans boire et sans manger autre chose que les herbes ou les ronces qu'ils trouvent partout dans le Sahara.

» Si je réduis ainsi la réputation de cet honnête animal, je suis loin, cependant, de méconnaître les services réels qu'il rend chaque jour. Je regrette que les Européens de l'Algérie n'aient encore utilisé aucune des deux espèces de chameaux du Sahara ».

L'Agha combla de présents Soleillet, qui quitta Ouargla le 12 février.

L'arrivée à Metlili n'eut lieu que le 14. Le voyageur trouva chez lui un chef arabe qui lui proposa de faire partie de son expédition.

Voici en quels termes il parle de ce personnage qui fut longtemps son compagnon de route :

« Sidi-Mouley Mohamed, tel est le nom de mon chérif, est un tout petit homme, à la barbe rare, la tête nue, ceinte seulement d'un long turban de coton blanc, régulièrement enlacé; il est vêtu de plusieurs blouses de coton bleu, et il porte constamment plusieurs petites bourses de cuir en sautoir. Elles contiennent des drogues et divers instruments de chirurgie ; ce chérif est médecin de profession et natif d'Ouazzan.

» L'on rencontre dans tout le Sahara des médecins errants comme mon ami ; ils vont de douar en douar, d'oasis en oasis, exercer leur art. Leurs confrères d'Europe s'en moqueraient et les appelleraient charlatans. Ces empiriques ont du bon cependant : on pourrait citer des cas où ils ont réussi, dans les villes du littoral, auprès de malades abandonnés par les docteurs brevetés des Facultés de l'Europe.

» J'ai vu mon chérif opérer la cataracte très habilement ; il le faisait par la méthode dite d'abaissement : c'était surtout sa spécialité, car ce chérif est avant tout un médecin oculiste. Il a une poudre végétale qui est d'un excellent effet, même dans les ophtalmies purulentes. »

Le lendemain, Soleillet se mit en route. Voici comment il raconte son départ :

« Hier au soir, dit-il, Mohamed-ben-Youssef-Bafou est venu demander à me suivre *sans rétribution* ; il s'offre de me servir de *Krodja* (secrétaire arabe). J'accepte, et il fera dorénavant en cette qualité partie de ma troupe.

» Abd-el-Kader, le frère d'Ahmed, veut bien, pour mon voyage, mettre gracieusement à ma disposition un excellent mehari de robe fauve, originaire du Djebel Hoggard ; il est harnaché à la mode targuia. L'on conduit l'animal au moyen d'un caveçon et d'un anneau de fer, qu'il porte rivé dans sa narine droite ; la longe du caveçon et celle de l'anneau se croisent sur le cou de l'animal, et forment des rênes qui servent à le diriger, comme l'on fait d'un cheval avec la bride. Les Chaamba se contentent généralement de passer une ganse de laine dans la narine droite de leurs mehara et d'y attacher un simple cordon également de laine.

» Les selles dont on se sert pour monter sur les dromadaires sont de deux sortes, l'une appelée *erri*, l'autre appelée *ralla*, la première est plus commode, elle est même rembourée ; elles ont l'une et l'autre la même forme : elles se composent d'un siège concave semblable à une assiette, à l'arrière duquel se trouve un large et haut troussequin découpé en forme de losange, sur le devant un long pommeau également en forme de losange. Ces selles ont des housses de maroquin rouge, sur lesquelles on dessine au moyen d'un fer chaud des croix noires comme ornement. Mon mehari a une simple ralla. »

Soleillet quitta donc Metlili accompagné du chérif Mouley-Ali et du taleb Mohamed qui ne le quittèrent que le lendemain.

Vers deux heures du soir du second jour de marche, il arriva au douar du cheik Ahmed.

Pour atteindre ce point, il avait dû traverser, au sortir de la ville, une vallée pleine de dattiers, puis il avait passé la nuit dans une construction entourée de puits et de jardins.

Ce bâtiment appartenait à des habitants de Metlili qui avaient vivement engagé le voyageur à s'y arrêter.

Voici comment il raconte sa réception sous la tente du cheik Ahmed, située dans une vallée qui forme le lit de l'Oued-Touil (la Longue-Rivière) :

« Le cheik, dit-il, demeure ici avec ses deux frères et son fils Mamar. Quatre des grandes tentes leur appartiennent : celles devant lesquelles se trouvent des chevaux entravés ; les autres sont habitées par les serviteurs et les clients. La tente du milieu, celle qui forme le centre du douar, est beaucoup plus grande et plus belle que toutes les autres, c'est la tente commune ; elle sert à la réception des hôtes.

» L'existence du cheik Ahmed-ben-Ahmed peut être prise comme type de celles des Chaamba riches et indépendants ; rien n'est plus patriarcal, plus simple, plus grand, plus poétique qu'une pareille vie : entouré de tout ce qui lui est cher, de ses enfants, de ses frères, avec ses femmes, ses nègres, ses serviteurs, ses clients, chef de tout ce monde qui courbe la tête devant son autorité paternelle ; ils lui donnent tous le même titre, l'appelant chacun *Sidi* (mon Seigneur). Ainsi le veut l'usage arabe, qui n'a qu'un mot pour exprimer l'autorité du maître, du souverain, du frère aîné, du patron, du père, du mari ; lui, les appelle tous indistinctement *ouldi* (mon enfant). Ahmed erre suivant son plaisir, dans de vastes solitudes dont il est le roi incontesté. Ce pays est le sien ; il porte à ses cantons les plus arides le même amour qu'un paysan normand a pour ses vertes campagnes.

» Le cheik passe doucement son existence : tantôt couché devant ses tentes, il regarde ses troupeaux qui paissent ; tantôt il se livre à des parties de chasse interminables, à l'antilope ou à l'autruche ; avec ces délassements virils, il a pour employer son temps les voyages qu'il fait en caravane et les razzia opérées sur les ennemis.

» Il me reçoit à bras ouverts, fait dresser une tente pour moi seul à côté de son camp, et paraît fort heureux de me revoir.

» A chaque instant il vient à ma tente, m'apportant une friandise ou une autre : tantôt des dattes, tantôt du lait, des galettes, etc. ; le soir, après le dîner, je fais allumer un grand feu, et, couché sur mon tapis, j'écoute les chansons d'un vieux marabout des Ouled-Sidi-Cheik, que le cheik entretient par charité et je contemple le ciel qui, suivant l'expression biblique, forme un pavillon étincelant.

» Les belles nuits du Sahara ne sont comparables à aucune autre :

l'atmosphère y est d'une pureté non pareille, l'air n'est agité par aucun souffle et l'on voit la flamme des feux monter en droite colonne vers les cieux. Les étoiles brillent et scintillent chacune d'une lumière spéciale et elles se détachent sur l'azur transparent en feux violets, rouges, blancs, jaunes, orange, etc. Chacun de ces soleils se voit avec sa lumière diversement colorée. On ne s'arrache qu'à regret à un tel spectacle et on ne saurait l'oublier. »

CHAPITRE III

ZIRARA. — EL-GOLÉAH

Sur la route d'In-Çalah. — Grappes de sauterelles comestibles. — Le puits de Zirara. — Rencontre de Mohamed-ben-Messaoud. — Sinistres prédictions. — Au delà d'El-Goléah. — El-Hadj-Amar-ben-Bousseta. — Au Tildikelt.

Soleillet quitta son hôte le 19 février avec les hommes choisis par le cheik pour l'accompagner. Là commençait le véritable voyage dans le presque inconnu, mais dès qu'il atteindrait la route qui mène d'El-Goléah à In-Çalah, il allait traverser un pays dont le sol n'avait jamais été foulé par un pied européen.

Le voyageur va nous dire lui-même ses impressions au moment du départ.

« Mon convoi, dit-il, est composé du Cheik et de ses deux frères, Moussa et Abd-el-Kader ils sont tous les trois montés sur des chevaux; j'ai pour mon usage personnel, outre mon mehari, un chameau porteur d'un *bassour* (lit de repos) découvert; huit chameaux sont chargés de mes provisions de bouche, marchandises et bagages. Mes deux domestiques et Bafou le secrétaire montent sur les chameaux de charge.

» Le Cheik Ahmed est accompagné d'un serviteur du nom de Kaddour; c'est un homme de confiance, quelque chose d'analogue aux écuyers des chevaliers du moyen âge; il suit constamment le Cheik dans tous ses voyages et dans toutes ses expéditions. Nous avons quatorze hommes d'escorte armés de fusils et de bâtons; deux bergers pour les chameaux, et, suivant une coutume propre aux Chaamba, Moussa amène avec lui son jeune fils, garçon d'une dizaine d'années seulement, afin, dit-il, de lui faire connaître la route et de l'habituer aux voyages; le chérif Mouley-Mohamed, mon ami le médecin est aussi avec nous; nous sommes ainsi en tout vingt-six personnes, dix chameaux et trois chevaux.

» Mamar vient m'accompagner jusqu'au puits de Sidi-Abd-el-Kader-ben-Embarek, où il nous dit *au revoir;* ce puits qui se trouve au milieu de l'oued Machaggem est très abondant en eau. Je fais mes adieux au fils d'Ahmed et je continue ma route dans la direction générale Est S. O.; elle coupe une série d'oued dont le cours est orienté N. O. à N. S. E. Tous ces oued sont remplis d'abondants pâturages; partout la couche aquifère est très près du sol.

» Les chameaux chargés doivent faire une marche normale de 4 kilomètres à l'heure, car malgré leurs longues jambes, ils vont doucement et broutent çà et là les herbes qu'ils rencontrent. Ce premier jour de marche, nous avançons pendant huit heures et nous faisons environ 32 kilomètres.

» Une fois les chameaux déchargés, j'établis mon camp suivant un ordre déterminé, je le ferai observer pendant tout le voyage. Je place au centre les bagages, je divise ensuite tout mon monde par groupes. Le premier comprend mes deux domestiques et moi; le second se place à ma droite, un peu en arrière, il est formé du Cheik Ahmed, de Bafou et du fidèle Kaddour; le troisième, celui de gauche est composé des frères et neveux du Cheik; le quatrième est celui des hommes d'escorte et des bergers. Je les installe en face de moi, de l'autre côté de mes bagages, au milieu desquels couche le chérif, et autour desquels on fait ranger le soir les chameaux après leur avoir lié les pieds de devant au-dessus du genou. Les chevaux sont placés devant les groupes d'Ahmed et de ses frères.

» Mon installation personnelle est des plus simples; un tapis sur le sol; au-dessus du tapis une couverture, sur laquelle je me couche et sous laquelle je place mes armes, consistant en un fusil double, une paire de revolvers, une paire de pistolets d'arçon et une épée; je les tiens ainsi à l'abri de l'humidité et toujours près de la main; j'ai armé Mohamed et Djellali d'un fusil double et d'un revolver. Puisque j'ai parlé de mes armes, j'indiquerai celles en qui j'ai la plus grande confiance ce sont mes pistolets d'arçon ; je les ai choisis du plus gros calibre que j'ai pu trouver et je les charge chacun d'une douzaine de plombs à loup moulés ; une telle arme tirée sur un groupe d'hommes en mettrait certainement plusieurs à la fois hors de combat.

» A peine arrivé, je fais préparer du café et organiser le foyer de la cuisine ; après avoir pris mon café, je vais, accompagné de Djellali, explorer les environs, et faire des observations météorologiques, recueillir des plantes, des pierres ou des insectes pour mes collections, et je reste ainsi à courir la campagne jusqu'au moment où le soleil se couchant, m'annonce qu'il est temps de songer au repas du soir et au repos.

» Le souper est toujours composé de couscous auquel nous joignons quand le hasard nous le permet, de la viande ; il est le même pour tout le monde, seulement j'ai divisé mes gens en trois séries mangeant les unes après les autres ; la raison en est la faible quantité d'ustensiles de ménage que je possède.

» *Vendredi 20 février.* — Au réveil, à quatre heures du matin, nos burnous sont couverts de goutelettes de rosée : la nuit a été des plus fraîches. Je fais préparer le café ; une fois pris, j'ordonne qu'on charge les chameaux et je pars seul à pied en avant ; je fais ainsi quatre ou cinq kilomètres. Je m'assieds alors et je me repose en attendant ma caravane, qui marche toujours dans le même ordre : en tête mon mehari suivi du chameau porteur du bassour, ensuite les chameaux de charges et leurs conducteurs, enfin l'escorte. Ahmed et ses frères, montés sur leurs chevaux, se trouvent tantôt à l'avant tantôt à l'arrière du convoi, dont ils surveillent la marche. Une fois qu'ils m'ont rejoint, je monte sur mon mehari et j'y reste jusqu'au moment du déjeuner composé uniquement de dattes ou de rouina. Après ce frugal repas qui a lieu entre onze heures et midi, je m'installe dans le bassour et je fais la sieste jusqu'à notre arrivée au camp ; cette manière de voyager fait que je ne suis pas plus fatigué au moment où je m'arrête que si je descendais d'un wagon de première classe des mieux établis.

» Le soir, nous arrivons à l'oued Atgueir, dans lequel poussent un grand nombre de plantes et d'arbustes.

» Suivant mon habitude, une fois le camp établi, je vais avec

Djellali explorer les environs; me trouvant au haut d'un rocher, je me mets à regarder du côté de mon bivouac : je suis surpris de ne point y reconnaître mes gens et de le voir envahi par une troupe d'étrangers ; à cause des bruits qui circulent dans le pays, cette vue me produit une impression désagréable, je me mets à presser le pas tout en vérifiant mes armes.

» Dès que les nouveaux venus m'aperçoivent, ils s'empressent de venir à moi et de me faire les plus grandes démonstrations d'amitié et de respect, ils m'accordent même en cette occasion, la plus grande marque d'honneur qui existe chez eux : ils s'approchent de moi l'un après l'autre, et touchant légèrement du bout des doigts la *Kritt* (corde en poil de chameau) qui me sert de turban, ils se les baisent ensuite, et me donnent ainsi un témoignage insigne de considération à moi chrétien et français seul au milieu d'eux.

» Ces gens sont au nombre de trente et ont avec eux quarante chameaux : ce sont des Chaamba-El-Mouadhi, ils viennent du M'zab où ils sont allés vendre du henné et des négresses achetées au Gourara; ils regagnent leurs tentes.

» J'apprends d'un de mes bergers que mes hommes sont partis pour chasser des mouflons aperçus dans les environs; peu d'instants après le coucher du soleil, mes chasseurs rentrent, ayant fait buisson creux. »

Nous empruntons encore à Soleillet, le récit d'une aventure qui peint admirablement le caractère arabe et qui, à ce titre, nous a paru doublement intéressante.

« Un peu avant d'arriver auprès du puits situé à côté d'un marabout élevé à la mémoire de Sidi-Ahmed-ben-Hamouda, nous voyons des moutons paissant sous la garde de deux bergers ; j'exprime au Cheik le désir d'en acheter un : il dit à ses frères que nous voulons un mouton ; ceux-ci enlèvent leurs chevaux au galop, fondent sur le troupeau, et Abd-el-Kader, le plus jeune, qui est un cavalier excellent parmi les meilleurs, choisit du regard la plus belle des bêtes et, sans descendre ni arrêter son cheval, il se penche sur la selle, saisit l'animal derrière la nuque, l'enlève par l'effort du poignet et le mettant en travers devant lui, dit aux bergers :

» — Fils de chiens, vous direz à votre maître que nous avons pris ce mouton pour notre Seigneur et son Seigneur Ahmed-ben-Ahmed.

» Cela fait, nos deux cavaliers tout joyeux reviennent en faisant caracoler leurs montures; tous les Bédouins sont plus ou moins voleurs et leur instinct d'animaux de proie se réveille facilement.

» A peine sommes-nous installés dans notre camp, que le propriétaire des moutons, prévenu par ses bergers, nous arrive avec quelques hommes tous armés de fusils : celui-ci ne voyant pas Ahmed, qui est avec moi derrière un buisson à prendre du café, se met à insulter les frères du Cheik et les gens qui composent ma caravane, leur disant :

« Vous êtes des voleurs, toujours vous faites le mal : comme des
» chiens, vous aboyez et criez de loin parce que vous savez que tout
» le monde aime et respecte votre maître; si le cheik Ahmed, que
» Dieu allonge ses jours, était ici, il n'aurait jamais permis une telle
» rapine. »

» Abd-el-Kader, Moussa et les autres s'amusent du maître des moutons, l'excitent et finissent par lui faire dire quelques paroles légères sur Cheik Ahmed. C'est là où ils en veulent venir, car ils tiennent à s'amuser de l'effroi que le Cheik lui inspirera lorsqu'il se montrera.

» Enfin le Cheik Ahmed sort de derrière le buisson, se présente devant le plaignant, et crie de sa grosse voix :

« Que me veut ce fils de berger? Que vient-il chercher ici ce
» chien ? »

» L'homme au mouton se considère comme mort, il prend l'attitude d'un suppliant, baise le pan du burnous du Cheik, et tout ému lui dit :

« Moi et tous les miens nous sommes tes esclaves; ce n'est point un
» mouton que tu peux prendre, mais bien mes troupeaux, mes tentes,
» mes femmes, mes enfants, tout est à toi, Ahmed, mon maître,
» mon Seigneur. »

» J'interviens, je dis à Mohamed de donner quarante douros à cet homme pour son mouton; il n'ose d'abord les accepter. Il se nomme Abd-el-Kader-ben-Saïd; il appartient au Chaamba-el-Mouadhi. Je lui dis de rester avec nous pour souper et le prie de m'envoyer chercher du lait; il me remercie et part pour son douar.

» Le mouton est ensuite rôti, et au moment où on le place tout embroché sur un lit de genêt qui a été préparé devant mon tapis, je vois arriver Abd-el-Kader-ben-Saïd avec des peaux de boucs pleines de lait. Je lui fais signe de s'accroupir en face de moi, et nous commençons tous ensemble à attaquer le rôti.

» Nous finissons à peine notre couscous, qu'un homme à cheval arrive suivi d'un autre conduisant un chameau ; c'est Bel-Aïa des Ouled-Sidi-Cheik, qui va au Gourara porter des lettres aux ouled Hamza ; sans plus de façon il descend de cheval et va avec l'homme qui le suit, s'asseoir au milieu de mon escorte qui est en train de solder le mouton.

» Après souper, Ben-Saïd reste avec moi ; je l'interroge au sujet de la route que je dois suivre ; voici ses paroles traduites mot pour mot :

« Vous ne pouvez pas, ou du moins vous n'avez aucune voie pour
» arriver à ce pays (le Tildikelt), parce que les Berbères et d'autres
» ennemis sont du côté de Timimoun. Donc, passer par là serait
» dangereux pour vos personnes ; quant à aller du côté d'In-Çalah,
» il y a là Bou-Choucha ; mais cependant nous avons entendu dire
» qu'il s'était dirigé vers Ouargla pour y opérer des razzia. Quoi
» qu'il en soit, si vous voulez m'écouter, retournez sur vos pas. »

Continuons le journal du voyageur. Les événements qui suivent sont assez graves pour justifier ces emprunts, car Soleillet seul pouvait avoir assez d'autorité pour apprécier les événements et les avertissements qu'il ne cessait de recevoir :

« Le *Dimanche 22 février*, au milieu de la nuit, il était peut-être une heure du matin, un de mes hommes qui veillait voit passer une troupe d'Arabes conduisant des chameaux ; il vient me prévenir de ce fait ; je l'envoie reconnaître ces nocturnes passants ; il part et revient bientôt après, avec l'un d'eux.

» Ce sont des gens de Metlili : ils étaient partis pour le Gourara, dans l'intention d'acheter des nègres et des dattes ; arrivés dans le territoire d'Aouagroute, ils y ont appris que des Berbères, révoltés contre l'autorité du nouvel empereur du Maroc, arrivaient pour mettre le pays à contribution. Les Chaamba effrayés ont pris la fuite sans faire aucun achat et ils marchent de nuit le plus possible pour se cacher.

» Cet incident est cause que tout le monde est debout de meilleure heure que d'habitude. Il se trouve là des genêts, aux branches desquels pendent des quantités innombrables de sauterelles engourdies par le froid (la température ambiante est de + 5°); elles forment au bout des branches des grappes de la grosseur d'un œuf d'autruche; elles ne font aucun mouvement; et se trouvent en nombre si considérable, qu'il a suffi à deux hommes de quelques instants pour en remplir deux grands *tellis* (sac de laine), qui font la charge d'un chameau.

» Cette récolte est très appréciée par tout mon personnel, qui trouve là un supplément de nourriture justement goûté, ainsi que j'ai pu en faire l'expérience moi-même. Les sauterelles sont d'abord bouillies et séchées; on les mange ou dans cet état, avec un peu de sel, ou en les faisant revenir dans de la graisse ou du beurre. Ce n'est point un mets à dédaigner, elles ont une saveur qui rappelle celle des crevettes, un peu faisandée seulement.

» Les Chaamba, il est vrai, se montrent peu délicats sur leur nourriture; ils mangent les rats, les gerboises et autres rongeurs, ainsi que plusieurs espèces de sauriens, entre autres le deub, connu en Algérie sous le nom de lézard de palmier. C'est du reste un manger délicat, surtout la queue : on croirait presque en la mangeant avoir de l'anguille de roche sous la dent.

» L'on donne aussi aux chevaux chaamba des sauterelles en guise d'orge; ce n'est point la seule nourriture animale qu'on leur fait manger dans le Sahara, où plusieurs tribus les nourrissent avec de la graisse, dans certains cas.

» Pendant que mes hommes ramassent les sauterelles, je considère un joli passereau qui se pose en chantant sur les extrémités des arbustes; c'est le premier oiseau que je vois depuis que j'ai quitté Metlili.

» A cinq heures et demie du matin, la caravane se met en marche, et jusqu'au puits de Zirara, où elle arrive à huit heures du matin, j'ai traversé une contrée des plus uniformes.

» Ce puits de Zirara est situé au milieu d'une grande plaine entourée de collines calcaires; c'est le point central où viennent converger un nombre considérable de routes, se dirigeant vers El-Goléah.

» Il est construit entièrement en maçonnerie de pierres dures, c'est pour le désert une véritable œuvre d'art ; sa création est attribuée à une femme berbère, dont le nom est resté populaire dans le Sahara : Bent-El-Krafs. Elle avait fait élever aussi sur une colline voisine une petite ville fortifiée, aujourd'hui en ruine, mais dont l'enceinte est encore visible.

» Ce puits a une profondeur de vingt mètres et donne en toute saison une hauteur de 2 mètres d'eau de très bonne qualité. Sa margelle, car il en a une, est surmontée de deux piliers en maçonnerie, supportant une poutre sur laquelle l'on fait glisser des cordes qui retiennent les appareils pour puiser l'eau.

» On trouve dans la construction de ce puits un détail assez remarquable ; sur un des côtés de la maçonnerie intérieure, on a ménagé une chambre voûtée, pouvant contenir quelques personnes ; on y parvient au moyen d'un escalier formé par des pierres, qui font saillie dans l'intérieur du puits, jusqu'à une profondeur de quinze à seize mètres.

» Auprès du puits, se trouve un abreuvoir en pierre, de grande dimension, destiné à l'usage des chameaux et des chevaux. Sur toutes les routes que j'ai parcourues dans le Sahara, le puits de Zirara est le seul que j'aie rencontré établi dans des conditions de salubrité et de solidité aussi complètes.

» Il se trouve, en même temps que nous, à Hassi-Zirara, un certain nombre de Chaamba, venus des contrées environnantes, pour s'approvisionner d'eau et pour causer ; ils nous entretiennent, eux aussi, comme l'ont déjà fait ceux de la caravane rencontrée hier, d'une insurrection berbère, qui se serait produite dans le Gourara, du côté de Timimoun.

» Après avoir rempli nos outres, déjeuné et abreuvé nos animaux, nous quittons le puits à neuf heures. Un Chaambi d'Ouargla, connu sous le nom de Gadamsi (son père était de Ghadamès), qui rôdait dans les environs, se joint à nous avec son mehari. Il pense pouvoir, dans la suite, me rendre un service ; il sait qu'il serait légèrement rétribué ; de plus, avec moi l'on mange au moins une fois chaque jour du couscous de blé, ce qui est un ordinaire des plus confortables pour des populations dont la nourriture presque exclusive consiste en dattes.

» Nous venons de quitter le puits. J'aperçois un grand mehari blanc, suivi de cinq chameaux, à côté desquels marchent quelques hommes à pied; ils viennent de notre côté. Le Cheik est à cheval avec ses frères, et ils se portent au galop au-devant de ces gens. Nous supposons tous que ce doit être Mohamed-ben-Messaoud, frère du Caïd du

Caravane dans le désert.

queçar de Metlili; il avait été envoyé par le général, comte de Loverdo, porter des dépêches aux Ouled-Sidi-Cheik; il avait dû aussi aller réclamer à Bou-Choucha, avec qui il est particulièrement lié, des chameaux qui lui avaient été pris.

» Je suis à pied et je ne parviens auprès de l'arrivant, qui est bien Mohamed-ben-Messaoud, qu'au moment où il a engagé conversation avec le Cheik et ses frères; il leur avait annoncé que Bou-Choucha venait de quitter son campement où il avait été lui-même, et où il n'avait trouvé qu'un très petit nombre de personnes, tout ce qui était valide étant parti pour aller faire un razzia du côté de Ouargla ; il raconte aussi qu'il a été chez les Algériens insurgés près de Amma-Aïdir, non loin du Hoggard, pays des Touaregs (les assassins de Dupéré et de Joubert appartenaient à ces bandes), qu'il a laissé les Berbères révoltés du côté de Timimoun, et qu'une troupe forte de plus de six cents cavaliers avait l'intention d'aller du côté des Chaamba-Berazgua (de Metlili).

» Il termine en disant qu'il ne faut pas songer à aller à In-Çalah ; il leur dit :

« Vous savez combien le pays et ses routes sont difficiles ; il n'est
» guère possible qu'aux hommes valeureux et capables de supporter
» toutes sortes de misères, de traverser cette contrée, et encore il
» leur faut des chameaux entiers et vigoureux. *Vous avez avec vous*
» *des étrangers incapables de quoi que ce soit ;* du reste, arriveriez-vous
» à In-Çalah, que El-Hadj-Abd-el-Kader a fait serment de ne rece-
» voir aucun Européen et de faire massacrer par ses gens celui qui
» tenterait d'y arriver, et tous ceux qui l'accompagneraient ; El-
» Hadj-Abd-el-Kader me l'a dit à moi-même (1), vous êtes fous de
» croire qu'ayant un *chrétien* avec vous, vous pourrez, sans être
» *tous massacrés,* faire une pareille route. »

» Au moment où je le joins, Mohamed a fini de pérorer ; il est entouré de tous les gens de la caravane ; je l'appelle et lui remets une lettre de son frère Sliman ; il prend la lettre et recommence à me répéter ce qu'il a déjà dit, et à me parler des dangers sérieux auxquels je m'expose. Il me déclare qu'il est impossible d'aller plus loin sans jouer ma tête et celle de tous les miens.

---

(1) Un langage identique avait été tenu, en 1864, par l'Hadj-Abd-el-Kader à l'allemand Gerhard Rholfs, qui voyageait dans le Touat comme musulman, sous le nom de Moustapha. Ce voyageur rapporte que l'Hadj-Abd-el-Kader, dont il était l'hôte, lui dit :

« Quand bien même il viendrait ici des étrangers avec des lettres de recomman-
» dation du sultan de Constantinople ou de celui du Maroc, je les livrerais im-
» médiatement à mes gens ; *nous ne voulons pas de chrétiens dans notre*
» *pays.* »

Voyez V. A. MALTE-BRUN, *Résumé historique et géographique de l'exploration de Gérhard Rholfs au Touat.* — In-8°, Paris, 1866; Challamel aîné; page 126

» La situation est des plus critiques ; les paroles de Mohamed-ben-Messaoud ont jeté la terreur et la démoralisation parmi tous mes gens ; ils ne semblent plus disposés à me suivre.

» Je donne, malgré tout, l'ordre de se mettre immédiatement en route, et je pars en avant, suivi de Mohamed et Djellali, mes deux domestiques. Au bout de trois ou quatre cents mètres, je me retourne pour voir si je suis obéi ; je les aperçois tous assis en rond à l'endroit même où je les ai laissés.

» Profondément irrité, je reviens vers eux suivi de Djellali seul, et, le pistolet à la main, menaçant de tuer celui qui n'exécutera pas mes ordres, je les oblige à se lever et à se remettre en route.

» Mohamed-ben-Messaoud me demande ce qu'il doit faire ; furieux de l'acte qu'il vient de commettre, je lui dis de me laisser et de rentrer à Metlili.

» Nous sommes depuis assez longtemps en route, lorsque je vois revenir Mohamed-ben-Messaoud au grand trot de son mehari ; il a lu la lettre de son frère le Caïd, qui lui recommande s'il me trouve de rester auprès de moi et d'aller où j'irai, et Mohamed me prie et me supplie de le laisser se joindre à ma caravane, ce que je finis par lui accorder comme une grâce.

» En quittant le puits, je passe près d'une petite montagne en forme de pain de sucre, couverte de sable Arregue-el-*mezrag* (lance) ; et j'arrive, à cinq heures et demie, à un endroit appelé Aamoude, où il y a des buissons et de l'herbe, ce qui rend ce lieu propre à un bivouac.

» Après le repas, le Cheik-Ahmed, profondément peiné de ce qui s'est passé, vient me trouver et m'entretient longuement des incidents de la journée ; il me déclare alors que, quoi qu'il arrive et dussions-nous y aller *tous les deux seuls,* il tiendra la promesse qu'il m'a faite et m'accompagnera jusqu'à In-Çalah.

» *Lundi 23 février.* — Tout auprès du lieu où nous avons passé la nuit, se trouve un douar de Chaamba, dont les chiens, par leurs aboiements, ont bien souvent interrompu notre sommeil.

» Le chef de ce douar est El-Hadj-Amar-ben-*Boussetta* (monnaie) ; il a la figure dévorée par un chancre. Je l'ai connu à Laghouat, en 1872. L'infirmité de El-Hadj-Amar est une affection syphilitique très commune chez les Sahariens; cependant l'on avait trouvé un moyen de faire toute une légende sur la sienne.

» Les indigènes racontent et croient que lorsque Sidi-Hamza, notre Kalifa, se rendit en 1861 à El-Goléah, pour prendre possession, au nom de la France, de ce queçar, où il avait des propriétés et une zaouia, Hadj-Amar se présenta devant lui ayant le haïk relevé et lui couvrant la bouche et le nez, ce qui est une insulte chez les Chaamba, Sidi-Hamza en le voyant lui aurait dit :

» — Pourquoi te caches-tu le nez ?

» — C'est que tu sens mauvais, tu as l'odeur des Français.

» — Misérable! tu oses insulter un enfant des Ouled-Sidi-Cheik! Je prie Dieu; il te mettra dans le nez et sur la figure une maladie, il te faudra toujours cacher ta face, et tu auras la même odeur qu'une giffa (insulte qui s'adresse aux Juifs et qui signifie animal mort et pourri.) »

» La prophétie de Sidi-Hamza s'est accomplie à la lettre, et El-Hadj-Amar est ainsi une sorte de miracle vivant attestant la puissance thaumaturgique des Ouled-Sidi-Cheik.

» Hadj-Amar vient me recevoir et me fait présent d'un mouton et de deux peaux de boucs pleines de lait. Nous échangeons ensemble des compliments affectueux, ensuite il se met à interpeller le Cheik et ses frères leur reprochant de m'avoir amené dans un pays qui appartenait, disait-il, aux Touaregs (1), et cela à un moment où la contrée est infestée d'ennemis et de brigands ; il va commencer à parler, lui aussi, des Berbères et de Bou-Choucha. Je lui signifie qu'il ait à changer de discours, que je suis en route et que je continuerai mon chemin vers In-Çalah quoi qu'il pût m'arriver. »

Soleillet arriva à El-Goléah, le 24 février.

Cette oasis a été visitée une première fois en septembre 1859 par M. Henri Duveyrier.

Notre cadre ne nous permettant pas de nous étendre trop longuement sur ce second voyage de Soleillet, nous ne donnerons pas la description d'El-Goléah et nous glisserons rapidement sur la partie de la route d'El-Goléah à In-Çalah.

---

(1) Tout le pays au sud du puits de Zirara appartient au Tildikelt, suivant les indigènes.

Qu'il nous suffise de dire que l'explorateur quitta l'oasis le vendredi 27 février 1874 au matin.

Il avait alors avec lui quatre compagnons de route.

1° Le Cheik Ahmed-ben-Ahmed ;

2° Kaddour, serviteur du Cheik ;

3° Mohamed-ben-Messaoud ;

4° Mohamed-ben-Youssef-Bafou.

Après avoir longé un petit village appelé Hoa-el-Gara, les cinq voyageurs trouvèrent la *Sebkha*, ou terres salées, puis ils entrèrent dans la région des dunes.

Après avoir passé une nuit très froide, couché sur la terre et simplement enveloppé d'un burnous, Soleillet quitta l'Oued-Frenta et vit s'étager devant lui une série de larges plateaux qui nécessitèrent une marche de sept heures pour parcourir environ quarante kilomètres.

Laissons la parole au voyageur qui décrit ainsi la fin de cette longue route à travers les pays inconnus.

« *Dimanche 1er mars*. — La pluie a cessé pendant la nuit, le vent toujours très fort Nord-Ouest ; le thermomètre marque + 6°.

» Je quitte l'oued El-Brig-El-Guerbi à quatre heures trente ; il est séparé par une hamada qui n'a pas de nom, de l'oued Bou-Madhi, où j'arrive à huit heures. La poussière nous y aveugle ; j'y reste un instant à me reposer et je reprends ma route, qui passe au milieu de deux daya, l'une appelée *Hamera* (rouge), l'autre *Ezaoufa* (peureuse) ; la traversée de ces deux daya me prend quatre heures. L'on n'y trouve point d'eau, mais la végétation y est des plus abondantes ; elle se compose principalement de teurfa et de saouid. Je rencontre encore une petite dayé *Mayza* (chèvre), dans laquelle se trouve un puits que je laisse à ma gauche, et à huit heures du soir je m'arrête dans l'oued Allal, au point où il se bifurque en deux branches, se dirigeant l'une et l'autre Ouest-Nord-Est.

» *Lundi 2 mars*. — La nuit a été très mauvaise ; vent très fort du Nord-Ouest ; au réveil, les burnous sont mouillés comme s'il venait de pleuvoir.

» Je quitte l'oued Allal à trois heures du matin. Depuis El-Goléah, j'ai toujours suivi une direction uniforme Sud-Sud-Est ; maintenant j'en prends une nouvelle, Sud-Sud-Ouest, pour me rapprocher du chemin des caravanes.

» Je traverse d'abord une plaine coupée par deux ouïdan, nommés l'un et l'autre El-Fersid ; ils sont remplis de teurfa ; je passe à midi près de la gara Ben-Aïssa. Un Chaambi de ce nom est là enterré ; il fut, paraît-il, surpris ici un jour qu'il revenait d'In-Çalah et attaqué par des Touaregs ; il se défendit en désespéré et en aurait tué plusieurs avant de tomber lui-même mortellement frappé.

» Jusqu'à l'oued Moukramla, où je couche, je marche constamment dans une plaine légèrement mamelonnée, coupée par un oued du nom d'El-Amonalegh dont la direction est toujours Ouest-Nord-Est.

» *Mardi 3 mars.* — Départ à quatre heures et demie du matin. Je monte sur une hamada nommée Inghbane ; elle est recouverte de pierres noires et brillantes ; à six heures et demie, j'y trouve le *Medjebel* (chemin des caravanes).

» L'on forme sur les hamada du Tildikelt les Medjebel en ôtant, sur une largeur de huit à dix mètres, toutes les pierres petites ou grosses qui recouvrent le sol et en les rangeant à droite et à gauche de la route.

» D'après une légende, ce serait un homme du nom de Ben-Bouour, qui, à une époque très reculée, au moment où le Touat n'était pas encore habité, aurait construit ces routes, en faisant traîner sur le sol de grosses pierres rondes auxquelles il attelait des chameaux.

» Le Medjebel a une direction Nord-Sud, il me mène à un oued dans lequel je descends par un sentier des plus abrupts et où se trouve un puits.

» Le puits et l'oued ont le nom d'Adrek. L'eau se trouve ici très près du sol, et, pour la puiser, il suffit de faire un simple trou à fleur de terre ; en toute saison on la rencontre à un mètre au plus de profondeur ; aujourd'hui elle n'est qu'à quarante-quatre centimètres ; sa température est de $+14$, celle de l'air étant de $+16$.

» Les couches épaisses de salpêtre que l'on trouve sur ce point, et qui proviennent de l'urine des chameaux, prouvent, ainsi que les nombreuses empreintes laissées par ces animaux, que ces parages sont fréquentés par des caravanes importantes.

». Il y a auprès du puits quelques palmiers, des plantes d'espèces diverses et un grand nombre d'arbrisseaux nommés El-Ettalh. Bafou me dit que les gens de Médine connaissent cet arbuste auquel ils attribuent de nombreuses vertus curatives et qu'ils l'appellent El-Leban El-Bestoui. Je remarque aussi une sorte d'asperge très grosse et de couleur noire ; mes compagnons ignorent le nom de cette plante.

» Je déjeune au puits, j'y renouvelle ma provision d'eau et je le quitte à deux heures et demie pour remonter sur une hamada identique à la précédente ; elle n'aurait pas d'autre nom que celui d'*El-Kantera* (le pont) ; ces deux plateaux sont, à vue d'œil, à la même hauteur et ils paraissent avoir dû en former un seul qui aurait été séparé par une commotion géologique.

» Cette hamada, comme la précédente, est recouverte de pierres noires ; ces pierres sont de diverses grosseurs ; mais toutes brillantes et luisantes comme du jais poli et taillé ; elles ne sont nullement adhérentes au sol, et elles forment une couche si régulière qu'on les dirait étendues avec un rateau ; la terre qu'elles recouvrent ainsi est une argile rougeâtre, toute fendillée. Il n'y a sur ces hamada aucune espèce de végétation ; je n'ai pu, malgré mes nombreuses recherches, y trouver un seul brin d'herbe ; l'on n'y rencontre également ni oiseau, ni insecte, ni quoi que ce soit qui ait vie.

» Au milieu de ces fantastiques terrains, où tout est noir et brillant, l'on est le jouet des mirages les plus surprenants : une pierre d'une teinte différente, un bâton perdu par un caravanier, prennent de loin l'aspect d'un arbre ou d'un chameau. J'y ai vu mes compagnons, eux des Chaamba de naissance, pour qui le désert ne devrait plus avoir d'illusions, trompés tout comme moi, et discuter entre eux pour savoir si les cinq cavaliers qui venaient vers nous, montés sur des mehara, étaient vêtus de noir ou de blanc. Ces cinq cavaliers étaient en réalité cinq pierres grisâtres de quelques centimètres de hauteur.

» Je passe à côté d'une dizaine de tombes, elles sont à cinq ou six cents mètres de l'oued ; ce sont celles de Chaamba de Metlili ; l'on me cite leurs noms et l'on me raconte leur fin tragique. Il y a quelques années, ils passèrent ici revenant d'In-Çalah ; après quatre jours de marche rapide, ils se croyaient en sûreté, il faisait très chaud ; aussi sur le midi, se laissèrent-ils aller à faire la sieste ; surpris endormis par des Touaregs, ils sont massacrés et leurs cadavres nus sont laissés sur le chemin. Une caravane de *zoua* (membre d'une zaouia), des Ouled-Sidi-Cheik, qui passa là quelques jours après, les ensevelit pieusement.

» A huit heures du soir, je commence à descendre de ce plateau, et, à neuf heures, je m'installe pour la nuit dans l'oued Afflissat.

» Pendant que nous entravons nos mehara, nous apercevons, à quelque distance de nous, une vingtaine de chameaux et un feu. Le Cheik et Mohamed-ben-Messaoud vont, le fusil sur l'épaule, reconnaître à quelles gens nous avons affaire ; ils ne trouvent qu'un nègre esclave laissé pour garder des bagages et des chameaux appartenant à un homme des Ouled Hamou d'In-Çalah, qui revient de convoyer à Ghadamès des marchandises arrivées de Tombouctou ; il est parti à la recherche de son douar qu'il suppose dans les environs.

» C'est dans les berges élevées d'un mètre cinquante de cet oued Afflissat que j'ai trouvé, le 8 mars, deux espèces nouvelles de mollusques : un bulime *(Bullimus Soleilletis,* B*)* et une hélice *(Heliciana Soleillana,* B*).*

» M. Bourguignat, qui les a déterminées, a bien voulu, en me les dédiant, fixer dans le monde savant le souvenir du premier explorateur européen du Tildikelt, entre El-Goléah et In-Çalah.

» Ces mollusques sont remarquables, car ils appartiennent l'un et l'autre aux espèces les plus caractéristiques de la faune de l'Afrique équatoriale. Ce serait, toujours d'après M. Bourguignat, la première fois que de telles espèces sont recueillies dans le Sahara.

» J'ai rencontré, bien plus au Sud, dans les eaux d'In-Çalah, le mollusque appelé *Melanoptis Marocana.* Ce coquillage, qui se trouve en Espagne, en Grèce et dans toutes les îles de la Méditerranée, est un de ceux qui passent pour caractériser le plus sûrement le climat méditerranéen. Ces deux faits me paraissent curieux à rapprocher. »

CHAPITRE IV

L'OASIS D'IN-ÇALAH

Le carrefour de l'Afrique occidentale. — Hadj-Abd-el-Kader, seigneur d'In-Çalah. — Situation politique et religieuse. — La confrérie de Mouley-Taïeb. — Les esclaves. — Arrivée à In-Çalah. — Le queçar de Milianah. — Position défensive. — Envoi d'un messager à Hadj-Abd-el-Kader. — La monnaie française. — Le commerce du Sahara.

« *Mercredi 4 mars.* — La rosée a été tellement abondante que mes deux premiers burnous en sont complètement imprégnés; le froid est aussi très piquant.

» Je quitte l'oued à quatre heures du matin et je monte sur une hamada également recouverte de pierres noires et brillantes. Je suis sur le point culminant, sur la dernière des six marches que j'ai aperçues, le 27 février, de l'oued Frenta; mes guides, qui n'ont plus de repères, errent un moment, et ce n'est qu'à midi que nous trouvons un défilé, du nom de Moteleq-Tina-Kouche, qui donne accès dans l'oued *El-Djir* (de la chaux); il coulerait à ciel ouvert dans plusieurs endroits; une dayé le sépare de l'oued *Souf* (laine). Ce dernier a un lit de plus de deux mille mètres de large et une riche végétation; une hamada, qui peut avoir de quinze à seize kilomètres de large, existe entre l'oued Souf et l'oued Sidi-Ahmed, où je m'arrête à huit heures du soir. Cet oued a aussi un lit d'au moins deux kilomètres de largeur et une végétation abondante et d'espèces variées.

» *Jeudi 5 mars.* — J'ai observé, pendant la nuit, un bel halo lunaire ; je pars à trois heures du matin ; un vent terrible souffle du Nord-Ouest, et le froid m'incommode.

» Je traverse d'abord une hamada couverte de pierres de diverses couleurs, elle est nommée El-Arid ; ensuite une autre appelée *Echaab* (territoire raviné), remplie de pierres rougeâtres et qui paraissent contenir du fer. Sur les six heures, j'arrive à l'extrémité sud de cette hamada, et là la nuit nous surprend sans que nous ayons pu trouver un défilé pour en sortir.

» Aujourd'hui, je n'ai voulu faire aucune halte et je suis cependant obligé, sans avoir aperçu l'oasis d'In-Çalah, dont je me sais tout proche, de camper par une nuit glaciale sur un rocher nu et exposé à tous les vents. Je m'y installe avec mes compagnons ; nous nous étendons à l'abri de nos montures, et nous partageons avec ces pauvres bêtes épuisées nos dernières dattes. *Nous sommes,* dit Bafou, *collés aux rochers comme des sauterelles surprises par le froid.*

» La tradition et l'histoire sont d'accord pour assigner aux queçour qui forment l'oasis d'In-Çalah une construction récente ; je crois que la tradition et l'histoire se trompent, car il est peu probable qu'un endroit, dans la situation topographique de l'oasis d'In-Çalah, n'ait point été habité en même temps que les centres auxquels il correspond naturellement et qu'il unit entre eux.

» L'oasis d'In-Çalah, qui est à égale distance d'Alger au Nord, de Tombouctou au Sud, de Mogador à l'Ouest et de Tripoli à l'Est, doit exister depuis le jour où les gens d'Alger, du Maroc et de Tripoli, sont en relations régulières avec les contrées que baignent le Niger, car c'est là le point central où se rencontrent presque toutes les routes qui unissent le Nord du Continent Africain au Soudan de l'Ouest et font de cette oasis le véritable carrefour de l'Afrique occidentale.

» C'est à cette situation exceptionnelle qu'In-Çalah doit son importance commerciale ; cette place est le lieu où viennent transiter les marchandises destinées à l'approvisionnement de Tombouctou et du Soudan occidental, et les productions du Soudan qui sont ensuite amenées dans l'Afrique du Nord.

» Le nom de cette oasis est composé de la préposition berbère *In,* qui veut dire *de*, et de Çalah nom d'homme ; cela signifie donc le pays, la ville de Çalah.

» Cette oasis d'In-Çalah avait été vue avant moi.

» 1° En 1825-26, par le major anglais Gordon-Laing, qui y séjourna du milieu de décembre 1825, au 10 janvier 1826, en se rendant à Tombouctou, et en détermina la position au moyen d'observations astronomiques (27° 11' de lat. Nord et 2° 15' long. Est de Greenwich = 0° 5' 10" Ouest de Paris). Les seuls faits positifs connus du voyage du major Laing à In-Çalah sont contenus dans les lettres publiées dans la *Quarterly Review*, tomes XXXVIII, XXXIX, XLII.

» 2° Par l'Allemand Gérhard Rohlfs qui, en 1864, a séjourné dans l'oasis du 17 septembre au 29 octobre. Aug. Peterman a publié le journal de voyage de cet intrépide voyageur, et nous devons à notre célèbre géographe V.-A. Malte-Brun, un résumé complet de cette importante exploration élucidée d'une excellente carte. Mais le voyageur anglais venait de Ghadamès et se rendait à Tombouctou ; l'Allemand, du Tafilalet, et il rentra en Europe par Ghadamès. Ni l'un ni l'autre n'avaient donc reconnu la route de l'Algérie à l'oasis d'In-Çalah, et nos itinéraires n'ont de commun que le point d'arrivée In-Çalah, car nous sommes partis l'un de l'Est, l'autre de l'Ouest et moi du Nord ; il reste aujourd'hui à explorer la route d'In-Çalah à Tombouctou ; j'espère bien le faire, *in cha allah*, dans un prochain voyage.

» In-Çalah appartient au Tildikelt, le plus méridional des cinq groupes d'oasis qui constituent l'archipel auquel les géographes européens donnent le nom collectif de Touat (1). Le Tildikelt, d'après les indigènes, commencerait au puits de Zirara ; d'après les géographes européens, il ne doit commencer qu'au Sud des dunes d'El-Goléah. Le Tildikelt, comme tout le Touat, est peuplé en grande partie par des

---

(1) Cinq groupes d'oasis constituent l'archipel auquel l'on donne le nom collectif de Touat, forme berbère du mot *oasis*. Le Touat renferme de trois cents à quatre cents petites villes ou villages, à quelques journées de marche au Sud de nos possessions et qui embrassent, du Nord au Sud, une longueur de 300 kilomètres, et de l'Est à l'Ouest, une largeur de 160 kilomètres entre les méridiens d'Alger et d'Oran, sur la route directe de l'Algérie au Niger moyen. *Henri Duveyrier.*

Berbères, parlant des idiomes congénères des Kabyles, des Beni-M'zab, des Touaregs, etc.; par des nègres originaires du Soudan, esclaves ou affranchis et par des populations d'origine arabe, soit sédentaires, soit nomades.

» In-Çalah, comme tous les centres berbères, est administré par un djemâa; mais à côté de cette autorité il existe une influence considérable dont se trouve investi le chef de la famille princière des Ouled Bajouda de la tribu des Ouled Hamou, qui doit à cette qualité d'être le Cheik de cette tribu nomade, d'origine arabe.

» Les Ouled Hamou, qui prétendent descendre des Ouled Mohamed de Tripoli, sont la seule tribu de la contrée possédant des chevaux; elle est de plus armée de fusils, armes peu répandues dans ces régions. Elle possède donc une force respectable, qu'elle emploie à la protection exclusive des caravanes d'In-Çalah et à la défense du territoire de l'oasis; cette force est à la disposition du Cheik des Ouled Hamou; celui-ci a en définitive le véritable pouvoir.

» L'Hadj Abd-el-Kader, qui est le chef actuel de la famille des Ouled Bajouda et le Cheik des Ouled Hamou, est âgé de soixante-seize ans environ (1874). Il avait donc vingt-six ans au moins quand le major Laing, qui, comme Livingstone, a toujours hautement avoué ses qualités d'Européen et de chrétien, exemple que j'ai constamment suivi, séjournait à In-Çalah, où il était l'hôte aimé des parents d'Abd-el-Kader. « Laing, connu dans le Sahara sous le nom de *Er Rais*, » c'est à dire le capitaine, était un homme au caractère chevale-
» resque, dont les Africains, tant dans le Sahara qu'à Tombouctou,
» honorent encore le courage et la loyauté. »   *Henri Duveyrier.*

» L'Hadj Abd-el-Kader aussi ne doit pas avoir contre les chrétiens les mêmes préjugés que ses compatriotes; c'est du reste un homme très intelligent; il a su, quoique plus jeune de trois ou quatre ans que son frère, l'Hadj Mohamed, devenir le chef de sa famille et de sa tribu; il exerce dans tout le Sahara une grande influence.

» J'ai toujours pensé que les paroles qu'il adressa, en 1864, à Rohlfs, qui voyageait sous le nom de Moustapha et en qualité de renégat, aussi bien que ce qu'il a dit à Mohamed-Ben-Messaoud, il n'y a que quelques jours, ne sont qu'une rodomontade destinée à effrayer les chrétiens, car il redoute de voir son oasis annexée à l'Algérie.

» L'Hadj Abd-el-Kader, comme tous ses compatriotes du reste, est possédé du désir légitime de voir son pays conserver son indépendance et son autonomie ; mais il veut surtout et avant tout que sa patrie et ses concitoyens aient une situation légale vis-à-vis de la France.

» Aussi, en 1857, après la prise de Laghouat par les Français (1852), fit-il envoyer, par les habitants d'In-Çalah, des mandataires à Alger chargés de négocier avec le gouvernement général, un traité analogue à celui qui avait été accordé au M'zab, en 1853. Ces ambassadeurs devaient offrir de payer un impôt et de reconnaître la suzeraineté de la France ; ils furent obligés de quitter Alger sans avoir pu passer de traité. Ils avaient, du reste, été bien reçus ; ils partirent avec des cadeaux qu'on leur avait faits et emportèrent pour soixante-dix mille francs de marchandises qu'ils avaient achetées à Alger et payées comptant en pièces d'or françaises. Je tiens ces détails de M. O'Mac-Carthy, qui eut presque constamment ces Touatia pour hôtes pendant leur séjour à Alger.

» Depuis ce moment, tout le monde à In-Çalah et au Touat craint d'être conquis par la France. Cette région du Touat formait anciennement une confédération indépendante et elle ne reconnaissait aux empereurs du Maroc qu'une suprématie religieuse, due à leur qualité de chérif, reconnaissance qui se traduisait par l'envoi, à des époques indéterminées, de dons volontaires de la part de la confédération, espèce de denier de Saint-Pierre offert aux Chorffa de Fez. Aujourd'hui cette suprématie religieuse s'est augmentée de la suprématie temporelle, et cela à partir du moment (1861) où le commandant Colomieu et le lieutenant Burin, revêtus l'un et l'autre de leurs uniformes d'officiers français, se présentèrent devant Timimoun avec une caravane nombreuse et bien armée.

» Ces populations du Touat, qui s'étaient vu refuser, en 1857, par la France, un traité qui les aurait reconnues tributaires, mais en respectant leur autonomie, virent dans la démarche pacifique du commandant Colomieu les préliminaires d'une conquête et elles avisèrent immédiatement à avoir vis-à-vis de la France une situation légale.

» Aussitôt après le départ de la caravane du commandan Colomieu, un tribut de cinq mille douros et de vingt jolies esclaves noires fut réuni par les gens du Touat et adressé au sultan du Maroc dont ils avaient jusque-là refusé de reconnaître l'autorité. Ils sollicitaient aussi la protection de l'empereur contre les éventualités d'une occupation française, protection qui leur fut promise par lettres du sultan. (Voyez *Résumé historique et géographique de l'exploration de Gerhard Rohlfs*, par V.-A. Malte-Brun, page 106).

» Hadj Abd-el-Kader qui est, nous l'avons vu, le véritable chef politique de l'oasis, a de plus dans ses mains le pouvoir religieux le plus important de la contrée. Toute l'Afrique occidentale, on le sait, est couverte par des confréries religieuses; ces sortes de sociétés qui sont analogues, et aux tiers-ordres de l'Europe catholique, et aux loges maçonniques, ont, dans le Sahara, une grande puissance; elles la doivent à leurs nombreux adeptes appartenant à toutes les classes de la société et répandus partout. Hadj Abd-el-Kader est pour l'oasis d'In-Çalah le mokadem de l'un de ces ordres, celui de Mouley-Taieb.

» Cette confrérie de Mouley-Taieb a pour grand-maître un chérif d'Ouazzan, appartenant à la famille régnante du Maroc et demeurant à Tanger; elle compte de nombreux affiliés à Mogador, Tanger, tout le Touat et une portion du Sahara algérien, où elle exerce une influence rivale à celle des Ouled-Sidi-Cheik. Les membres de cette confrérie se reconnaissent à un anneau de cuivre passé dans leurs chapelets *(sebha)*.

» Le *Deker* (manière de prier) de Mouley-Taieb consiste à répéter deux cents fois par jour l'oraison suivante:

« O Dieu! la prière et le salut sur notre Seigneur Mohamed, et
» sur lui et ses compagnons, et salut. »

» La confrérie de Mouley-Taieb a été fondée par un chérif du Maroc, du nom de Mouley-Edris, sous le règne de Mouley-Ismaël (au XVIIe siècle de notre ère); elle a pris le nom de Taieb, à cause de l'éclat jeté sur elle par ce chef. C'est lui qui prédit, dans une prophétie célèbre, que leur ordre dominerait un jour dans les pays de l'Est après en avoir chassé les conquérants infidèles. On attribue à Mouley-Taieb une quantité considérable de miracles; il guérissait les malades et ressuscitait les morts. Parmi ses successeurs les plus illustres on cite Mouley-Ali et l'avant dernier Kalifa Hadj-El-Arbi

« On ne croirait pas, dans notre société refroidie à l'excès par le
» positivisme, les scènes qui se passent à Ouazzan. Quel prestige
» comparable à celui que Sidi-El-Arbi exerçait sur les foules ! Cet
» homme, d'une obésité monstrueuse, était porté par huit mules do-
» ciles dans une litière couverte d'une ombrelle, qui devenait la nuit
» une tente de campagne. Or, il n'était pas rare que huit ou dix
» mille personnes se précipitassent à sa rencontre. Quand on ne
» pouvait baiser sa robe ou sa litière, on baisait la corde des mules.
» Des mains du chérif partaient de longs cordons qui se déroulaient
» à travers les rangs pressés de la multitude, et chacun après avoir
» déposé ses lèvres sur cet objet béni, déposait son offrande au *chouari*
» (panier) des mules conduites par des collecteurs attitrés. Ceux-là
» seuls qui pouvaient offrir au moins une centaine de piastres aspi-
» raient au bonheur de baiser la main sacro-sainte du chérif, et
» c'était presque une folie d'ambitionner la *Baraka* ou imposition des
» mains pour la bénédiction patriarcale, tant une pareille faveur est
» inappréciable. »   *Léon Godard.*

» Les Chorffa d'Ouazzan ont, on le comprend, des trésors immenses, provenant des aumônes faites par leurs fidèles ; ils possèdent
aussi des munitions d'artillerie et des pièces de canon ; mais ce qui
leur donne la plus grande puissance au Maroc, c'est le privilège dont
jouit le Kalifa des Kouans de Mouley-Taieb de ratifier la succession
au trône de l'empire par une sorte d'investiture.

» La tribu des Ouled-Hamou, quoique d'origine arabe, a adopté la
façon de se vêtir propre au Touareg ; les autres habitants de l'oasis,
berbères ou noirs, s'habillent de blanc, mais ils ont tous l'usage de se
voiler la face avec une gaze noire ou blanche. Les femmes contrairement à ce qui se passe dans le Tell, vont le visage découvert.

» Il y a dans l'oasis d'In-Çalah, outre les Ouled-Hamou, une
autre tribu d'origine arabe ; elle n'a pas l'influence de la première ;
c'est celle des Ouled-Mohktar ; leur chef est El-Hadj-Ahmed-Mahmoud.
Les personnages les plus importants parmi eux sont : El-Hadj-
Mohamed-Salmi, Bouhamana-ben-El-Hadj et Ben-El-Hadj-Abou,
kadhi de l'oasis ; ils sont tous très hostiles à la France, et c'est sur
eux que s'appuient Bou-Choucha et ses sicaires. Le Khadi Ben-El-
Hadj-Abou surtout est un personnage fanatique et remuant.

» Les Ouled-Mohktar reconnaissent la suzeraineté des Ouled-Sidi-Cheik. Ces marabouts ont dans l'oasis une petite zaouia, située au queçar de Milianah (à qui, pour ce motif, Rohlfs a donné le nom de zaouia) et tenue par des zoua dit Ouled-Sidi-El-Hadj-Mohamed. Il y a aussi dans le Tildikelt une zaouia considérable des Ouled-Sidi-Cheik ; elle est située à Foggara, queçar à une journée de marche au Nord d'In-Çalah, dans la direction de Ghadamès ; elle se nomme zaouia *el hadra* (la verte, la puissante) ; elle est aussi habitée par des Oueld Sidi-El-Hadj-Mohamed.

» Dans l'oasis d'In-Çalah, outre la zaouia de l'ordre de Mouley-Taieb et celle des Ouled-Sidi-Cheik, il s'en trouve une troisième très importante, appartenant aux Bakkay de Tombouctou ; elle est gouvernée par un membre même de cette famille. Les Bakkay exercent une influence identique, entre In-Çalah et le Sénégal, à celle exercée par les Chorffa d'Ouazzan ; avec leur ordre de Mouley-Taieb, entre Tanger et In-Çalah, les El-Bakkay se sont depuis longtemps mêlés aux Ouled-Bajouda par de nombreux mariages ; aussi les rapports entre In-Çalah et Tombouctou sont-ils constants.

» Les Tedjedjena d'Aïn-Madhi, dont j'ai eu l'occasion d'entretenir mon lecteur, dont l'influence est prépondérante dans tout le Sahara oriental et au Djebel Hoggard, sont aussi représentés dans l'oasis. Le Cheik Othman, ce marabout Targui qui vint à Paris en 1862, et accompagna dans leurs explorations du Sahara MM. Ismaël Bouderba et Henri Duveyrier, avait à In-Çalah une maison dans laquelle se trouvait toujours quelques-uns de ses disciples. On le sait, le Cheik Othman, mokadem de la zaouia de Temaçanin, était pour une portion du Sahara le représentant autorisé des Tedjedjena.

» Une portion de la population noire de l'oasis est esclave ou descend d'anciens esclaves ; elle forme dans ce dernier cas, une catégorie spéciale connue sous le nom d'Atria. Les Atria sont des enfants d'esclaves nés dans l'oasis ; ils ne peuvent être vendus, mais ils ne sont pas tout à fait libres, et constituent une sorte de caste qui n'est pas sans analogie avec les serfs du moyen âge.

» L'on rencontre aussi à In-Çalah des Touaregs de diverses tribus, surtout au moment de la récolte des dattes. Les hommes d'une fraction même des Touaregs, celle des Sgomares, se construisent, pendant leur séjour dans l'oasis, de petites huttes en branches de palmier et doivent pour cela être compris dans les habitants de l'oasis d'In-Çalah.

» *Vendredi 6 mars.* — Le temps est sombre et pluvieux. Au jour, mes hommes trouvent un passage et je vois au fond de la gorge, au sommet de laquelle j'ai passé la nuit, un vallon à demi environné de montagnes, au milieu duquel se trouve une oasis couverte de jardins, de palmiers et de verdure ; plusieurs seguia déversent leurs eaux le long des jardins qui se succèdent du Nord au Sud ; au premier plan et à l'Est de ceux-ci se détache un queçar situé à environ neuf kilomètres.

» Me voici donc rendu au terme de mon voyage. Je monte vivement sur mon mehari et, suivi de mes compagnons, je me mets à descendre la pente qui mène à l'oasis ; elle est formée par une large rigole creusée par l'eau des pluies, et dans laquelle se trouvent des petites pierres rougeâtres et rugueuses, de forme ronde, mêlées à du sable et à des cailloux roulés. Il est six heures trente du matin, lorsque je fais arrêter ma petite troupe devant les premières maisons du queçar de Milianah.

» L'arrivée de cinq hommes sans bagages, armés et montés ainsi que nous le sommes à une heure aussi matinale, et dans un moment où l'on ne s'entretient dans le Tildikelt que des partis de Berbères qui tiennent la campagne et ont déjà mis à contribution les plus importantes villes du Touat, nous fait encore une fois prendre pour l'avant-garde d'une de ces troupes, et nous produisons sur les habitants des premières maisons une terreur profonde ; ils fuient à notre approche et se réfugient dans le groupe principal des maisons situées à l'Est du point où nous nous arrêtons.

» Nous sommes complètement seuls devant le queçar ; nous faisons halte devant une maison inachevée, à côté de laquelle on a extrait la terre nécessaire à la confection des *tobb* (briques crues) employées à sa construction ; ce qui a laissé une excavation profonde.

» En face de nous, se trouve une dune de sable, de cinquante à soixante mètres de hauteur, qui forme au Sud du queçar de Milianah une séparation avec les autres queçour ; l'on ne peut les apercevoir qu'en gagnant le sommet de la dune.

» A notre droite, à l'Ouest, se voient des jardins de palmiers,

Types de Touaregs.

entourés de clôtures en tobb et arrosés par des seguia ; à notre gauche, à l'Est, ainsi que je l'ai déjà remarqué, le groupe principal des maisons du queçar.

» C'est avec intention que je choisis le point sur lequel nous sommes, et où je fais décharger les mehara.

» Nous nous adossons à la façade occidentale de la maison en construction. Elle peut avoir huit mètres de longueur ; ses murailles s'élèvent à cinq mètres environ ; en avant, et à quatre mètres de distance de cette façade, se trouve l'excavation dont j'ai parlé plus haut et qui se développe sur une largeur de six mètres, avec une profondeur d'un mètre cinquante, et une largeur de quatre mètres environ.

» Ne sachant ce qui pourra m'arriver aujourd'hui et quel accueil me sera fait à In-Çalah (1), je crois prudent d'occuper une position défensive, qui, en cas d'attaque, nous permette de tenir le plus longtemps possible et de vendre chèrement notre vie.

» Le fossé me fournit une bonne ligne de défense du côté des jardins ; la maison m'abrite du côté du queçar ; nos mehara vont s'allonger en dehors de l'enceinte.

» Je fais préparer toutes nos armes contre le mur de la maison et à portée de notre main ; nous disposons de cinq fusils à deux coups, cinq revolvers, quatre pistolets et deux sabres.

» Les habitants du queçar, nous voyant faire notre installation, commencent à se remettre de leur frayeur ; quelques gamins, poussés par la curiosité, se rapprochent de notre campement ; Cheik Ahmed demande à un petit nègre qui est parmi eux si Bahous est au queçar. Bahous est un ami du Cheik, et il est le chef du queçar. Nous finissons par savoir que Bahous est à Milianah, et un enfant va le prévenir de notre arrivée.

» Bahous ne tarde pas à venir et demande au Cheik Ahmed quels sont les gens qui l'accompagnent : celui-ci répond que ce sont tous des Chaamba. Mais Bahous, me désignant du doigt, répond : Et cet homme est-ce un Chaambi ? Le Cheik Ahmed lui riposte, sur un

---

(1) Dès le mois de juin 1873, j'avais affirmé à plusieurs reprises que, si j'étais CERTAIN de pouvoir aller d'Alger à l'oasis d'In-Çalah par Laghouat, le M'zab, El-Goléah, j'étais INCERTAIN sur l'accueil que j'y recevrais. P. S.

ton qui ne permet guère la réplique, *qu'il lui plaît que tous les gens qui sont avec lui soient des Chaamba !*

» Cet incident vidé, Bahous rentre au queçar et vient immédiatement suivi des habitants qui, remis de leur frayeur première, nous apportent la diffa, composée de dattes et d'eau, que nous acceptons, et en échange de laquelle je fais préparer du café, qu'ils partagent avec nous.

» Il est ensuite décidé qu'avant tout, et sans chercher à pénétrer dans les autres queçour, j'enverrai un messager à l'Hadj Abd-el-Kader pour l'informer de mon arrivée.

» Kaddour, domestique du Cheik Ahmed, part monté sur son mehari et emporte avec lui :

» 1º Une lettre de la Chambre de Commerce d'Alger, adressée à l'Hadj Abd-el-Kader ;

» 2º Une lettre de l'Agha Mohamed ben Hadj Driss pour l'Hadj Abd-el-Kader ;

» 3º Une lettre de Sliman ben Messaoud, Caïd de Metlili, adressée également à l'Hadj Abd-el-Kader.

» Il a ordre de les porter au queçar El-Arab, occupé par les Ouled-Bajouda, de les remettre à Abd-el-Kader lui-même et d'attendre sa réponse.

» Il est dix heures du matin, lorsque Kaddour nous quitte. Son départ me laisse dans une grande anxiété : je ne puis m'empêcher de réfléchir aux paroles qu'avaient dites à deux reprises l'Hadj Abd-el-Kader, depuis 1826, époque où le major Laing recevait l'hospitalité des Ouled-Bajouda. Bien des événements se sont passés en Afrique qui ont pu faire d'Abd-el-Kader un homme fanatique, et il se pourrait que les menaces proférées par lui contre les chrétiens ne soient pas, comme je le crois, de simples rodomontades.

» Je pense aussi combien la portion de la population hostile aux Français doit avoir son fanatisme surexcité, depuis la rentrée de Bou-Choucha victorieux. Je me rappelle le massacre de la garnison de Toughourth par ce même Bou-Choucha ; je ne puis m'empêcher de me souvenir de Laing, assassiné en septembre 1826, de Vogel, massacré en février 1856, et de tant d'autres qui ont payé de leur vie des tentatives analogues à la mienne. Toutes ces réflexions amènent dans mon esprit de bien tristes pensées, et, je l'avoue, je me suis surpris un moment ayant peur.

» Je suis Français et j'ai les défauts naturels à ma race; j'ai lutté contre les choléra en 1867, à Tunis, où nous avions formé des ambulances; j'ai fait, dans l'armée régulière, toute la campagne de France ; voilà bientôt dix ans que je voyage en Afrique. Je me suis donc déjà trouvé dans bien des circonstances périlleuses, et je crois m'en être toujours tiré avec honneur ; mais comme je suis aussi, grâce au ciel, doué de réflexion, j'ai reconnu que la bravoure chez moi, comme chez beaucoup de mes compatriotes, part d'un sentiment exagéré que nous avons de notre personnalité : nous croyons à chaque pas que nous faisons que l'univers tout entier a les yeux tournés vers nous, et nous nous laissons aller à une chose qui ne se rend bien que par un mot parisien, la *pose*. C'est un défaut de race, une sorte de péché originel : nos aïeux, les Gaulois, posaient lorsqu'ils combattaient, nus, parés de colliers d'or, contre les Romains bardés de fer; les Gardes Françaises posèrent à Fontenoy et Cambronne posa à Waterloo; je pose peut-être, moi-même, ici, en rappelant que j'avais peur en 1874, dans l'oasis d'In-Çalah.

» Quoi qu'il en soit, je m'imagine courir un danger réel, et je veux dans ce jour, qui peut bien être mon dernier, faire consciencieusement mon métier de voyageur. Jamais aussi mon carnet de voyage ne s'est couvert d'autant de notes que dans cette journée, pour moi mémorable, car je le sais, comme dit si judicieusement le baron Nau de Chamlouis : « Celui qui va, au prix de ses fatigues, étudier un
» pays, doit observer non seulement pour lui-même, et pour ce qui
» l'intéresse plus directement; mais aussi pour ceux qui, dans les
» recherches plus calmes et plus réfléchies du cabinet, réunissent et
» comparent les faits qui leur sont rapportés (1).

» Mes compagnons aussi sont tous tristes ; le Cheik Ahmed seul fait bonne figure, quoiqu'il soit fort inquiet, comme il me l'a avoué depuis. Il faut, pour relever le moral des Arabes, de la viande ; elle produit sur eux le même effet que le vin ou l'eau-de-vie sur certains

---

(1) *Instructions générales aux voyageurs*, publiées par la Société de géographie, page 87.

Européens. Je fais demander à Bahous, s'il ne peut me faire vendre un animal quelconque. On me propose un jeune bouc; je l'achète au prix d'un douro et demi.

» Je profite de cette occasion, pour demander à Bahous quelles sont les monnaies le plus en usage dans l'oasis. Il me dit : Celles de Tunis et du Maroc ont également cours. De tout temps aussi, on a recherché, sous le nom de *douro*, des pièces d'argent chrétiennes; mais actuellement la monnaie la plus estimée à In-Çalah, Ghadamès Ghat, Tombouctou, dans tout le Sahara en un mot, c'est le douro français. Le douro se divise en vingt fractions, la pièce de vingt centimes est prise pour un vingtième de douro. Vu la pénurie de monnaie divisionnaire, qui fait souvent couper un douro en plusieurs morceaux du même poids, on change presque partout une pièce de cinq francs, pour dix-huit ou dix-neuf pièces de vingt centimes.

» A propos des pièces françaises, Bahous me raconta l'anecdote suivante; elle est très caractéristique et indique bien la situation intérieure du Sahara à l'heure présente.

» Il y a quelques années, au moment où les Français s'établissaient définitivement dans l'oasis de Laghouat, l'Hadj Abd-el-Kader, Ouled-Bajouda, réunit toutes les djemâa du Tildikelt, prit une pièce de cinq francs française, cracha sur l'effigie qui s'y trouvait, la jeta à terre, la foula aux pieds, et proposa d'infliger une punition sévère à tous ceux qui accepteraient une telle monnaie; la proposition fut accueillie avec enthousiasme par l'assemblée.

» Quelque temps après, les plaintes du commerce furent telles, qu'Abd-el-Kader dut réunir une nouvelle fois les djemâa pour leur proposer une peine non contre ceux qui accepteraient les pièces françaises, mais bien contre ceux qui les refuseraient.

» Je vais ensuite parcourir les jardins qui sont en face de moi et prendre un bain dans une des seguia qui les arrosent ; ces jardins, comme ceux du M'zab et de Laghouat, sont complantés de palmiers sous lesquels poussent divers arbres et légumes. On s'y livre aussi à la culture du séné, et l'on y récolte également des céréales; elles sont déjà sciées.

» L'eau court sous tout le sol de l'oasis, du nord au sud, en quantité considérable, et, comme elle est ici très près de terre, l'on a creusé des bassins, ayant la forme d'un rectangle allongé, trois des parois en sont construites avec des pierres sèches, mais celle qui est opposée au courant de l'eau est formée par un mur étanche d'une assez grande profondeur dans le sol. Il constitue un barrage et fait remonter les eaux, qui se déversent ensuite dans diverses rigoles, et servent à l'arrosage des jardins : c'est ce que l'on nomme une seguia.

» Au fond d'un jardin ombragé de palmiers et de grenadiers, je vois une de ces seguia remplie d'une eau claire et limpide comme le cristal, je constate que je suis complètement seul, je me dépouille de mes vêtements, j'ai heureusement un morceau de savon sur moi, je lave mes guenadeur et mon seroûal, et je prends ensuite un bain pendant qu'ils sèchent au soleil.

» Je trouve à l'état vivant, dans cette seguia, un petit coquillage (*melanoptis Marocana*) ; cela me fait le plus grand plaisir : je sais que l'on ne manquera pas de dire dans un certain monde que je ne suis point venu jusqu'ici, et j'espère que cette coquille appartiendra à une espèce spéciale et sera une preuve de mon voyage.

» A ce moment, j'étais loin de supposer, ainsi que je l'ai appris plus tard, que, pour nier mon voyage, on irait... je me rappelle à temps, en écrivant ces lignes, que : « Lorsque notre haine est trop » vive, elle nous met au-dessous de ceux que nous haïssons (LA RO- » CHEFOUCAULD), » et je me borne à renvoyer mon lecteur au rapport que j'ai adressé sur mon voyage à la Chambre de Commerce d'Alger (*Voyage de Paul Soleillet d'Alger à l'oasis d'In-Çalah*, rapport présenté à la Chambre de Commerce d'Alger.—Alger, A. Jourdan, 1874), où se trouve aussi le récit de ma rentrée d'In-Çalah en Algérie, récit qui ne saurait entrer dans le cadre que je me suis tracé pour le présent volume.

» Après m'être livré aux douceurs du bain, je me dirige vers la dune de sable qui sépare le queçar de Milianah des autres queçour de l'oasis. Du sommet de cette dune j'embrasse toute la région : In-Çalah est situé entre deux collines de cent à cent dix mètres de hauteur et occupe une largeur moyenne de treize à quatorze cents mètres; de l'endroit où je suis, j'ai le queçar de Milianah au nord derrière moi; devant moi j'ai les quatre autres queçour qui composent l'oasis, sil s'appellent : *Çalah-el-Fogania, Çalah-el-Tatania, queçar Çalah, queçar El-Arab.* Je remarque aussi au sud du queçar El-Arab un grand bâtiment carré, solidement construit. J'apprends plus tard que c'est la Casbah où demeure Hadj Abd-el-Kader, ses frères et toute sa famille. L'horizon est fermé au sud par des palmiers, à l'ouest par des jardins; dans une direction sud à nord existent de jeunes plantations dans un terrain fortement imprégné de sel. Je redescends vers Milianah; les premières maisons de ce queçar peuvent être séparées de la base de la dune par une distance de cinq à six cents mètres.

» Je rentre auprès de mes compagnons et nous causons avec Bahous, pendant quelque temps; il m'apprend différentes choses intéressantes.

» Bou-Choucha a bien effectivement opéré un razzi au nord d'Ouargla; il est rentré à In-Çalah le 3 mars, ramenant avec lui cent cinquante chameaux. Les indications qui avaient été données par le pâtre à Mohamed ben Messaoud, le 28 février, étaient donc exactes, sauf le chiffre des chameaux qu'il se propose de faire vendre. Il s'est retiré à Massin, à deux journées au S. E. d'In-Çalah.

» El-Hadj Abd-el-Kader a fait publier dans tout le territoire de l'oasis la défense formelle d'acheter les chameaux provenant de ce razzi, menaçant ceux qui contreviendraient à cet ordre de faire saisir les chameaux achetés et de les rendre aux Français.

» Bahous me fournit aussi des renseignements sur la famille d'El-Hadj Abd-el-Kader, qui est père de sept fils et de plusieurs filles; son second fils, Mohamed, est en ce moment à Tombouctou, où il est marié à une fille des Bakkay. Il paraît devoir hériter du prestige et de l'autorité de son père; on le considère généralement comme le futur Cheik de l'oasis et de la tribu des Ouled-Hamou. Il me parle aussi de Sidi-Mustapha (Rohlfs), qu'il a vu au queçar El-Arab et de Er-Reis (Laing), vêtu de rouge, qui vint il y a longtemps.

» J'obtiens peu de renseignements précis au point de vue commercial. Bahous me parle bien de nombreuses caravanes allant au Bornou, à Tombouctou et au Haoussa, et rapportant de ces contrées de l'indigo, de l'ivoire, de la gomme, de la poudre d'or, des plumes, des cornes de rhinocéros, des peaux, des parfums et des esclaves.

» Mais les renseignements les plus intéressants qu'il me donne, c'est lorsqu'il m'indique les marchés sur lesquels vont se vendre ces différentes productions, qui, suivant leur nature, sont dirigées sur l'ouest ou sur l'est.

» Les indigos sont expédiés sur Mourzouk, en passant par Ghadamès ou Ghat ; de Mourzouk, ils sont dirigés sur l'Égypte.

» L'ivoire suit à peu près la même direction ; une certaine quantité, cependant, vient se vendre à Tripoli de Barbarie, où il existe des fabriques très importantes d'objets en ivoire, tels que manches d'éventails *(merououha),* chasse-mouches *(mnechcha),* etc., qui sont renommés dans l'Afrique et le Levant.

» Les plumes d'autruche vont toutes à Ghadamès par Tripoli.

» Les gommes vont à Ghadamès par le Tafilalet.

» Le commerce d'In-Çalah avec l'Algérie et le M'zab se borne presque à celui des esclaves qui sont ici, qui le croirait, généralement dirigés sur l'Algérie. La raison en est qu'on trouve à les y vendre contre des douros, l'argent monnayé étant en bien plus grande quantité chez nous qu'ailleurs. Du reste, après avoir vendu leurs nègres et leurs négresses, ils repartent avec leur argent et vont acheter, à Ghadamès ou dans les villes du Tafilalet, les produits manufacturés de l'Europe ; ils les y trouvent à meilleur marché qu'en Algérie, je l'ai déjà dit et j'en ai donné la raison.

» Il se fait aussi entre In-Çalah et le M'zab un autre genre de trafic, et ce n'est point celui qui rapporte le moins ; il consiste à aller échanger de l'or monnayé contre de l'argent monnayé. Ici, le change entre l'or et l'argent atteint quelquefois cinquante pour cent.

» Tout en causant, la nuit arrive et Kaddour ne rentre pas ; grande est mon anxiété ; je le vois enfin revenir ; il m'apporte une lettre de l'Hadj Abd-el-Kader et de son frère l'Hadj Mohamed. Ils me prient l'un et l'autre de sortir de l'oasis, à moins que l'empereur du Maroc ne m'ait donné par écrit l'autorisation expresse d'y séjourner, car, me disent-ils, nous sommes sujets marocains. Ils me parlent aussi des dangers que je courrais en restant plus longtemps sur leur territoire.

» Quand Bafou, le secrétaire, a fini de lire la lettre, Kaddour me rend compte en détail de son ambassade. Il s'est d'abord rendu, ainsi que je le lui avais prescrit, à la Casbah d'El-Hadj Abd-el-Kader et lui a remis les lettres dont il était porteur. L'Hadj lui dit d'aller dans une autre pièce attendre sa réponse. Une ou deux heures après, mon messager est rappelé et l'Hadj Abd-el-Kader lui remet une lettre pour moi. A ce moment El-Hadj Mohamed arrive et demande ce que vient faire Kaddour ; les deux frères parlent un moment à voix basse, ensuite l'Hadj Abd-el-Kader demande à Kaddour de lui rendre sa lettre, lui ordonne de l'attendre et il se retire avec l'Hadj Mohamed. Au bout d'un moment, il revient, tenant à la main une nouvelle lettre. En même temps plusieurs membres des djemâa des divers queçour entrent, demandent ce que vient faire Kaddour et posent diverses questions aux deux frères. Alors ceux-ci dont l'autorité est momentanément ébranlée par la présence de Bou-Choucha à Maim, disent qu'il faut se réunir à la mosquée ; ils y vont tous ; l'on y reste longtemps à délibérer, et ensuite l'on remet à mon messager la lettre qu'il vient de me donner.

» Je veux tenter une dernière démarche et je fais écrire par Bafou une nouvelle lettre à l'Hadj Abd-el-Kader et à l'Hadj Mohamed, où je leur dis :

« Je reconnais très bien la suprématie de l'Empereur du Maroc
» sur les territoires d'In-Çalah ; je ne viens que pour m'occuper de
» commerce et je demande des réponses aux lettres de la Chambre
» de Commerce d'Alger, de l'agha Mohamed-ben-Hadj-Driss et du
» caïd Sliman-ben-Messaoud. Je termine en déclarant que, jusqu'au
» moment où je quitterai le pays, je suis sous leur sauvegarde et sous
» celle de Dieu. »

» Mes compagnons de route sont terrifiés, aucun ne veut se charger de ce message ; le Cheik Ahmed ben Ahmed seul s'offre. Je ne puis compter que sur lui, dans le cas où je serais attaqué ; le laisser partir serait commettre une grave imprudence ; je le remercie et le garde près de moi. Bahous, le Cheik du queçar, est appelé ; il consent à porter ma lettre ; je lui promets une généreuse récompense s'il revient avec une réponse favorable.

» Il part à neuf heures du soir et revient à onze heures et demie ; il a discuté longuement avec les deux frères ; ils n'ont pas même voulu ouvrir ma lettre ; il me font dire de partir immédiatement, sans quoi, ils ne répondent pas de ce qui pourrait résulter de l'état de surexcitation dans lequel se trouve la population, qui a appris ma présence dans l'oasis.

» Je veux encore essayer de parlementer, rester jusqu'au jour dans l'oasis; mes hommes, de plus en plus effrayés, sont pris d'une véritable panique; ils montent sur les mehara qui ont été rechargés et partent en avant sans vouloir entendre mes explications.

» Mon intention un moment est de partir seul pour me rendre à la Casbah de l'Hadj Abd-el-Kader; mais la raison me fait renoncer à un projet vraiment insensé; je me décide enfin à remonter sur mon mehari, et je pars le dernier et le cœur serré, de cette terre promise que je n'ai pu qu'entrevoir. »

LIVRE II

AU SÉNÉGAL ET AU SOUDAN

CHAPITRE PREMIER

LE SÉNÉGAL ET LE SAHARA

Départ de Saint-Louis.— Composition du convoi. — Chez le roi des Toucouleurs. — Guédé, capitale du Toro. — Le palais de Lam-Toro. — A Bakel. — Itinéraire projeté. — Convoi de petits esclaves : gamins et bébés. — Le chien du troupeau ; le maître. — L'Afrique occidentale et le Niger. — Le *Karité*, beurre végétal. — Les fleuves souterrains du Sahara. — Immense région à cultiver et à peupler entre l'Algérie et le Sénégal. — La question de l'esclavage. — Race intelligente du Soudan. — Massacres occasionnés par la suppression de la traite. — La traite n'est pas supprimée. — Moyen de peupler le Sahara. — Chemin de fer d'Alger à Saint-Louis par Tombouctou. — Dans le Cayor. — Les Yolofs. Les *amandes de terre ;* origine du commerce des arachides. — Le roi Lat-Dior allié de la France.

Ce voyage a été écrit complètement, sous forme de lettres, par Soleillet à la Société languedocienne de géographie, qui l'a publié dans son Bulletin.

Nous renverrons à ce savant recueil ceux de nos lecteurs qui désireraient lire ce récit *in extenso*. Ils le trouveront aussi dans un volume publié chez M. Dreyfous, éditeur à Paris : *Les Voyages et découvertes de Paul Soleillet,* par Jules Gros.

Limités ici par notre cadre nous nous contenterons de citer les parties principales et les faits les plus intéressants de ce brillant voyage.

Parti le 20 mars 1878 de Bordeaux, à bord de *l'Hoogly*, paquebot des Messageries maritimes, Soleillet arriva à Saint-Louis le 8 et se rendit immédiatement chez le gouverneur, M. Brière de l'Isle, qui, cette fois, l'accueillit avec bienveillance.

Cet important personnage mit à la disposition du voyageur une embarcation, des vivres, une mule et un tirailleur indigène destiné à être son serviteur et son compagnon.

La municipalité de Saint-Louis ne voulant pas rester en arrière, lui accorda de son côté, une subvention.

Voici en quels termes Soleillet raconte son départ :

« Je quitte Saint-Louis avec un équipage ainsi composé : une mule pour moi, une mule pour mon tirailleur, trois bœufs porteurs que je changerai, suivant les pays que je traverserai, contre deux chameaux pour transporter mon bagage, consistant en guinée, tabac, sel; corail, ambre, etc., pour les échanger, et en biscuits, café, thé, sucre et bougies pour mon usage personnel.

» Je voyagerai en qualité de *taleb* (lettré). Je n'aurai point d'armes, du moins apparentes, mais j'emporte un revolver et un couteau cachés sous mon *boubou*.

» C'est dans ce simple appareil que je pars pour Tombouctou, In-Çalah et Alger.

» Il est possible que je ne réussisse pas une première fois, mais je me connais assez pour savoir qu'un échec ne me découragerait pas et que je persisterai à vouloir jusqu'à ce que le succès, qui appartient toujours en fin de compte aux entêtés, ait couronné mes efforts. »

La troisième lettre de Soleillet est datée de Podor, sur le Sénégal. Il devait en effet se rendre d'abord à Ségou Sikoro, par la route précédemment suivie par MM. Mage et Quintin, les seuls voyageurs européens qui fussent allés à Ségou par la voie du Sénégal.

Cette lettre était du 19 avril. Tout jusque-là allait au mieux des désirs du voyageur. Voici ce qu'il dit dans la missive suivante datée de Guédé, 24 avril 1878 :

« Je suis l'hôte d'une majesté noire, et c'est d'une capitale que je vous écris :

Village nègre. (D'après une photographie).

» Le Toro est un état indépendant de la Sénégambie, habité par des Toucouleurs. Guédé, la capitale, est un grand village formé de cases en terre couvertes de chaume; les rues sont loin d'être tirées au cordeau et elles sont pleines d'ordures.

» Chaque famille habite un groupe de cases entouré par un mur en boue séchée. Au milieu de ces enclos s'en élève un plus spacieux que les autres et dont les murs sont faits d'une boue de qualité supérieure. C'est le tala du Lam-Toro (roi du Toro).

» L'habitation particulière du roi consiste en une case carrée, surmontée d'un cône en vannerie, d'où émerge une sorte de balai, en guise d'emblème.

» L'intérieur est meublé d'un lit, qui sert également de sopha et d'une chaise. Au mur est pendu le portrait de Lam-Toro qui a été publié par un journal illustré.

» On voit qu'une petite ouvrière parisienne ne voudrait pas du palais de Sa Majesté.

» Le Lam-Toro est un grand noir, vêtu de blanc, la couleur favorite des Foublès; il porte une petite barbiche pareille à celle d'Ahmadou-Cheikou, le souverain du Ségou.

» Hier, quand je me suis présenté chez lui, on venait de le réveiller pour me recevoir. Aussi, tout en me faisant beaucoup de compliments, baillait-il fréquemment et se hâta-t-il de me congédier en me faisant conduire au logement qu'on m'avait préparé. »

5e *lettre. Guédé, 25 août.* — « Je vous annonçais hier que j'avais obtenu une audience du roi du Toro et je vous promettais en même temps quelques détails sur l'habitation de cette majesté.

» Son logement se compose d'une case en terre couverte en paille, d'une cour et d'un hangar de branchages, le tout meublé de nattes; j'ai fait étendre mon tapis dans un coin et suspendre mon hamac dans l'autre et je me suis livré aux douceurs de la sieste.

» A cinq heures, Lam-Toro vint me voir, accompagné de nombreux noirs; l'un portait son fusil et l'autre son sabre; il avait même amené son joueur de guitare qui nous fit de la musique pendant que deux esclaves nous éventaient au moyen de serviettes de couleur qu'ils déployèrent au-dessus de nos têtes.

» A six heures, sa Majesté noire me quitta en m'annonçant qu'elle allait m'envoyer un mouton et du lait, plus du mil pour ma mule.

» Le mouton fut amené en cérémonie. On l'abattit et on le dépeça dans ma chambre, ce qui était peu engageant.

» Ce matin Lam-Toro est venu avec une suite plus nombreuse

Vue de Tombouctou.

que la veille et lorsqu'il a été installé dans ma cour, des femmes couvertes de bijoux et d'ambre sont entrées et se sont mises à chanter et à déclamer des vers, en mon honneur, avec force gestes.

» Tel est le cérémonial de cette petite cour barbare, où le hasard de ma vie errante m'a amené.

» Ma santé est toujours très bonne et je cours au soleil comme un vrai noir; ma peau n'est encore que rouge, grâce aux nombreux coups de soleil qui ont caressé mon épiderme; mais avec le temps elle reprendra la teinte qui convient à un vrai voyageur africain. »

Il fallut à Soleillet dix-neuf jours, du 23 avril au 12 mai, pour aller par terre de Podor à Bakel.

« C'est à Bakel seulement, écrit-il, que j'ai pu fixer ma route sur Ségou. Je pars demain, 8 juin, et voici mon itinéraire :

» Je traverserai d'abord le Clafounou, dont Koumàkary est la capitale; j'espère y trouver Bassirou, frère d'Ahmadou, sultan de Ségou et qui gouverne le Diafounou pour le compte de ce prince.

» Bassirou me fera passer à Nioro, capitale du Kaarta, royaume gouverné par Moult-Agha, qui est également frère et vassal d'Ahmadou.

» De là, il me serait très facile de passer à Ségou, dont le sultan Ahmadou a plusieurs fois fait témoigner à Saint-Louis de son désir d'entretenir des relations amicales avec les Français.

» De Ségou j'espère pouvoir continuer ma route sur Tombouctou si le Ministère de l'Instruction publique m'accorde la mission et la subvention que je lui ai demandées. Une somme relativement faible, 15 à 20 000 francs, je crois, suffiraient.

» Les noirs sont très curieux d'images; vous feriez le plus grand plaisir à Ahmadou si vous lui envoyiez quelques volumes du *Monde illustré* et quelques gravures de modes coloriées, particulièrement des gravures représentant des femmes en toilette de bal... »

Lettre 8°. *En route, 14 juin.*

« Je viens d'être témoin d'un fait qui dépasse en barbarie tout ce que j'ai encore vu en Afrique et tout ce que j'ai jamais lu en Europe. Vous savez que je n'ai que deux personnes avec moi, un interprète et un berger, de sorte que je suis obligé de prendre dans chaque village des hommes pour conduire les ânes qui portent nos bagages.

» J'arrive ce matin vers onze heures en vue du village de Tambaloukané; je m'assieds sous un énorme figuier à une portée de fusil des premières huttes; je fais donner du mil à ma mule, dont je confie la longe à un jeune drôle qui nous suit depuis quelques jours sans que nous sachions pourquoi et j'envoie l'interprète au chef de Tambaloukané pour lui demander dix hommes de bonne volonté, ce qui m'a été jusqu'à présent, partout et toujours gracieusement accordé.

» Je me reposais depuis un quart d'heure sous mon arbre, lorsque je vis déboucher du village une longue file d'enfants.

» C'était un convoi d'esclaves.

» Ils passent, les pauvres petits, à vingt-cinq pas de moi. J'en compte d'abord huit, de sept à douze ans, complètement nus, les filles comme les garçons, et portant sur leur tête un petit paquet cousu dans un lambeau de peau.

» Après eux, marche un garçon de douze ans, tout nu également, avec un paquet sur la tête et un autre sous le bras droit. De la main gauche, il soutient un malheureux bambin de huit ans, qui boite lamentablement en s'appuyant sur un bâton. Il a un pied empaqueté de feuilles sèches avec de la boue.

» Viennent ensuite six enfants de huit à douze ans. Eux aussi sont nus et la tête chargée.

» Une petite fille d'une douzaine d'années les suit; elle a un chiffon d étoffe jaune autour des reins et porte un petit d'un an suspendu derrière le dos. Elle soutient d'une main le paquet dont sa tête est chargée et entraîne de l'autre un enfant qui n'a certainement pas plus de trois ans.

» La triste caravane continue à défiler. Voici encore trois petits misérables de cinq à six ans; on a eu pitié de leur faiblesse, ils ne portent rien.

» Moins heureux, les deux qui suivent, et qui ont deux ou trois ans de plus, plient sous une charge et il leur faut encore traîner de la main gauche d'autres captifs qui n'ont que trois ans.

» Ils passent, les pauvres petits, mornes et résignés. Ils regardent droit devant eux d'un œil fixe.

» Que voient-ils ? La veille pour les malheureux a ses hallucinations aussi bien que le sommeil. Peut-être voient-ils leur village attaqué, les cases qui brûlent; ils entendent les coups de fusil qui tuent les hommes, les cris des femmes et ils sentent la main du ravisseur se poser sur leur épaule.

» Mais la caravane n'est point terminée encore. Il y a les bébés. Ils sont cinq de trois à cinq ans, maigres, chétifs, mais souriant innocemment et regardant curieusement à droite et à gauche, en montrant leurs dents blanches, étonnés et inconscients.

» Derrière eux marche péniblement une jeune femme qui boite. Elle a le regard terne, les mamelles desséchées et porte sur le dos un nourrisson de quelques jours à peine. Il est encore presque blanc.

» Un grand garçon de treize à quatorze ans, joyeux, bruyant, un long fusil enfermé dans une gaine de cuir sur l'épaule, vêtu d'un méchant boubou jaune, surveille la marche du convoi. Il va et vient, donnant une taloche par-ci, par-là. C'est le chien de ce troupeau. Il est esclave, on le mène au marché; il le sait, mais il a le droit de frapper et il frappe; il commande, il est heureux.

» A cinquante pas derrière s'avance en se dandinant une sorte d'hercule noir, à la figure paterne. Il est bien vêtu, lui; il a un beau boubou, un bonnet jaune à oreillères et de bonnes sandales de Ségou. Il tient une gaule à la main et s'amuse à l'écorcer avec un long couteau.

» C'est le maître. Lorsqu'il est devant nous, le marchand d'esclaves s'approche de la mule qu'il considère avec curiosité : cet animal n'existe pas dans le Soudan.

» Il vient à nous, s'assied et veut me tendre la main; je le repousse brutalement. Alors, sans s'étonner il se relève en souriant et repart.

» Sans le vouloir, je viens d'être barbare, car les grands de la caravane, en voyant leur maître arrêté, s'étaient aussitôt jetés par terre auprès de leurs paquets pour prendre un peu de repos et les plus petits, roulés dans la poussière, se lutinaient comme de jeunes chats ».

Nous ne continuerons plus ces citations des lettres de Soleillet; mais nous lui emprunterons le récit de la fin de ce voyage, qu'il a fait dans une conférence devant les membres de la *Société des études coloniales et maritimes* le 26 mai 1879.

Citons cette communication dans sa plus grande partie, car non seulement elle contient le récit rapide du voyage de Ségou, mais encore elle affirme à nouveau le noble et grand projet formé par l'explorateur d'ouvrir une voie commerciale entre nos possessions du Sénégal et nos possessions d'Algérie, en traversant le Sahara et en passant par Tombouctou.

« L'Afrique, dit-il, se divise en deux parties parfaitement distinctes, l'une orientale, l'autre occidentale; vous pouvez les déterminer en tirant une ligne partant de la Barbarie pour aller aboutir au golfe de Bénin. Dans l'Afrique orientale il y a de grandes ressources ; elle est digne à coup sûr d'attirer les regards et de provoquer les études des explorateurs; elle possède surtout une grande richesse ; un fleuve, et ce fleuve, c'est le Nil! mais le Nil ne nous appartient pas, et nous sommes même dans une situation telle qu'espérer réussir dans ces contrées et en retirer des avantages sérieux, vouloir y entreprendre des explorations, qui produiraient autre chose que de l'honneur pour le voyageur qui s'y livrerait et la nation à laquelle il appartiendrait, ce serait de la folie, parce que ces régions, par leur situation, par leur commerce, sont à l'Egypte, à l'Angleterre, à l'Allemagne, mais elles ne sont pas à la France.

» Quant à l'autre partie, l'Afrique occidentale, c'est autre chose ; celle-ci nous appartient. Nous y avons l'Algérie qui nous fait pénétrer par une ligne d'oasis jusqu'au Niger ; puis à côté nous avons le Sénégal, qui est la véritable voie vers le Niger supérieur. De même que dans l'Afrique orientale nous avons trouvé un grand fleuve, puissance irrésistible et souveraine, qui fait avancer l'Égypte dans le midi d'une façon presque indéfinie, si bien qu'on ne saurait lui donner d'autres bornes que celles de son fleuve, de même dans l'Afrique occidentale nous avons un fleuve qui nous permet d'atteindre, en suivant son cours, de vastes et mystérieuses contrées : c'est le Niger, ce fleuve extraordinaire, ce fleuve admirable, dont le vaste lit est tracé comme si un ingénieur avait voulu préparer l'exploration de ces régions immenses; le Niger, qui, partant des monts Loma, semble tout spécialement destiné à desservir les placers de Bourré, et qui s'étend jusqu'au golfe de Bénin, fertilisant sur son long parcours des terrains d'alluvion d'une richesse incomparable, faisant éclore dans toute cette Afrique intertropicale une vie végétale d'une vigueur inouïe; là, vivent en liberté les animaux les plus précieux, l'éléphant et son ivoire, l'autruche et ses plumes; là, poussent les produits les plus riches, l'indigo, le riz, les plantes oléagineuses, les grains, le tabac, le coton, le chanvre, en un mot tout ce qui est cultivé dans les Indes. Vous y trouvez, aussi, une population très dense; 40 millions d'hommes vivent sur les bords de ce fleuve merveilleux. De plus, et c'est un avantage que je ne dois pas passer sous silence, le Niger est accessible de deux côtés; au sud, par le golfe de Bénin, on le trouve navigable jusqu'à Boussa; là des cataractes, des rapides, tout un système de montagnes empêchent de pousser plus loin ; mais jusqu'à Boussa le

Niger a été remonté par les commerçants anglais, français, espagnols, allemands. C'est de cette contrée de Boussa que le commerce anglais retire un des produits les plus extraordinaires que nous trouvions dans toute la vie végétale : *le Karité,* beurre végétal naturel ; il fait aujourd'hui l'objet d'un commerce excessivement important. Le karité rend les plus grands services ; les Anglais s'en servent pour le graissage des machines, et il remplace avec avantage tous les corps gras connus ; on en fera des bougies, du beurre comestible, de la graisse, des savons, des huiles. Dans ces vastes régions, s'élèvent des forêts remplies de l'arbre merveilleux qui produit ce beurre végétal ; on n'a que la peine de le ramasser ; il y en a des quantités immenses. On trouve donc à profusion dans ces contrées la plante spéciale qui doit en faire la fortune et qui en est la vie ; car j'ai fait cette remarque philosophique, c'est que chaque pays du monde possède un produit végétal sur lequel pivote en quelque sorte toute son existence. Le temps me manque pour entrer dans les détails, mais je pourrais vous donner à cet égard toute une nomenclature.

» Du côté du sud, la route vers le Niger supérieur est donc interrompue à Boussa, mais de l'autre côté nous avons pour le rejoindre un fleuve français, le Sénégal. Celui-ci, nous pouvons le remonter jusqu'à Médine ; là, il devient non navigable, en raison des rapides, mais, vis-à-vis, le Niger est navigable en toute saison depuis Bamakou ; or, de Bamakou à Médine, il n'y a pas deux cents lieues ; entre ces deux points on pourrait facilement creuser un canal qu'on remplirait en utilisant les marigots qui se trouvent là en abondance, — tout ce que nous avons à faire pour le moment, c'est un simple chemin pour chars à bœufs. — Ce chemin coûterait 200 000 francs, au plus ; car il n'y aurait besoin que d'un simple débroussaillement pour le construire ; le Niger, vous le voyez, deviendrait ainsi à peu de frais un fleuve français.

» Je tenais à faire cet exposé au début de ma conférence parce que, je tiens surtout à prouver qu'avant tout je cherche les choses pratiques pouvant donner des résultats immédiats. J'ai annoncé tout à l'heure que je vous dirais ce que je voulais faire, voilà une chose pratique elle peut être faite demain, si l'on veut ! J'ai causé de ce projet avec le directeur des colonies et avec le ministre de la marine; ces messieurs l'ont approuvé et, comme j'ai rencontré les mêmes sympathies dans diverses Sociétés françaises auxquelles j'ai communiqué cette idée, comme, pendant que j'étais au Sénégal, j'ai vu qu'elle y était fort bien accueillie, j'ai l'espoir, si l'opinion publique veut bien lui prêter également son concours, que l'année prochaine cette route sera ouverte, et que désormais ce ne sera plus un Français isolé, naviguant par grâce sur le Niger, dans une pirogue prêtée par le roi Ahmadou, comme cela m'est arrivé, mais des navires français portant des marchandises françaises, arborant le drapeau français, qui feront sur ce grand fleuve saluer notre pavillon !

» Il vaut mieux, Messieurs, se présenter ainsi aux peuples qu'on veut gagner, que de marcher contre eux à la tête d'un régiment; car les meilleures conquêtes, les plus durables, ce sont les conquêtes pacifiques, celles qui se font par l'industrie, par le commerce, par l'échange et non point par les armes!

» Voilà ce que je veux faire pour le Sénégal.

» De l'autre côté, quand, en partant de l'Algérie, on pénètre dans le Sahara, par une route certainement plus facile que celle du Soudan, — j'en sais quelque chose, car je suis tout à la fois voyageur saharien et voyageur soudanien, — on finit par arriver à Tombouctou, et de là au Sénégal, sans quitter le Sahara; le Sahara seul sépare l'Algérie du Sénégal. Mais comment sépare-t-il ces deux contrées?

» Est-ce comme un obstacle? non certes! On a souvent appelé le Sahara une mer; il serait plus juste de le comparer à un pont gigantesque jeté entre les deux pays. On est habitué, d'après les descriptions des romans, à se représenter le Sahara comme un désert inhabitable, parce qu'il n'y a pas de population, et comme une région incultivable parce qu'il n'y a pas de culture. C'est une grande erreur. Le Sahara est une contrée parfaitement saine, où les populations noires aussi bien que les races blanches peuvent se développer en toute liberté; on peut arriver très facilement à cultiver le sol; l'eau s'y trouve en abondance, et je vais vous en donner la preuve. Si vous jetez les yeux sur cette carte, vous voyez au centre du Sahara tout un massif de montagnes, comparable à la Suisse, celui du Djebel Hoggard, sur lequel les neiges sont persistantes pendant quatre ou cinq mois; au nord-ouest, du côté du Maroc, on trouve encore d'autres montagnes dont les sommets sont couverts de neiges perpétuelles. Or, comment pourrait-on comprendre sans eau une région où se trouvent des montagnes et des neiges. D'un autre côté, vous me demanderez alors pourquoi le Sahara n'a pas de cours d'eau ? La réponse est facile. A une époque plus ou moins reculée, il s'est produit là un fait tout particulier ; jadis le Sahara a eu ses fleuves, tout comme l'Europe aujourd'hui ; seulement les forêts qui couvraient ce sol et qui empêchaient l'évaporation des eaux ont disparu, et les fleuves ont disparu avec elles. L'eau existe toujours ; elle ne coule plus en dessus, elle coule en dessous ; les indigènes eux-mêmes nous en donnent la preuve. A l'aide de moyens primitifs et fort simples sans doute, mais efficaces, ils sont parvenus dans certains endroits à aménager ces eaux souterraines ; ils les ont amenées à la surface, et, de place en place, ils ont réussi à créer de fertiles oasis, et cela, avec la même facilité dans les régions où l'eau, comme au Touat, est à fleur de terre, que dans celle où, comme au M'zab, elle est à plus de soixante mètres de profondeur dans le sol.

» Je suis donc fondé à dire que le Sahara est fertilisable ; de plus, nous autres blancs, nous pouvons y vivre, y supporter le climat. Nous avons donc là, entre nos deux colonies, une région immense, grande comme l'Europe moins la Russie ; nous pouvons la transformer, la conquérir à l'agriculture, l'habiter, la peupler.

» Vous vous dites peut-être que je soutiens une thèse étrange : Vouloir peupler le Sahara, mais c'est une utopie !

» Oh ! sans doute, vous auriez peut-être raison si je voulais peupler le Sahara avec des blancs ; nous avons tant de peine à amener quelques rares colons en Algérie, je trouverais de bien plus grandes difficultés à en conduire dans le Sahara ; aussi ce n'est pas avec des blancs que je peuplerais le Sahara.

» Je me suis préoccupé depuis longtemps de cette grande question de l'esclavage. On a cru en Europe, — bien à tort, — que le jour où l'on a supprimé la traite dans nos colonies, on avait, par cela même supprimé l'esclavage. A partir du jour où nous avons cru ne plus être exposés à nous rencontrer dans un salon avec un monsieur propriétaire d'esclaves, nous nous sommes dit avec satisfaction : L'esclavage est aboli !

» Il est certain que, lorsqu'on a supprimé l'esclavage en Amérique et dans les colonies, on a fait une grande chose, on a opéré une réforme qui mérite toutes louanges et qui honore au plus haut degré les nations qui y ont pris part. C'est le Danemark qui, le premier, a entrepris la croisade contre l'esclavage. C'était une grande idée, elle a fait son chemin et a fini par recueillir l'adhésion de toutes les nations civilisées. Il y a bien eu quelques propriétaires d'esclaves qui ont vu leur fortune diminuer, mais, d'un autre côté, on a vu s'augmenter la moralité humaine. Il est certain que l'homme qui ne possède pas de captifs est un être plus moral que celui qui en possède. Mais l'abolition de la traite a-t-elle été un bienfait pour les noirs? Je le nie.

» Si nous voulons rester dans le domaine du sentiment, si nous ne voyons ici que des plaintes et des gémissements à faire taire, oui, nous devons nous dire qu'on a bien fait de supprimer l'esclavage; mais au point de vue de la situation des noirs sur la côte occidentale d'Afrique, il faut bien reconnaître que nous n'avons rien fait en supprimant l'esclavage; et ici ce n'est pas seulement mon opinion personnelle que j'exprime, c'est celle d'un homme illustre, d'un grand penseur, dont je suis loin de partager toutes les idées, mais dont on ne peut nier la hauteur de vues, d'Auguste Comte, le père de la philosophie positiviste. En supprimant l'esclavage, je déclare qu'on a enlevé aux noirs la seule chance qu'ils avaient d'être amenés à la civilisation. Il faut bien, messieurs, nous rappeler une chose : c'est que la nature ne marche pas comme nous; elle avance par des voies rudes, et quand elle veut qu'une grande idée fasse son chemin dans le monde, elle le lui fraie par une route de sang! Cette route, nous la suivons constamment en Afrique. Dans nos longues étapes, nous sommes guidés par les ossements de nos généreux prédécesseurs, et quand je parcourais les rives du Niger, mon pied a foulé peut-être, l'endroit où la pirogue de Mungo-Park s'est échouée et d'où elle n'est pas revenue! La civilisation ne marche qu'à ce prix; les grandes idées ne réussissent que par les hommes qui savent se sacrifier !

» La nature amène les peuples à la civilisation par la conquête ou par l'esclavage. On a supprimé l'esclavage, on a bien fait; mais par quoi l'a-t-on remplacé? Par ce qu'on appelle l'engagement libre. Or, s'il n'est pas bon qu'un homme soit pour toujours la propriété d'un autre homme, il est tout aussi mauvais qu'il lui appartienne pour un temps déterminé : l'homme n'est plus alors un homme, c'est une chose. On pouvait jadis s'intéresser au captif : il inspirait encore la sympathie par son malheur, par ses souffrances ; mais il n'en est plus de même de celui qui est devenu un engagé libre. C'est une « *chose* » pendant dix ans, pendant quinze ans, et après ce n'est plus rien. Est-ce à dire que je veuille vous proposer de rétablir l'esclavage ? Certes, non ! pas plus que vous ; mais je cherche les moyens d'améliorer la situation des noirs. Ces peuples ont beau avoir la peau d'une autre couleur que la nôtre, ce sont des hommes, ce sont nos frères ; mais ce sont aussi des enfants, de grands enfants, que nous avons le devoir impérieux d'élever, que nous devons conduire libéralement à l'initiation de nos idées de progrès, que nous devons amener, par tous les moyens, au degré de civilisation auquel ils ont droit et auquel ils peuvent arriver.

» Ce que je veux, c'est amener dans le Sahara le trop plein des populations du Soudan de l'Ouest. L'entreprise est facile, et je vais vous dire pourquoi.

» Tout d'abord une question se pose. Les noirs sont-ils en réalité inférieurs à nous ? Comme nous, autrefois, ils ont fait la traite, et ils la font toujours. Je dois vous dire tout de suite que j'ai l'habitude de ne parler que de ce que j'ai vu. M'étant complètement localisé dans l'Afrique occidentale, non seulement je ne sais rien, mais même je n'ai rien lu de ce qui s'est fait ou écrit en matière de voyage depuis dix ans, en dehors de cette région ; aussi il n'y a pas de confusion dans mon esprit, et quand, dans mes voyages en Europe, je vois quelque chose qui est en dehors des études spéciales auxquelles je me suis particulièrement voué, je ne saurais me le rappeler. Or, je vous déclare que les noirs que j'ai vus dans le Soudan de l'Ouest sont tout à fait capables d'être amenés à la civilisation ; leur intelligence est remarquable ; leurs traits sont en grande partie ceux de la race caucasique. Ils ont déjà franchi les premiers échelons de l'humanité.

» Ce ne sont plus même des chasseurs comme les premiers Peaux-Rouges d'Amérique, ni même des pasteurs comme les Arabes ; ils forment des populations déjà parvenues à un certain degré de civilisation, qui demandent à cultiver le sol et cherchent dans certaines industries les moyens de vivre. Ces noirs se groupent en sociétés, en villages, ils ont des demeures fixes, ils sentent la nécessité des liens sociaux. Ces gens-là, en définitive, occupent les degrés inférieurs d'une échelle dont nous occupons le sommet ; il s'agit de les faire monter plus haut. L'histoire nous apprend qu'il y eut un moment où les peuples de la Gaule étaient, eux aussi, aux derniers échelons de la civilisation ; plus tard ils ont monté. Pourquoi? Parce que les Romains, les Latins les ont poussés en avant ; et c'est ainsi que nos ancêtres ont passé par tous les degrés du progrès pour arriver aux temps modernes ; c'est ainsi que la civilisation de l'Occident est née et a pu éclore. Aujourd'hui, faisons pour ces peuples nés de l'autre côté du monde ce que les Romains ont fait autrefois pour nos pères. Il faut, qu'à notre tour, nous fassions la conquête de ces peuples, non plus, certes, par les moyens dont on s'est servi aux premiers siècles, mais par ceux qui sont dignes du XIXe, c'est-à-dire par l'initiation aux idées modernes, par l'éducation, par la douceur, par les mœurs !

». Je vous ai dit tout à l'heure que nous pouvions amener dans le Sahara le trop plein des populations du Soudan. Que se passe-t-il, en effet, aujourd'hui dans ces régions lointaines? Tous les ans, l'Afrique occidentale est le théâtre de guerres de peuplade à peuplade, quelquefois de village à village. Le vainqueur fait un choix entre ses prisonniers, et quel choix ! On coupe le cou à tous les captifs mâles qui ont plus de douze ans, sans aucune exception. Pourquoi? Parce que les noirs savent qu'ils ne peuvent plus vendre leurs esclaves à la côte, et ils ne gardent que les jeunes enfants, les seuls captifs qu'achètent les noirs, car ils les élèvent dans leurs cases et leur confient plus tard un champ, un troupeau, ils les assimilent, en un mot, ce qu'ils ne pourraient faire avec des adultes, qui conserveraient toujours des sentiments de révolte et d'indépendance. Les vainqueurs sont donc obligés de détruire tous leurs prisonniers au-dessus de douze ans. Tel est le résultat philanthropique auquel, sans s'en douter, on est arrivé avec la suppression de la traite.

» Pensez-vous que la traite soit absolument supprimée? Tous les rois du Soudan la font ouvertement ; moyennant une très faible rétribution ils sont toujours prêts à vous livrer des captifs. On en rachète tous les jours au Sénégal pour en faire des soldats. Il est vrai qu'on appelle cela l'engagement libre ; que les noirs ne sont incorporés que pour dix ans, et qu'après ce temps ils sont libres. Or, on trouve moral de racheter des captifs pour en faire des soldats et de les condamner pendant dix ans à transporter leur arme de l'épaule droite à l'épaule gauche. Croyez-vous qu'il ne serait pas plus moral de racheter des captifs pour leur apprendre le maniement de la bêche et de la charrue, au lieu de leur apprendre la manœuvre du fusil ?

» Mon projet consisterait donc à amener cet excédent de population du Soudan dans le Sahara, à les remettre entre les mains d'Européens vraiment philanthropes, qui les emploieraient à former des centres nouveaux de population et à fonder des villages. Je ne saurais, bien entendu, admettre un seul instant qu'on fît de cette immigration un objet de commerce ; mais je suis absolument convaincu qu'avec cet élément nouveau le désert serait entièrement transformé en dix ans ; pendant dix ans vous créeriez le Sahara avec des esclaves, la onzième année il sera habité par des hommes libres !

» Le jour où cette chose sera faite et où nous aurons ouvert au commerce le Niger par l'ouest du Sénégal, ce jour-là nous aurons fait du désert qui s'étend entre Alger et Saint-Louis une vaste oasis où le voyageur pourra suivre sa route entre des allées de palmiers, tandis qu'aujourd'hui les communications sont difficiles, les transports à dos de chameau longs et coûteux.

» Est-ce tout ? Non, quand nous serons sortis de ces difficultés premières, nous ouvrirons une ligne ferrée qui ira d'Alger à Saint-Louis, en passant par le Niger et par Tombouctou. Ce projet-là, j'en suis le père. Voyez l'ancien *Explorateur*, dont un des rédacteurs est ici ; il a même publié des cartes indiquant le tracé des différents projets, tout le monde peut les voir ; celui dont je vous parle aujourd'hui, celui d'Alger par Affreville, Boghari, Taguine, Laghouat, El-Goléah et In-Çalah à Tombouctou, est sous mon nom, et il vous est en ce moment présenté par son seul auteur, par moi ! Je sais bien que d'autres ont trouvé ce projet ingénieux, ils s'en sont fait les parrains ; quelques-uns, même, comme dans l'opéra comique, n'ont pas eu à regretter d'en être les parrains, et ils s'en croient peut-être les pères. Oui, je vois aujourd'hui des gens qui n'ont rien su, rien vu, qui croient que certaines entreprises s'improvisent, qui sont persuadés qu'on acquiert certaines connaissances chez soi, en quelques heures, en quelques jours, je les vois en train de compromettre une chose utile et qui serait une gloire pour la France. Ce n'est pas, certes, que je veuille, moi, faire un chemin de fer dans le sens qu'on attache à ce mot; je n'y tiens nullement; je ne désire qu'une chose : voir le jour où il en sera fait un. Mais pour arriver à ce résultat, il faut connaître son terrain, et c'est presque ce que l'on me reproche.

» On a écrit, on a imprimé qu'en somme je prétendais avoir découvert des contrées qui étaient archiconnues. S'il en avait été ainsi, au lieu de supporter autant de fatigues, au lieu de risquer ma santé et ma vie, je serais resté tranquillement dans ma famille, au milieu des miens. Mais ce que je déclare, c'est qu'à l'heure actuelle, à moins qu'on n'évoque l'âme du major Laing et qu'on ne retrouve les papiers qu'il portait sur lui au moment où il a été massacré en sortant de Tombouctou, il est impossible qu'un autre voyageur puisse connaître exactement ce que renferme la vaste région qui s'étend de Tombouctou à Alger. Cela ne se discute même pas. J'ai commencé à étudier cet inconnu lorsque je me suis rendu, en 1872-1873-1874, d'Alger à In-Çalah; je viens de continuer cette étude en me rendant de Saint-Louis à Ségou. Quand je suis venu de Saint-Louis à Ségou, j'ai parcouru, non la route par laquelle doit passer mon chemin de fer, mais les contrées qu'il doit desservir. Je sais ce qu'est le Niger; je me suis arrêté là. Plus tard, lorsque je ferai le quatrième voyage (il est projeté), quand je repartirai de Saint-Louis, en janvier prochain, je reconnaîtrai les terrains sur lesquels l'on doit construire la voie ferrée, je traverserai le Sahara pour venir d'abord à Tombouctou, puis pour pousser plus loin. Je vous affirme que je me trouverai alors dans des pays absolument inconnus à l'heure actuelle. Aussi, lorsque j'entends affirmer que toutes ces contrées, à l'exploration desquelles je sacrifie ma santé et ma vie, sont des régions archiconnues, j'ai le droit de dire que ceux qui émettent cette assertion ne sont pas des gens sérieux, et j'ai le devoir de vous mettre en garde contre des affirmations qui témoignent de la part de leurs auteurs une ignorance complète.

» Je vous ai dit tout à l'heure que j'étais allé de Saint-Louis à Ségou. Je vous parlerai plus tard de Ségou, mais laissez-moi d'abord vous entretenir de la première partie de mon voyage.

» J'arrivai l'année dernière, au mois d'avril 1878, à Saint-Louis du Sénégal, par le Cap Vert, je traversai ensuite tout le Cayor. Là, je me trouvai en contact avec les Yolofs, qu'on appelle à bon droit la plus belle de toutes les races noires. Le Cayor est un pays très fertile, très bien arrosé, très productif. Une des plus importantes productions du pays est celle des graines oléagineuses, les arachides principalement. Ce commerce des arachides a une origine intéressante que je crois utile de vous faire connaître.

» Au commencement de ce siècle, un naturaliste d'Aix se rendit sur la côte occidentale d'Afrique, il rapporta de son voyage, entre autres choses, des arachides, « les amandes de terre », comme Mungo-Park les nommait toujours. Il en donna quelques-unes à un de ses amis de Marseille, botaniste amateur, et de sa profession fabricant d'huiles et de savons. Celui-ci trouva dans ces arachides une richesse oléagineuse considérable, et il se décida à faire une tentative commerciale. Il envoya sur la côte d'Afrique un petit trois-mâts, de quelques centaines de tonneaux, pour y chercher une cargaison de ces amandes de terre, avec lesquelles il voulait faire des expériences plus complètes. Le capitaine eut beaucoup de peine à trouver un chargement pour son navire, mais avec ce qu'il rapportait le négociant put faire une expérience en grand ; la richesse de la graine fut reconnue, et à partir de ce moment on demanda partout des arachides. Les noirs se mirent à les cultiver, et on vit alors une chose merveilleuse, c'est que les marchands d'esclaves conservèrent leurs captifs pour les employer à la culture. C'est à partir de ce moment que le Cayor a pris son développement commercial. Aujourd'hui, on y voit arriver des navires américains, portugais, italiens, français, anglais, qui viennent y charger et importent des millions de tonneaux d'arachides de ce même pays où, il y a quelques années, un petit trois-mâts pouvait à grand'peine en ramener dix ou douze tonneaux. C'est donc un voyageur qui a transformé ce pays. Les échanges se sont établis. J'ai vu au Cayor les noirs habillés avec des étoffes sortant de nos manufactures ; ils ont des fusils qui viennent de chez nous ; ils ont même des parapluies, c'est la première chose que les noirs achètent.

» Eh bien, il est certain que ce que nous faisons dans le Cayor, nous le ferons dans toute l'Afrique intérieure, lorsque nous aurons su y trouver les plantes précieuses qu'elle renferme et lorsque nous leur aurons donné leur valeur par la culture. Ce sera, pour les noirs, plus pratique que de se livrer au commerce des captifs, et c'est ainsi qu'on obtiendra pour premier résultat, — ce qui n'est pas moins important au point de vue humain, — de remplacer la valeur de l'homme comme animal, comme machine, par la valeur de l'homme comme travail.

» Le Cayor est gouverné par un roi, Lat-Dior, qui prend le titre de Dumel, il est allié de la France. Nous avons le droit d'avoir dans cette contrée des routes, des lignes télégraphiques, et quelques postes pour la protection de ces routes et de ces lignes ; mais le sol ne nous appartient pas ; il est la propriété du roi. Aujourd'hui l'on s'occupe sérieusement de la construction d'un chemin de fer allant de Dakar à Saint-Louis, il supprimerait les inconvénients de la barre du fleuve, c'est un obstacle considérable à la navigation. J'ai vu des navires rester vingt, trente, quatre-vingts jours devant la barre sans pouvoir entrer. Avec ce chemin de fer, l'industrie de la batellerie serait transformée, et le commerce du fleuve en serait augmenté dans des proportions énormes. »

CHAPITRE II

DE SAINT-LOUIS A SÉGOU

Les Toucouleurs du Foutah. — L'almamy. — Fondation du royaume de Ségou par Hadj-Omar. — Bambara. — Les commerçants de Bakel en Galam. — Au delà du Foutah et du Galam sur l'autre rive du Sénégal. — Basiru, roi de Kouniakary. Le Tata de Basiru. — Un sopha à dossier humain. — Médecin du roi. — Pourquoi tous les rois noirs ont été hospitaliers au voyageur. — Du Kouniakary à Dialla. — Massif montagneux et boisé du Kaarta. — Faraboubou, souvenir du grand voyageur Mungo-Park. — Région du Niger. — Grandes forêts; lions, éléphants et girafes, autruches et colibris. — Grand marché de Guigné. — Yamina à sept cents lieues des sources du Niger ou Djoliba. — Pirogue envoyée par Ahmadou — Descente du fleuve; le drapeau français. — Réception à Ségou. — Luxe de la cour. — Arsenal. — A quatre jours de Tombouctou. — Retour au Sénégal. — Sympathies générales inspirées par l'explorateur. — Préparation d'un nouveau voyage.

« A mon arrivée à Saint-Louis, je me présentai avec la recommandation de la *Société des Études coloniales maritimes* et le gouverneur me fit bon accueil. Il me proposa le voyage de Ségou, en m'affirmant qu'on me soutiendrait autant que possible. Ma mission était de reconnaître les routes commerciales du haut Niger avec nos possessions de la côte occidentale et nord de l'Afrique.

» Je partis donc au mois d'avril (le 18), je remontai le fleuve jusqu'à Podor, sans grands incidents. Je n'éprouvai d'autres sentiments que ceux de surprises, naturels chez un homme qui, il y a quelques jours à peine se trouvait dans l'Europe, et que le hasard des voyages mettait à même de tirer sur des caïmans et des hippopotames.

» A Podor, je quittai le fleuve et je m'équipai pour mon voyage par terre. Mon organisation était des plus simples ; j'avais, en outre de ma mule, un bœuf chargé de mon bagage, et qui servait également de monture à un brave garçon intelligent, dévoué, Souliman Dieng Sonninké, caporal aux tirailleurs sénégalais. Je ne saurais assez me louer de lui et de son intelligence; il m'a été de la plus grande utilité; il m'a servi d'interprète car il parlait toutes les langues de ces contrées; il m'a soigné pendant ma maladie; il m'a conseillé fort souvent et fort bien quand je me trouvais anxieux et que je ne savais quelle détermination prendre; il m'aurait défendu si j'avais été attaqué. Il y avait dans cet homme noir beaucoup de cœur, beaucoup d'intelligence; il me l'a prouvé, il a été mon domestique, mon serviteur, il est devenu mon ami, mon frère. Il a rendu service à l'un des vôtres, messieurs, je tiens à ce que son souvenir soit conservé.

» Nous nous dirigeâmes d'abord vers le Toro. Le roi de Toro, fidèle allié de la France, me reçut très affablement; aussitôt qu'il fut averti de mon arrivée, il m'envoya des griottes ; on chanta mes louanges, etc. Je ne veux pas vous raconter tout cela, mais je tiens à vous parler de la population toute particulière du Foutah, les Toucouleurs ; le Toro en fait toujours partie, bien qu'il ait été distrait depuis longtemps de la confédération Foutankaise, ainsi que l'ont été plus récemment le Lao et l'Irlabé.

» Le Foutah a une organisation spéciale au point de vue du gouvernement; chaque village est gouverné par un chef et à la tête du Foutah se trouve de plus un chef nommé pour cinq années, et qu'on appelle almamy. Cet almamy, doit être toujours choisi dans la même famille; les électeurs appartiennent également à une famille déterminée, et ils ne peuvent être élus almamy de même que l'almamy ne peut jamais être électeur.

» Les Toucouleurs ont été formés de la réunion des Yolofs et des Foulbés.

» Les Foulbés connus au Sénégal sous le nom de Peuls, ont la peau légèrement colorée, des cheveux lisses, un visage allongé; ils sont de petite taille mais sveltes et bien proportionnés.

» C'est un peuple de pasteurs, et, contrairement à ce qu'on a remarqué à cet égard, au lieu d'avoir la voix dure et criarde, comme l'ont généralement les pasteurs, ces Foulbés l'ont excessivement

Paysage du Fontah-Djallon

douce. Ils parlent une langue particulière, elle présente quelques singularités et mérite d'attirer votre attention. D'abord ils possèdent au pluriel deux sortes de pronoms pour la première personne, puis, au lieu d'avoir deux genres appelés le genre masculin et le genre féminin, ils ont deux genres nommés : le genre homme et le genre bête ; dans le premier, ils placent tout ce qui a rapport à l'homme, dans le second tout ce qui a rapport aux animaux. Quant à leurs deux pronoms voici comment ils les emploient. Ils ont d'abord un pronom « *en* » particulier, pour le cas où la personne qui parle est comprise avec les personnes auxquelles elle parle comme par exemple dans cette phrase : « Nous sommes heureux de voir l'Afrique se développer. » Ensuite ils ont un second pronom pluriel « *min* » pour exprimer le mot « nous » dans cette autre phrase, où parlant de M. X. et de moi je dis : « *Nous* voulons aller en Afrique. »

» Les mots au pluriel diffèrent complètement des mots au singulier ; les lettres, les terminaisons, les mots mêmes changent entièrement, selon les besoins de l'harmonie, et suivant que deux mots se trouvent placés à côté d'un autre mot commençant ou finissant par des syllabes particulières. Ce langage est sans doute fort compliqué, mais je dois reconnaître qu'il est très agréable à l'oreille.

» Les Toucouleurs, convertis à l'Islamisme, par les Foulbés ont adopté la langue, se sont étendus et ont fait la conquête du Ségou, puis du Massina.

» Ce serait une erreur de juger trop favorablement les Toucouleurs d'après ce qu'ils ont déjà fait. C'est, en somme, une population dont la réputation est fort mauvaise et qui la mérite ; seulement elle a eu la chance d'être conduite un moment par un homme d'un génie incomparable : l'Hadj-Omar qui a fondé l'empire de Ségou. Mais il est mort, et aujourd'hui les gens de Bambara sont en train de *bambariser* les Toucouleurs, et d'ici à 20 ou 30 ans le royaume de Ségou sera devenu le royaume de Bambara, peut-être avec des chefs qui seront des descendants de l'Hadj-Omar.

» En sortant du Foutah, pays des Toucouleurs, j'entrai dans celui de Galam, la principale ville en est Bakel. Je me trouvai là avec les populations des Sonninkés appelés au Sénégal vulgairement Saracolès. Ces peuples vivent dans les grands villages ; ils ne se mêlent pas aux autres populations : ils sont très grands commerçants et nous les trouverons depuis la côte jusqu'à Tombouctou. Populations intelligentes, laborieuses, mais très intéressées.

» Ces noirs se distinguent de tous les autres par la régularité qu'ils apportent dans l'établissement de leurs villages, par leur propreté relative et l'amour du travail. Vous ne trouverez jamais un Sonninké inoccupé.

» C'est à Bakel que je commençai réellement mon voyage, le 21 juin 1878, je traversai le Sénégal à Moussalla et j'entrai dans les états d'Ahmadou, dans le Guidi-Maka, terrain d'alluvion excessivement riche ; j'allai ensuite à Kouniakary, ville importante, bâtie tout auprès de hautes montagnes, et ayant de 4 à 5 000 habitants. Cette ville est bâtie sur un des derniers contre-forts de la chaîne de Kaarta. La plaine est couverte de marigots très considérables qui vont se jeter dans le Sénégal. La ville est entourée d'une enceinte de terre ; les maisons, encloses également par un mur de terre, sont bâties ou en paille ou en terre ; celles qui sont en paille appartiennent à des Bambariens ou à des Toucouleurs ; les Sonninkés construisent toujours en terre. Les maisons ou plutôt les huttes, sont rondes, cela se remarque chez tous les peuples primitifs. Il me semble que je vous intéresserai en vous faisant entrevoir ce qu'est aujourd'hui la race noire dans cette portion de l'Afrique. Il y a là quelques détails de mœurs qui sont assez curieux.

» J'eus l'occasion de voir de très près Basiru, roi de Kouniakary, frère et vassal d'Ahmadou le sultan de Ségou ; j'ai été son médecin, et par conséquent, j'ai pu l'étudier un peu de toutes les façons. Basiru est un homme jeune ; on ne lui donnerait guère plus de vingt ans ; il est grand, mince, élancé ; les yeux sont beaux ; les traits du visage réguliers ; la couleur de la peau noire. Il passe sa vie dans son « tata » ; c'est une enceinte fortifiée très grande, ayant deux cents pas de côté ; cette enceinte est divisée en carrés et elle est remplie par des cours et des huttes en paille et en terre. Basiru habite une hutte en paille, tapissée à l'intérieur par des nattes excessivement fines.

» Les moments où il n'est point obligé de se tenir devant la porte de son palais à *palabrer* avec ses sujets, Basiru les passe dans sa hutte, couché sur un sopha qui mérite une description spéciale.

» Le corps de ce sopha est formé de claies recouvertes de pagnes de coton excessivement fines. Jusqu'ici rien de bien extraordinaire, mais le dossier présente une particularité à laquelle nos mœurs européennes ne nous ont pas habitués.

» Il faut vous dire tout de suite que de tout temps les souverains Bambaras ont eu l'habitude de se faire servir, non par des hommes, mais par des femmes. Tous les officiers attachés à la personne du roi sont des femmes qu'on appelle Korcigui, l'on en choisit une aux formes opulentes, à la peau douce, ointe et parfumée, elle s'asseoit, après s'être dépouillée de ses bijoux, au chevet du sopha et servant de dossier au roi, qui se fait parfois bercer et garder absolument comme un enfant, pendant que s'empressent autour de lui une douzaine de jeunes filles; les unes présentent au roi des noix colas, les autres reçoivent dans leurs mains la pulpe de ces fruits lorsque sa Majesté les a mâchés; d'autres se tiennent près de lui avec des vases remplis d'eau pendant que leurs compagnes procèdent au massage du monarque; d'autres lui chatouillent les pieds ; d'autres lui donnent de petites tapes sur les épaules, opérations auxquelles, du reste, les indigènes paraissent tenir beaucoup, attribuant à ces pratiques spéciales le développement de leur poitrine et le bon état de leur santé. Je vous avouerai que pendant que j'étais à Dialla, le roi a tenu à m'envoyer quelques-unes de ces petites filles pour me masser; elles massent très bien, et je vous assure que cela n'a rien de désagréable.

» Je vous ai dit que Basiru pendant mon séjour près de lui, m'avait consulté souvent comme médecin.

» Il était persuadé comme tous les noirs, que je devais à ma qualité de blanc, d'être un savant très distingué. Je l'examinai de près, je le retournai de tous les côtés, et je ne lui trouvai d'autre maladie qu'une très grande fatigue, naturelle chez un homme jeune et ardent qui a un nombreux sérail. Je lui donnai cependant quelques remèdes; je lui fis prendre de l'émétique et de l'huile de ricin... ce qui lui donna l'occasion de me remercier et de louer la puissance des blancs.

» Ce prince fut pour moi un hôte généreux; son hospitalité fut très large. Lorsque je tombai malade d'un accès de fièvre intermittente, il me témoigna beaucoup d'intérêt; il ne cessa d'user avec moi de bons procédés dont je lui suis très reconnaissant. Je dois dire que dans tout mon voyage il en a été ainsi chez tous les princes noirs; partout j'ai été bien accueilli; et ce qui m'a fait bien recevoir, c'est, j'en suis persuadé, que je me présentais seul, sans armes, sans escorte, sans titre officiel d'aucune sorte. Pour tous ces rois, j'étais un homme inoffensif, un simple voyageur : M. Soleillet, je n'inspirais aucune défiance. C'est grâce à cette situation particulière que toutes les portes auxquelles j'ai frappé se sont toujours ouvertes devant moi, et que j'ai trouvé partout la plus gracieuse hospitalité, sous les huttes les plus humbles, comme chez Basiru et plus tard chez Ahmadou, le sultan de Ségou.

» De Kouniakary, je vais à Dialla, en traversant la région montagneuse du Kaarta; dans les forêts de ces montagnes, on trouve une espèce particulière de petits arbres verts dont les branches, coupées par le vent, affectent des formes singulières; le feuillage est tout en rond; on dirait qu'il a été taillé. Quand on traverse ce massif du Kaarta, on se croirait souvent au milieu de nos vergers.

» Je passai à Faraboubou; là je me trouvais dans les parages où avait séjourné Mungo-Park, l'un des plus grands voyageurs que nous ayons eu en Afrique. A Faraboubou je fus reçu et très bien. C'est à Faraboubou que commencent les régions des grandes terres qui se prolongent jusqu'au Niger. Ce pays renferme de très belles forêts, à la végétation luxuriante, et au sein desquelles vivent le lion, la panthère, l'éléphant, le rhinocéros, la girafe; toutes les espèces d'oiseaux y sont représentées; on y trouve l'autruche aussi bien que le colibri, cette fleur animée. Je voyageais pendant la saison de l'hivernage, et c'est dans ces forêts intertropicales que j'ai eu l'occasion de voir un de ces orages qui sont certainement un des plus beaux phénomènes naturels qu'il soit donné à l'homme d'admirer. Mais le temps me presse, je ne puis vous les décrire. Tout ce que je puis vous dire des incidents de la route, c'est que nous avons eu beaucoup de marigots à traverser, tantôt dans l'eau jusqu'au cou, tantôt dans la boue jusqu'à mi-jambe. Mais ce sont là des détails assez insignifiants pour vous, ce qui n'empêche pas que, dans les moments dont je parle, ils avaient pour moi une très réelle signification.

» A Guigné, je trouvai un grand marché. Depuis que le sultan Ahmadou a interrompu la navigation du Niger, il a déclaré Guigné une sorte de ville libre où chacun peut venir vendre ou acheter. De Guigné, je descendis à Yamina, où j'arrivai à la fin du mois de septembre. Là, le Niger se déploie plus large que la Gironde à Bordeaux ; à cet endroit, il est pourtant à 700 lieues de son embouchure. C'est sans contredit le plus beau fleuve qu'on puisse rencontrer dans cette portion de l'Afrique dont il fait la richesse et la vie, et je suis vraiment heureux de vous répéter que ce merveilleux cours d'eau peut être demain, si nous le voulons, un fleuve français.

» Ahmadou avait donné l'ordre de mettre à ma disposition une pirogue où je montai et dans laquelle je me trouvai fort bien. En descendant le fleuve, je pensais que le Djoliba, — c'est ainsi que les noirs appellent le Niger supérieur, — n'avait pas encore vu de pavillon européen ; je me disais que si je n'étais pas le premier Européen, ni même le premier Français qui explorait ces régions, — car Mungo-Park et MM. Mage et Quintin m'y ont précédé, — j'étais certainement le premier voyageur qui y entrait ouvertement seul, et certain de rencontrer partout un bon accueil ; je pensais aussi, — il faut tout dire, — qu'il y aurait un grand honneur pour moi de faire du Niger, sinon un fleuve français, du moins un fleuve ouvert à la France et à son commerce. Je vous avoue que toutes ces choses qui me paraissent simples aujourd'hui, me préoccupaient alors beaucoup. J'hésitai pendant quelque temps à donner suite à une dernière idée qui me poursuivait depuis longtemps, ne sachant trop comment elle serait accueillie par mes compagnons de route. Enfin je pris mon parti, et je me décidai à montrer nos couleurs nationales. D'un bout de ceinture, d'un morceau de boubou et d'une bande de cotonnade, je fis un drapeau ; je l'arborai à l'arrière de ma pirogue et lorsque j'arrivai à Ségou, le 1er octobre 1878 le sultan envoya au devant de moi trois de ses régiments ; ses officiers dansèrent devant notre pavillon, les soldats saluèrent nos couleurs par une salve de mousqueterie.

» A Ségou je fus fort bien reçu et parfaitement traité pendant mon séjour. Le matin je remplissais mon rôle de médecin ; l'après-midi, j'allais me promener et quelquefois voisiner, tantôt chez un forgeron, tantôt chez un cordonnier, car à Ségou les cafés sont inconnus, et quand on veut causer, on se réunit dans les boutiques, ou dans les ateliers des ouvriers, ce qui ne m'empêchait pas d'être également très lié avec un des ministres d'Ahmadou, Seidou-Zelia, c'est l'homme le plus puissant après le sultan dont il est à la fois le cousin, le gendre et le favori.

» Le luxe à la cour de Ségou est réel. Les femmes y portent en guise d'ornements des plaques d'or qui ont la forme de cuirasse. Le sultan a une petite armée bien tenue, un arsenal qui renferme un grand nombre de fusils ; les armes sont très propres, graissées avec soin ; il y a même une batterie de cinq pièces de canon. Tout cela représente une certaine force d'organisation qu'on chercherait vainement ailleurs, chez les noirs.

» Je voulais pousser plus loin ; j'avais des lettres du gouverneur du Sénégal qui m'accréditaient auprès du Sultan, mais celui-ci refusa de me laisser continuer vers Tombouctou d'où je n'étais qu'à quatre jours par le fleuve, sous prétexte du peu de sûreté des routes. Ce n'était pas certainement la vraie raison. Ahmadou craint une alliance entre nous et son cousin Tiani roi du Macina. Pendant les trois mois qu'a duré mon séjour à Ségou, j'ai pu acquérir une certitude absolue, c'est que le jour où les Européens voudront s'y présenter avec des allures pacifiques, ils seront certains d'y être parfaitement accueillis. C'est même une disposition des esprits qui m'a singulièrement surpris. J'ai été voyageur saharien, je vous l'ai déjà dit ; or, lorsque je voyageais dans le Sahara algérien, j'étais constamment entravé dans ma route par mon titre de Français, et à chaque instant, exposé aux aventures qui sont arrivées à d'autres explorateurs, qui, eux, voyageaient avec l'appui du gouvernement et que vous me permettrez de ne pas rappeler ici. Si j'ai pu voyager dans le désert, je l'ai dû à mes relations *personnelles seules.*

» Au Soudan, rien de semblable. Votre qualité de Français vous protègera partout. Pourquoi donc cette différence ? Ah ! c'est que du côté de l'Algérie on s'est trop occupé de la conquête proprement dite, et que du côté du Sénégal on a surtout cherché le commerce ; dans un pays, l'on a construit des casernes, dans l'autre des comptoirs. Dans les deux contrées, les populations, à certains moments, se sont soulevées contre nous, leurs séditions ont été réprimées peut-être plus rigoureusement au Sénégal qu'en l'Algérie.

» Pourquoi donc les Sénégalais nous témoignent-ils moins de ressentiment que les Algériens ? C'est qu'au Sénégal nous avons laissé les indigènes vivre à leur guise, à condition qu'ils nous laissassent commercer librement; en Algérie, nous avons voulu les administrer, leur imposer toutes sortes d'usages; au Sénégal nous avons laissé les populations se mêler constamment aux Européens; en Algérie, on n'a cherché qu'à les séparer et à les parquer. Nous voyons tous les jours les résultats qu'ont produit les deux systèmes.

» En ce qui concerne Ségou, je puis affirmer que tout Européen, pourvu qu'il s'y présente pacifiquement, est certain d'y être bien reçu. J'émets le vœu bien sincère que cette route ne soit pas fermée, et je serai bien heureux de savoir qu'un autre voyageur, encouragé par ce premier résultat, tentât de ce côté un autre voyage. Il y a beaucoup à étudier et à voir dans ce pays pour celui qui s'occupe de botanique, d'histoire naturelle, de minéralogie; mais, ce n'était pas mon but; je suis un voyageur pionnier, rien de plus, mais j'estime que lorsqu'un voyageur a passé une fois dans un pays comme dans celui-là, et y a frayé la route, il ne faut pas la laisser se fermer!

» Lorsque le mois de janvier arriva, je dus songer au retour, car, parti avec cinq mille francs seulement, j'allais me trouver sans ressource, et je dus rebrousser chemin ne pouvant plus aller en avant.

» Je rentrai au Sénégal. On y était très satisfait de mon voyage; on était surtout fort content de la façon dont je l'avais mené, sans avoir eu de difficultés avec personne. Puis, être parti seul, avec un domestique, m'avait acquis les sympathies de tous les Sénégalais. J'en ai eu les preuves les plus convaincantes. En arrivant, je tombai malade; je dirai presque que ce fut une chance, car on me prodigua des marques de sympathie si honorables pour moi que vous me permettrez de les rappeler. Le président de la Chambre de commerce, le maire, le gouverneur vinrent me voir immédiatement. Le Conseil municipal de Saint-Louis décida en séance publique que le premier adjoint et le conseiller municipal ayant le plus grand nombre de voix seraient députés par le Conseil pour m'exprimer au nom de la ville l'intérêt et la sympathie qu'inspirait ma situation. Ce n'est pas tout. On décida, en outre, généreusement, qu'on mettrait à ma disposition, la somme nécessaire pour assurer mon retour en France, et enfin on me donna la mission de faire en janvier prochain, le voyage de Tombouctou.

La colonie du Sénégal a donné par là une preuve éclatante de patriotisme, car elle m'a assuré les moyens matériels de voyager non seulement jusqu'à Tombouctou, mais de Tombouctou en Algérie. Enfin, en arrivant en France, je trouvai les subsides votés par le ministère, ceux qui m'ont été accordés par la Société de géographie et par vous, messieurs ; cette fois-ci ce n'est pas l'argent qui me fera défaut et qui m'empêchera de réussir ! »

CHAPITRE III

ENTRE LE SÉNÉGAL ET LE NIGER

Les Maures du Soudan occidental. — *Hassan* et *Cheik,* la caste des guerriers et celle des marabouts. — Franc-maçonnerie religieuse : *Zoua, Decker* et *Talibés.* — Mohamed-Fada. — Son petit fils Cheik-Saad-Bou. — Soleillet chez Saad-Bou. — En route pour l'Adrar. — Fâcheuse rencontre.

Soleillet n'était pas de la race de ceux qui se contentent de la juste notoriété que produit une première action d'éclat, et qui se trouvent heureux de s'endormir sur les premiers lauriers dus à leur initiative et à leur courage. Il s'honorait de compter parmi les entêtés sublimes qui croient n'avoir rien fait, tant que leur tâche n'a pas été accomplie dans son entier et que le programme qu'ils se sont tracé n'a pas reçu sa complète exécution.

Lui parlant de son voyage à l'Adrar, de la catastrophe qui l'avait brusquement interrompu et de la nouvelle expédition que le sublime entêté se proposait de faire au mois de juillet prochain, celui qui écrit ces lignes demandait un jour à son ami Soleillet :

— Espérez-vous cette fois atteindre le but de votre entreprise, visiter Tombouctou et rejoindre l'Algérie ?

— J'ai le ferme espoir de réussir, me répondit-il; j'en ai presque la certitude, mais si, par impossible, j'échoue encore, je recommencerai.

Tel était cet homme de fer, infatigable d'esprit comme de corps. Tels étaient aussi ces sublimes entêtés qui ont conduit jusqu au bout des entreprises analogues, les René Caillié et les Mungo-Park.

Entrons maintenant dans le vif du récit de ce quatrième voyage.
Ce sont d'ailleurs les notes textuelles que l'auteur de ce livre a écrites ou plutôt sténographiées sous sa dictée.

Les Maures du Soudan occidental qui vivent entre la rive droite du

Maures du Soudan occidental
Guerrier   Cheik

Sénégal et la rive gauche du Niger, se divisent en deux parties très distinctes : il y a d'abord les *guerriers* dont le nom maure est Hassan; ils forment une sorte d'aristocratie analogue à la noblesse du moyen âge; leur autorité est d'ailleurs très restreinte ; les chefs qui composent cet ordre ne peuvent conserver des soldats sous leurs ordres qu'à la condition de leur faire constamment des cadeaux ; ils ont pour montures des chevaux ou des chameaux coureurs, des *mehara*.

Les guerriers ne payent pas d'impôts; chaque tribu guerrière a, au contraire, une série de gens tributaires ; ce sont des marabouts payant le dixième de leur revenu ; les gens des villes (ksour) payent aussi un tribut aux guerriers qu'ils choisissent pour se protéger. Ces tribus belliqueuses sont constamment en guerre les unes avec les autres.

A côté des guerriers il y a des chefs marabouts *(cheiks* ou *vieillards vénérables)* qui ne payent rien à personne à cause de leur grade ; les uns y arrivent par leur naissance, c'est ce qu'on appelle la *bénédiction du sang*, d'autres par leur mérite, leur piété, ou les services rendus.

Ces marabouts passent tous pour faire des miracles. Soleillet a été plus spécialement en relation avec l'un d'eux, Cheik-Saad-Bou *(le bonheur de son père)*, issu d'une famille originaire du Maroc, et qui autrefois était dans le Massina, entre Tombouctou et Ségou. Ce marabout était extrêmement puissant quand l'Hadj-Omar s'est emparé de Ségou. Hadj-Omar est un Peul qui forma ce grand empire de Ségou, assiégea Médine et combattit le général Faidherbe. Le grand-père de Cheik-Saad-Bou, Mohamed-Fada *(glorifié comme l'argent)*, chassé par la guerre du Maroc, était arrivé et s'était fixé au Massina quand l'Hadj-Omar s'en empara et réclama un tribut au marabout :

— Ou tu te soumettras, dit-il, ou tu accepteras la guerre.

— Je ne me suis jamais soumis à personne, répondit Mohamed-Fada ; quant à la guerre, je ne l'accepterai pas davantage. Nous ne sommes venus dans le désert que pour vivre avec notre chapelet, et nous irons devant nous jusqu'à ce que nous trouvions une région où nous puissions vivre uniquement avec nos prières.

Mohamed-Fada et ses compagnons se dirigèrent alors vers l'ouest ; en passant au Walata, ils y laissèrent une portion de leur famille, puis ils traversèrent Tagand, où ils en établirent une autre, enfin ils parvinrent dans l'Adrar. Un neveu du Cheik Mohamed-Fada, qui s'appelait comme lui, s'y fixa et y acquit une très grande influence. C'est aujourd'hui la plus grande autorité religieuse du Tichid à l'Adrar.

Ces marabouts forment une sorte de franc-maçonnerie religieuse qui a ses rites et ses signes de reconnaissance. Leur rencontre est toujours suivie d'une poignée de main d'une façon particulière ; les deux mains s'allongent et se mettent en contact par les paumes, de façon à ce que les doigts viennent s'appuyer contre la peau de l'avant-bras ; là le médius se soulève et frappe trois coups en forme d'attouchement conventionnel.

Leur manière de prier constitue ce qu'on nomme le *decker*. Chaque musulman a un chapelet spécial qui se reconnaît par sa forme ; certaines prières sont attachées à chacun d'eux. Sur celui de Mohamed-Fada, la prière particulière était faite en ces termes :

« Dieu soit loué ! Mohamed est l'apôtre de Dieu, soit la nuit, soit le jour, dans la route, dans la tente, dans la maison ; soyons toujours avec Mohamed-Fada et ses enfants. Répète cela trois fois après chaque prière. »

Le decker est observé par les individus de toutes les classes.

Chaque marabout a une école où on envoie des enfants. Quand ils en sortent, ils prennent le decker du marabout chez lequel ils ont été élevés ; ils forment ainsi une imitation des tiers ordres du moyen âge. Il est inutile de rappeler à ce sujet que c'est parce qu'il était tertiaire franciscain que Christophe Colomb a découvert l'Amérique. En effet, la reine Isabelle appartenait à cet ordre au même titre. Le supérieur des Franciscains ordonna à la souveraine de venir en aide à l'explorateur, et ce fut ainsi que l'expédition projetée put avoir lieu.

Il résulte du decker une confraternité entre tous les membres de cette association ; ils se protègent les uns les autres et protègent aussi tous les membres de la Ziara.

Les marabouts envoient toutes les années des missionnaires *(Talibé)* voir tous les membres de l'association et recueillir des cadeaux pour le marabout. Ces dons constituent son casuel et sa fortune. A côté du decker, il y a aussi les *Zoua*, qui forment partie de la *Zaouia* ou maison du marabout. Ceux-là sont de véritables religieux, n'ayant rien à eux. Le marabout doit leur procurer tout ce qui leur est utile, même les femmes ; de leur côté ils doivent donner au marabout tout ce qu'ils possèdent.

Revenons à la famille des marabouts Mohamed-Fada. A côté de son neveu, il y a un de ses petits-fils : Mell Aïnin *(la joie des yeux)*, qui est très puissant dans l'Adrar. C'est lui qui a envoyé les trois marabouts qui ont été reçus à Alger et qui sont actuellement à la Mecque.

Soleillet fut informé de ce fait par les soins de M. Albert Grévy et du ministre; la nouvelle lui en arriva à Saint-Louis, et il comprit tout de suite l'intérêt qu'il y avait dès lors pour lui de s'adresser à ces marabouts et de se placer sous leur protection. Un d'eux s'était établi entre l'Adrar et le Sénégal, et il est devenu très puissant; c'est chez lui que Soleillet résolut de se rendre.

Il quitta Saint-Louis le 16 février et se dirigea chez ce marabout, nommé Saad Bou. Il avait rencontré à Saint-Louis Bou-el-Mogdar, le chef religieux du Sénégal *(Tamsir)*, et en même temps, cadi; il est aussi l'interprète et le secrétaire pour l'arabe du gouverneur. Pour ne point oublier ses titres, ajoutons qu'il est officier de la Légion d'honneur, décoré du médjidié de Turquie, et que c'est le premier noir qui ait fait le pèlerinage de la Mecque. Il trouva à Soleillet deux « talibé », Abd-Allah et Ibrahim qui partirent avec lui. Un chamelier Madj-Fout Berbère de l'Oued-Noun et un domestique noir de Saint-Louis, Bou-Bakar-Kann-Dialo complétèrent la petite caravane.

L'expédition comprenait cinq chameaux chargés et une petite mule venant de Mostaganem, qui servait de monture à l'explorateur. On arriva sans encombre le 15 mars chez le cheik.

Sa tente, grande et aérée, se dressait à droite au milieu d'une vaste plaine, sous un arbre; deux ou trois autres tentes, dont une en poils blancs, s'élevaient autour de la sienne. Le camp lui-même se composait d'une vingtaine de tentes et tout autour on apercevait, de distance en distance, d'autres petits camps.

A l'arrivée du voyageur, les gens du cheik sortirent de sa demeure, et les nombreux enfants qui étaient chez lui, vinrent le saluer en lui baisant les mains. Tous affectaient une gravité monacale. On le fit arrêter à une extrémité du camp, où on lui dressa une grande tente dans l'intérieur. Ces travaux furent dirigés par un talibé à tête d'apôtre, vêtu d'une blouse bleue et par-dessus d'un burnous, qui ressemblait à une cagoule.

On couvrit alors le sol d'un « granè » tapis en laine du Sahara; la tente aussi était faite d'une étoffe de laine en poils de mouton et de chameau noir.

A six heures, la foule qui entourait la tente partit comme une flèche et alla baiser la main du cheik qu'elle vit sortir. Celui-ci présenta à chacun, soit la paume, soit le dos de la main, suivant la faveur qu'il voulait faire; c'est la première manière qui constituait la plus grande faveur. Ils se mirent alors à la suite du cheik, en procession sur deux lignes, et ils chantèrent sous forme de litanie : *allah Mallah!* (Dieu est Dieu !) Par intervalles, à un certain moment, d'une voix forte il disait : *Allah!;* quatre ou cinq répondaient ensemble : *akbar* (très grand); puis un groupe d'une dizaine s'arrêtait, se mettait à branler la tête et faisait ensemble à plusieurs reprises : brrr!... brrr!... brrr...

Le cortège vint se placer à deux cents mètres de la tente de Soleillet; on plaça là une peau de mouton dirigée du côté de la Mecque; le cheik fit ses ablutions avec du sable, en passant les mains sous le voile qui lui cachait la figure. Il commença alors la prière, parlant lentement, psalmodiant avec une belle voix de baryton, faisant rouler les *r* dans *raman ramini* et appuyant sur le mot *anastai* (le clément). Lorsqu'il fit ses génuflexions, un homme était obligé de le relever, car il est énorme. Sur les sept heures, après avoir terminé la prière, il fit appeler le voyageur et resta un quart d'heure à lui dire des banalités : et ils se quittèrent.

Le marabout avait regardé longtemps l'explorateur dans les yeux, car il se piquait de pouvoir lire les plus secrètes pensées; l'examen, d'ailleurs, parut très satisfaisant, car il déclara à ses gens qu'il n'y avait rien dans l'étranger que de bon. Il envoya au nouveau venu du lait, des dattes et un mouton; Soleillet lui fit porter par le talem Abd-Allah une lettre du gouverneur et une autre de Bou-el-Modgar; il le fit en même temps prévenir qu'il avait une lettre du grand chérif de la Mecque. Il lui envoya aussi ses cadeaux dans une caisse en fer blanc : c'étaient des tapis, des mouchoirs en soie, du girofle, de l'ambre, du corail, des portefeuilles et autres bibelots auxquels était joint un grand parapluie en soie.

Le lendemain, 16, au lever du soleil, les mêmes cérémonies que la veille furent accomplies; le cheik, après la prière, alla chez Soleillet : un captif portait sa peau de mouton. Le cheik, très gros, complètement voilé avec un pagne en coton noir du Soudan, qui ne laissait voir que les yeux, était coiffé d'un bonnet rouge autour duquel s'enroulait un énorme turban blanc. Les yeux et les mains, les seules choses qu'on put apercevoir, étaient très bien. Un de ses frères, nommé Baba, se trouvait avec lui. Soleillet lui présenta avec cérémonie la lettre du grand chérif; avant de la lire, il appuya la main sur le sceau, la passa ensuite sur son visage et la fit toucher aux gens de son entourage. Une vieille femme placée en dehors de la tente chanta ensuite en criant ses louanges.

Soleillet lui expliqua alors le but de son voyage.

— Comme vous le savez, lui dit-il, nous possédons l'Algérie et le Sénégal; je suis un marabout comme vous; comme mes compatriotes savent que j'ai visité In-Çalah et Ségou, que je suis à Saint-Louis l'ami de Bou-el-Mogdar, mon gouvernement, désireux de connaître les gens qui habitent près de ses colonies, ceux qui son bons et honnêtes pour se confier à eux et s'en faire des amis, et pour se tenir loin de ceux qui sont mauvais, voulant connaître, en outre, les produits de nos manufactures que vous désirez vous procurer, m'a envoyé pour voir tous les hommes et toutes les terres qui sont entre les deux colonies.

Le cheik répondit que de tout cela il ne pouvait résulter que du bien, que les hommes étaient faits pour se connaître et que lui n'avait jamais désiré qu'une chose, prier Dieu, s'occuper de ses troupeaux et faire du commerce.

Le 18 mars, après avoir reçu des visites et des lettres de recommandation, Soleillet reçut le matin la visite du cheik; celui-ci lui présenta un jeune homme de sa famille, le talem Moktar, qu'il lui donna pour l'accompagner. Moktar se coucha devant le cheik, qui le bénit en lui imposant les mains sur la tête.

Un vieux chérif, auquel le voyageur avait fait un cadeau, vint le trouver, lui demanda sa main, et dans la paume, avec son doigt, il écrivit une prière. Après cela la caravane partit et le talem l'accompagna. Elle s'avança à travers une région assez accidentée.

Le 20 mars, le soir arrivant, Soleillet ordonna de camper. Le paysage était des plus monotones; une grande plaine semée de quelques broussailles et à 600 mètres une montagne en forme de pain de sucre. Rien de plus simple d'ailleurs que le campement. Pas l'ombre d'une tente : les ballots étaient entassés et formaient une sorte de fer à cheval; à l'intérieur, dans l'espace vide, se trouvait à gauche une selle sur laquelle furent posées les armes, fusils et revolvers ; à droite le garçon nègre s'assit. D'un côté de cet amoncellement de ballots paissait la petite mule ; de l'autre brûlait un feu autour duquel se tenaient accroupis trois marabouts.

Soleillet s'éloigna, suivant sa coutume, pour aller faire ses observations géographiques sans se préoccuper de la rencontre qu'ils avaient faite le matin de six Maures montés sur des chameaux et armés de fusils, se disant gens d'Ely apportant des nouvelles d'une de ses bêtes de somme qui avait été volée à la caravane.

Dès que ces bandits perdirent de vue le chef de l'expédition, ils se précipitèrent sur le malheureux domestique, ou plutôt sur les armes déposées sur la selle et dont ils voulaient s'emparer. Bou-Bakar-Kann-Dialo se précipita à corps perdu sur le chef des pirates qui mettait la main sur les armes, et le terrassant, le retint vigoureusement sous son genou ; les compagnons du bandit s'élancèrent sur lui et armés l'un d'un couteau, les autres de bâtons, l'assommèrent aux trois quarts. Les marabouts présents protestaient vivement et levaient les mains au ciel ; leur croyance leur interdisait le droit de frapper, même pour défendre leur vie.

Soleillet voyant de loin la lutte entamée accourut aussitôt ; il put s'emparer d'un revolver et en donner un à son fidèle Bou-Bakar. Le cheik informé de cette agression honteuse, envoya trois personnages pour engager les pillards à se retirer. Ceux-ci se précipitèrent sur les bagages et s'emparèrent de tout ce qui put leur plaire, ne laissant au voyageur que sa mule et ses instruments.

Certes ! Soleillet aurait pu entamer la lutte avec ces bandits ; peut-être même serait-il sorti victorieux de la bagarre ; mais il se fermait à jamais le Sahara où les rancunes et les vengeances s'éternisent. Il revint à Saint-Louis et ne songea plus dès lors qu'à recommencer sa noble entreprise.

CHAPITRE IV

EN ROUTE POUR MÉDINE

Indiscrétion d'un correspondant et d'un journaliste. — L'expédition Galiéni. — Ce qu'il en coûte de dire crûment la vérité à un gouvernement. — Les projets de Soleillet misérablement entravés par une rancune de fonctionnaires.

Soleillet rentré en France se mit en campagne avec cette sublime persistance qui ne s'est jamais démentie. Il se présenta devant les Sociétés de géographie, devant les Chambres syndicales, devant les Chambres de commerce.

Bientôt il avait converti tout le monde à sa foi. Le Ministre des Travaux publics l'avait adjoint comme membre à la Commission officielle du Transsaharien ; puis une mission lui avait été donnée avec les fonds nécessaires, sinon pour l'exécuter en entier, au moins pour aller de l'avant.

L'intrépide explorateur parti de Saint-Louis, était arrivé à Médine sur les rives du fleuve Sénégal et allait s'embarquer dans l'inconnu, quand des événements mesquins vinrent l'arrêter et l'immobiliser.

Avant de partir de la capitale du Sénégal, Soleillet avait écrit à un ami de Paris une lettre confidentielle et qui ne devait recevoir nulle publicité. L'ami fut indiscret et communiqua la lettre au *Rappel*, qui l'imprima *in extenso*. Voici cette lettre. Elle donnera à nos lecteurs la mesure du libéralisme qu'apportent dans leurs fonctions certains militaires ou marins chargés de gouverner nos colonies :

« Mon cher monsieur,

» Je suis fatigué, las, ennuyé ; jamais je n'ai eu le travail aussi lent et aussi pénible. La chaleur m'abat, et le désir d'avoir des nouvelles d'Europe, des miens, de vous, est pour beaucoup dans cet état de malaise.

» Je vais, dans quelques jours, reprendre mon voyage et je compte sur ces nouvelles fatigues pour me délivrer de l'ennui qui m'accable.

» On attend ici une brigade topographique pour le chemin de fer de Médine au Niger. Il y a un gaspillage d'argent incroyable. On ment partout et sur tout, et l'on prépare ainsi la ruine d'une idée qui promettait d'être féconde en résultats heureux ; mais l'ineptie de la soldatesque à laquelle ce pays est livré, n'a de comparable que sa rapacité et son désir de jouir ; c'est une curée.

» Je vous envoie un extrait du journal du Sénégal, relatif à l'expédition Galliéni, afin qu'on puisse distinguer le récit vrai de celui qui ne l'est pas (1).

» L'expédition Galliéni avait pour mission de se rendre à Ségou-Sikoro, par la route ouverte que j'avais parcourue sans difficulté. J'ai reçu du sultan Ahmadou la plus grande hospitalité :

» Au lieu de profiter de ces bonnes dispositions, on a voulu traverser des pays en guerre les uns avec les autres et tâcher de les amener tous à s'allier avec nous.

» Le résultat de ce beau projet a été le massacre des noirs qui accompagnaient M. Galliéni et le pillage de ce qu'il possédait, environ 200 000 francs. Jusqu'à présent, cette expédition a coûté plus de 300 000 francs.

» Après cette défaite, M. Galliéni aurait fait acte de prudence et de sagesse en revenant au Sénégal ; mais, sans doute par amour-propre, il a voulu pousser en avant.

(1) Le récit de l'expédition Galliéni a été fait par nous dans un drame géographique du *Journal des Voyages*.

» Il arrive ainsi, dépouillé de tout, chez Ahmadou, après avoir essayé de traiter avec les ennemis de ce sultan et même après avoir traité avec un rebelle, le chef de Kita. Il est pris avec ses trois compagnons et interné dans un village des environs de Ségou.

» Ahmadou est venu le voir pour s'assurer si la mission française était bien gardée et ne manquait de rien. Toute communication lui est interdite avec les indigènes.

» Les membres de cette mission ne seront probablement rendus que contre une rançon. Vous voyez le mauvais effet qui résulterait pour notre influence si Ahmadou venait à dicter des conditions.

» Voilà la situation. Le gouverneur cherche à donner le change. C'est en vain : la vérité est connue par les gens de Ségou qui viennent à Saint-Louis. Aucun des nombreux courriers envoyés par le gouverneur, n'a apporté des nouvelles de M. Galliéni.

» Un capitaine d'infanterie de marine va passer en conseil de guerre. Il est accusé d'avoir, comme commandant de poste, volé et fait du commerce.

» Une expédition se prépare pour aller construire un poste à Kita, sur le Niger. L'idée est sans doute excellente ; seulement je me demande par quels moyens on espère la réaliser.

» Je vous serre la main. »

Telle est en son entier cette lettre dont les conséquences ont été si fatales à l'expédition de Soleillet. Nous demandons de bonne foi, si, malgré quelques termes un peu vifs, elle dépasse l'ordre de choses qu'un homme envoyé en mission scientifique a le droit et le devoir d'étudier et de faire connaître.

Toujours est-il que, le 1er décembre, la dépêche suivante fut communiquée à Soleillet :

« Par ordre du Ministre des Travaux publics et du Ministre de la Marine ; M. Soleillet rentrera en France et on ira le chercher dans le cas où il serait parti de Saint-Louis pour l'intérieur.

» M. Soleillet doit rendre ses comptes avant de quitter la colonie. »

Quand le voyageur reçut cet ordre brutal, transmis par l'ancien gouverneur au commandant de Bakel, il ne sut à quoi attribuer cette disgrâce. Personne ne lui parla de sa lettre reproduite par un journal de la colonie et il se creusa vainement l'esprit.

Il protesta néanmoins avec toute l'énergie que lui donnait la conscience de son bon droit et dans une dépêche adressée au gouverneur il fit valoir :

1° Que sa qualité de citoyen français lui donnait le droit de se placer, lui et ses propriétés, sous la protection de la loi française;

2° Qu'ayant reçu du Ministre des Travaux publics une mission à forfait, les sommes qui lui avaient été accordées, les objets qu'on lui avait donnés, étaient sa propriété légitime. Qu'il ne pouvait avoir de comptes à rendre qu'autant qu'il renoncerait volontairement à poursuivre sa mission.

Le gouvernement dictatorial des colonies a peu coutume de s'arrêter devant une illégalité.

Le 13 décembre, un sergent, accompagné d'un magasinier de Kita, et commandant une troupe armée composée d'une dizaine de tirailleurs, auxquels on avait eu soin de distribuer des cartouches, se présenta chez Soleillet, alors logé dans un magasin appartenant à des négociants de Bordeaux, MM. Maure et H. Prom.

Voici en quels termes un témoin oculaire nous a décrit cette scène dramatique :

« J'étais, dit-il, sur la place, au moment où le sergent Roth s'y présenta à la tête de ses tirailleurs. Paul Soleillet était debout, appuyé contre un des montants de la porte formant l'unique ouverture du magasin qui lui servait de chambre. Il fumait gravement sa pipe; près de lui étaient assis deux de ses serviteurs, Samba-Sal et son fidèle Bou-Bakar, portant pendue sur la poitrine la large médaille d'honneur que lui a value sa belle conduite dans l'expédition de l'Adrar.

» L'intrépide voyageur vit arriver cette force armée sans qu'une fibre de son visage décelât la moindre émotion. Quant à ses compagnons, je les vis pâlir et presque s'affaisser.

» Quand le sergent eut disposé ses dix hommes en ligne, le fusil au poing à quelques mètres seulement de Soleillet, toujours adossé à son angle de porte, je me sentis saisi d'un frisson de terreur qui me pénétra jusqu'aux os.

» Je crus sérieusement que ces hommes avaient reçu l'ordre de le fusiller. Je n'étais pas seul et tous ceux qui, comme moi, étaient accourus pour voir les événements, crurent également que ce malheureux voyageur, aimé et vénéré ici par tout le monde, n'avait plus que quelques instants à vivre.

» Heureusement les choses furent moins dramatiques que nous ne l'avions craint et tout se passa en pourparlers entre M. Soleillet, le sergent Roth et M. Lénard, magasinier de Kita. Malgré les vives protestations du voyageur, le sergent, observant sa consigne, pénétra de force dans le domicile où lui et son compagnon firent main-basse, sans autre forme de procès, sur tout ce qui constituait la propriété de l'explorateur, instruments d'exploration, armes et marchandises de toutes sortes. »

C'est ainsi, et à la suite de cet acte de violence, qui est loin, selon nous, d'être justifié, que Soleillet se vit contraint d'ajourner la réalisation de ses grands projets dans le Sahara et le Soudan, projets, hélas! qu'il ne devait pas reprendre.

LIVRE III

DANS L'AFRIQUE ORIENTALE

CHAPITRE PREMIER

OBOCK

Soleillet met un signet à son livre du Sahara. — Entreprise commerciale. — Conduite d'une expédition sur la côte orientale d'Afrique. — Installation à Obock. — Meurtre de Pierre Arnoux. — Relations établies avec l'Ethiopie et le Choah. — M. Léon Chefneux. — Premières caravanes arrivées à Obock. — Le roi Menelick en compte avec la Société Française. — Soleillet part pour le Choah. — Comptoir fondé à Sagallo. — Concessions obtenues de Menelick. — Excursion au Kaffa. — Embarras causés en France à l'explorateur. — Développement de la Société en Afrique pendant qu'elle se dissout à Paris. — Tadjourah. — Sagallo, territoire donné à Soleillet par le sultan Loïtah.

« Mettez un signet au livre, » disait à Soleillet, sous forme de consolation, l'illustre M. de Lesseps, qui connaissait bien la ténacité inébranlable de son caractère et qui savait qu'il ne renoncerait pas, malgré tous les obstacles, au projet qu'il avait caressé toute sa vie. Soleillet suivit ce conseil.

Une société venait de se fonder, à Paris, pour l'exploitation de notre possession d'Obock et pour nouer des relations commerciales avec l'Ethiopie.

Voici en quels termes Soleillet raconte la façon dont il fut mis en relations avec cette société et comment il en devint l'agent général.

Ce récit fait partie d'une lettre importante qu'il écrivait le 1ᵉʳ septembre 1883 à M. Gabriel Gravier, président honoraire de la Société normande de géographie, de Rouen, un de ses amis les plus intimes.

« Un de mes amis, M. Louis Lebrun, me prévint, en mai 1881, que le gérant d'une société de commerce pour l'Afrique désirait m'entretenir et il me donnait l'adresse de M. Albert Godin, 30, rue de Chabrol, à Paris.

» Je me rendis chez ce dernier ; il me parla d'Obock et de l'Ethiopie et me proposa le commandement d'une expédition que sa Compagnie voulait envoyer à la côte orientale d'Afrique pour, me dit-il, y fonder des comptoirs et y créer des relations, tant avec les indigènes du littoral qu'avec ceux de l'intérieur du continent.

» Je demandai quinze jours pour réfléchir sur les propositions qui m'étaient faites ; je les employai à recueillir des renseignements sur Obock et l'Ethiopie ; une portion me fut fournie par notre collègue et ami le secrétaire d'ambassade François Deloncle, l'autre par notre collègue et ami, mon compatriote, le voyageur Georges Revoil.

» Je relus les ouvrages des frères d'Abbadie, de Rocher d'Héricourt, de Ferret et Gallignet, de Tamisier, de Raffray, de Rivoyre sur l'Ethiopie, le rapport du commandant Vallon et autres documents officiels sur Obock, etc., et j'acquis la conviction qu'il était possible avec le capital restreint de 600 000 francs dont disposait la Société française d'Obock, de fonder un établissement sérieux et de faire, en Afrique, quelque chose de profitable pour la France, tout en restant fidèle au programme que je me suis tracé depuis 1865 : *Ouvrir des voies, créer des relations entre nos possessions d'Afrique et l'intérieur du continent.*

» Je suivis le conseil du grand Français et *fermant le livre, non sans mettre le signet,* j'acceptai les propositions qui m'étaient faites ; et aussi, pourquoi ne pas le dire, je suis pauvre et père de famille ; dans l'espoir de gagner un peu d'argent, je signai, le 30 juin 1881, avec la Société française d'Obock, un engagement, où il était stipulé que :

» 1° Je prenais le titre d'agent général ;

Rade d'Obock. (D'après une photographie).

» 2° Je recevrais mission de fonder des comptoirs à Obock et sur tout autre point de l'Afrique qui me paraîtrait avantageux;

» 3° J'établirais des relations commerciales avec le littoral et l'intérieur de l'Afrique;

» 4° Si je quittais la Société je m'engageais à ne pas m'occuper d'affaires dans cette portion de l'Afrique;

» 5° En juin 1883, époque où devait finir la Société, je devais recevoir le 10 o/o de l'actif social; en cas de mort, il devait être compté à mes héritiers;

» 6° Dans le cas de la continuation de la Société ou de sa transformation après juin 1883, une position d'inspecteur m'était réservée dans la nouvelle Compagnie; je devais résider à Paris, recevoir un traitement annuel de 15,000 francs, plus 10 o/o des bénéfices.

» Pour le moment un traitement insignifiant (10,000 francs), vu la mission dont j'étais chargé, m'était alloué.

» Mon premier travail pour cette Société fut un rapport inutilement adressé à son gérant au mois de septembre 1881, et dont la conclusion était qu'il ne fallait apporter à Obock que des *thalari*, des *armes* des *tissus*, du *charbon*.

» Au mois de novembre 1881, je pris au Havre le commandement de l'expédition que je devais conduire à la côte orientale d'Afrique. Le navire qui m'était confié représentait avec sa cargaison, lorsque nous l'eûmes complétée à Anvers et à Port-Saïd, un capital maximum de 400,000 francs, savoir :

1° Le navire armé . . . . Fr.	200.000
2° Les provisions et le matériel	100.000
3° Les fonds et les marchandises.	100.000
Total . . . . . . Fr.	400.000

» Il est à noter qu'une grande partie des marchandises de la cargaison, pour plus de 30,000 francs : sucre, farine, liquide, verreries, étaient invendables à Obock.

» C'est dans ces conditions, qu'après avoir pris possession des îles Subâ, j'arrivai à Obock le 12 janvier 1882.

» Mon premier soin en arrivant fut de choisir un emplacement propre à l'érection d'une factorerie, et après l'avoir fait entourer d'une zariba et y avoir fait construire un baraquement pour les employés de la Société, je me rendis à Aden, pour envoyer mon courrier en France.

» Rentré à Obock, je dressai le plan de la factorerie à faire construire, ainsi que celui de la concession à demander, concession contenant des terrains propres à être transformés en marais salants, jardins maraîchers, terres de cultures, parc à charbon. J'envoyai ces plans au gérant de la Société, à Paris, et en déposai les doubles au Consulat de France, à Aden.

» Je fis ensuite partir M. Léon Chefneux pour le Choah par la voie de Zeïlah, la seule ouverte en février 1882, et fus avec M. A. Deschamps (à qui M. Godin avait écrit de Paris pour le prier de s'occuper d'affaires avec moi), faire une reconnaissance de la côte d'Ethiopie, de Zeïlah à Assab.

Ce fut à ce moment, en mars 1883, que survint la mort de M. Arnoux.

Voici en quels termes Paul Soleillet écrivait à l'auteur de ce livre ce dramatique événement :

Obock, le 6 mars 1883.

« Mon cher ami Gros,

» Le trois mars, à trois heures et demie de l'après-midi, M. Pierre Arnoux, directeur de la Société Franco-Éthiopienne, a été assailli à quelques mètres de sa factorerie par trois Danakil et frappé de neuf coups de lance et de couteau. Je vous adresse ci-joint des photographies qui pourront servir à illustrer cette catastrophe.

» Voilà la scène telle qu'elle s'est passée :

» Deux des indigènes étaient armés de lances et le troisième n'avait qu'un couteau.

» Quand on a relevé M. Arnoux, il était en bras de chemise ; son chapeau, un casque d'explorateur, était à côté de lui, ainsi que son porte-cigare et un cigare à moitié consumé. Il avait des cailloux dans la main droite et était étendu sur le dos.

» Ce meurtre a été la suite d'un fait qui s'est passé, dans la nuit du 13 au 14 décembre dernier, dans la factorerie de M. Arnoux, où un Dankali, surpris pendant qu'il volait des marchandises, fut tué d'un coup d'arme à feu.

» Depuis, le *prix du sang* avait bien été payé, ainsi que le veulent les usages locaux ; mais, malheureusement, l'arrangement avait eu lieu entre les chefs Danakil et l'équipage du navire de guerre le *Forbin*.

» L'argent ne fut pas versé à la famille, dont les membres, n'ayant pas reçu la somme convenue, devaient, suivant l'usage, venger leur parent mort.

» C'est ce qu'ils viennent de faire.

» Je dois avouer que M. Arnoux était loin d'avoir les sympathies des indigènes, qu'il maltraitait volontiers.

» Cet événement déplorable est donc le résultat d'une vengeance personnelle et bien préméditée. C'est bien Pierre Arnoux qu'on a voulu tuer, et non un Français ou un Européen quelconque.

» L'on connaît les noms des trois assassins, et il faut espérer qu'ils seront punis comme ils le méritent. Cela est essentiel, ne fût-ce que pour donner un exemple.

» Lorsque M. Arnoux a été tué, j'étais, avec le bateau de la Compagnie, en exploration sur la côte. J'envoie tous les détails que j'ai sur cet événement à notre consul à Aden. »

Reprenons maintenant la lettre dans laquelle Soleillet raconte à son ami Gabriel Gravier les événements qui accompagnèrent son installation et ceux qui signalèrent la dissolution de la Société française d'Obock.

» Grâce, dit le voyageur, à la précaution que j'avais prise à la suite du décès de M. Arnoux d'organiser militairement mon personnel, nos affaires commerciales ne furent pas interrompues.

» Lorsque notre gérant vint, en 1882, visiter Obock, je pus lui présenter une certaine quantité de marchandises achetées à Obock ou sur la côte (perles, nacres, écailles, café, plumes d'autruche, peaux de bœufs et de chèvres) et lui annoncer que, grâce aux démarches que j'avais faites auprès des chefs afars, j'espérais qu'une caravane chargée de peaux et partie du Choah pour Tadjourah serait dirigée sur Obock.

» Cette caravane arriva en effet quelques jours après, et les marchandises en furent achetées par notre gérant lui-même.

» En juin 1882, je reçus un courrier de M. Léon Chefneux et un contrat qu'il avait passé avec le roi du Choah, Menelick II.

» C'était un succès complet. Il aurait fallu être fou pour demander davantage ; il aurait été même téméraire de l'espérer en quittant la France.

» En juillet 1882, nous arrivait à Obock, une caravane envoyée par le roi du Choah ; elle était chargée d'ivoire, de café, de musc, de cardamone, de kousso, de berberi, de peaux tannées, de plumes d'autruche.

» La plus grande partie des ivoires appartenaient à S. M. Menelick II, qui nous les envoyait comme acompte sur l'affaire qu'il avait traitée avec M. Léon Chefneux ; les autres marchandises étaient la propriété des conducteurs de la caravane du roi, de marchands du Choah et de chasseurs somalis qui s'y étaient joints.

» Il faut savoir, c'est important à noter, qu'en janvier 1882, époque de notre arrivée à Obock, M. Pierre Arnoux, qui y était installé, avec une mission semblable à la mienne, depuis juin 1881, n'avait pas encore pu envoyer au Choah ni recevoir du Choah, par la voie d'Obock, même une lettre ; qu'en février je faisais partir pour le Choah M. Léon Chefneux par la voie de Zeïlah ; qu'à Assab il ne s'est encore (en septembre 1883) traité aucune affaire avec le Choah, et qu'en juillet 1883 nous recevions la deuxième caravane venant du Choah, et que nous avions pu échanger avec ce royaume deux courriers. »

Si, dans cette lettre, Soleillet insiste tant sur les résultats qu'il a déjà obtenus, c'est qu'il venait de recevoir de son ami Gabriel Gravier, en date du 29 août 1882, une lettre qui se terminait par ce *post-scriptum* :

« Au moment où Soleillet recevait du Choah une caravane richement chargée, où il agrandissait son cercle d'action et se mettait en route pour la cour du roi Menelick II, la Société Godin et Cie faisait prononcer sa dissolution par le Tribunal de commerce de la Seine. Elle annonce que le capital engagé est insuffisant et que celui souscrit est complètement perdu. Cette décision est d'autant moins com-

Guerrier Dankail. (D'après une photographie).

préhensible qu'elle se produit juste quand le succès paraît assuré, quand la récolte commence. » (Société normande de Géographie, *Bulletin* de septembre-octobre 1882, pages 306 et 307.)

Cette singulière décision fut pour le voyageur l'occasion de protester contre une dissolution que rien ne justifiait, et c'est alors qu'il écrivit la lettre dont nous avons déjà donné des extraits et dont nous citerons la fin, dans le désir d'en terminer une fois pour toutes avec la défunte Société française d'Obock et son gérant, M. Albert Godin, de Paris.

« Notre installation à Obock, dit Soleillet, n'avait pas seulement attiré l'attention des indigènes de l'intérieur, mais aussi de ceux du littoral de la mer Rouge, de la mer des Indes. L'iman de Mascate, entre autres, envoya deux boutres à Obock pour se rendre compte des affaires qu'il pourrait traiter avec nous. Ce résultat n'a rien d'étonnant, Obock étant le seul point de toute la côte d'Afrique, de Massouah à Guardafui, facilement abordable en toute saison, le seul où le commerce soit libre.

» Le roi Menelick II, en nous envoyant des ivoires à Obock, nous demandait livraison de marchandises existant dans nos magasins, mais représentant une valeur supérieure à celle des ivoires envoyés. Refuser au roi, c'était s'exposer à le fâcher ; lui envoyer simplement les marchandises, c'était nous exposer (on n'est jamais pressé en Orient) à en attendre longtemps le paiement. Je pensai que le moment d'aller moi-même au Choah était venu.

» J'affrétai une barque et je me rendis à Aden avec les ivoires envoyés par S. M. Menelick II ; je les y vendis très avantageusement. J'avertis par lettre le gérant de la Société des résultats de cette opération et l'informai de mon prochain départ pour le Choah, et lui indiquai les motifs qui me faisaient regarder ce voyage comme indispensable.

» Cela fait, je rentrai à Obock avec les fonds provenant de cette vente ; une partie y fut employée à acheter aux gens de la caravane les ivoires et le café leur appartenant ; l'autre, laissée à un commis de la Société, M. Charles Clouet, à qui je confiai la gestion des comptoirs d'Obock, et donnai l'ordre de faire continuer les travaux de la factorerie.

» Je partis ensuite pour Sagallo (août 1882); j'y établis un comptoir, en confiai la direction à M. Grand, pris possession du territoire cédé par le sultan Mohammed Loïtah à notre société, et partis pour le Choah, où, après un très heureux voyage, j'arrivai le 1ᵉʳ octobre 1882.

» Très bien accueilli par le roi Menelick II, ce souverain me promet pour la Société trois importantes concessions, savoir :

» 1° Chemin de fer ;

» 2° Oliviers ;

» 3° Un territoire.

» Il m'a déjà donné le Malcagnat de Gallane ; qui avait été précédemment choisi par un évêque, Mgr Torrens : c'est vous dire que le pays est bon.

» Ces résultats obtenus, j'envoyai M. Léon Chefneux à Obock, et partis pour le Kaffa, où j'arrivai en décembre 1882.

» Ainsi, en moins d'un an, c'est avec une vive et légitime satisfaction que je le constate, j'avais accompli la mission qui m'avait été confiée : fonder des comptoirs sur la côte orientale d'Afrique, créer des relations avec les indigènes du littoral et de l'intérieur.

» Rentré à Ankober fin janvier, j'y recevais, au mois de février, une lettre m'annonçant la mise en liquidation de la Société d'Obock. Cette lettre, signée par un avocat, ne me donnait aucun détail; depuis, je suis sans nouvelles de la Société. J'ai tout lieu de penser que l'on a tenu à Paris à me faire connaître cette situation le plus tard possible, car :

» 1° Ce n'est que par une lettre datée de Paris, fin septembre, que l'on m'avise de la liquidation prononcée le 4 août ;

» 2° Qu'au lieu de m'envoyer cette lettre par un courrier spécial, qui pouvait faire le voyage de la côte au Choah en 15 ou 20 jours, on attend pour me l'envoyer l'occasion d'une caravane ;

» 3° Et que ce n'est qu'en décembre qu'on fait partir de la côte une lettre expédiée de Paris en septembre.

» Que faire en apprenant la mise en liquidation de la Société ? deux choses m'ont paru devoir être faites :

» A. Faire payer la Société. Je lui ai fait envoyer, en juin dernier, une nouvelle caravane à Obock par le roi du Choah ; cette caravane est chargée de 106 cornes de musc et de 161 pointes d'ivoire ; et, sans être définitivement réglée, l'affaire faite avec le roi du Choah a déjà produit un très beau bénéfice ;

» B. Conserver l'actif social existant en Afrique. Il a une très grande valeur ; il ne peut être estimé, aujourd'hui que la Société est en liquidation, à moins de *3,000,000 de francs*. Il vaudrait au moins le double (1) si cette Société, ainsi qu'elle le pouvait, avait régulièment continué ses opérations ; quoi qu'il en soit, cet actif se compose :

» 1º Concession d'Obock, mesurée, délimitée, bornée, occupée par moi ; elle n'a pu être refusée que si le gérant, qui seul avait qualité pour le faire, l'a demandé. Cette concession comprend : une factorerie construite en maçonnerie, des terrains propres à être transformés en marais salants, des terres de culture, des jardins maraîchers, l'emplacement d'un parc à charbon ;

» 2º Concession de Sagallo, où je continue à faire entretenir un gardien. On n'a jamais contesté la propriété du fonds ; il a une très grande valeur, et cela, soit que Sagallo soit territoire français, anglais, égyptien, choanais, tout le monde a reconnu l'excellence de ce point. Il faut bien que Sagallo appartienne à quelqu'un ; or, nous y sommes propriétaires d'un terrain de 500 mètres de côté, cela est incontestable et incontesté ;

» 3º Les contrats passés avec le roi Menelick : ils ont pour ce souverain toute leur valeur, il est prêt à en tenir toutes les clauses ;

» 4º Les promesses de concessions faites par le roi du Choah : il est prêt à les transformer en contrat écrit, au nom de qui peut les passer ;

» 5º Le Malcagnat de Gallane ; il a comme étendue une journée de longueur et une demie de largeur ;

» 6º Mon voyage à Kaffa : il a ouvert un champ immense aux opérations de la Société ; je n'ai acheté à Kaffa qu'un seul sac de café. Que demain on m'en donne l'ordre et les moyens, j'en achèterai des tonnes, ainsi que de l'ivoire, gingembre, cardamone, musc.

» Il n'y a qu'un seul moyen de conserver cet actif, c'est de ne pas

---

(1) Je lis dans les statuts de la *Compagnie Franco-Belge de la côte orientale d'Afrique*, que les études, démarches, promesses de concessions, représentant le 20 o/o du capital social ; il est de *10,000,000 de francs* et peut être porté à *25,000,000 de francs*.

abandonner Obock, où est M. Chefneux, ni le Choah, où je suis. Le jour où nous quitterons l'un ou l'autre la place, des gens (ils ont déjà écrit au roi Menelick *des lettres, ainsi que je l'ai appris depuis, arrivées en octobre à Aureillo, l'informant de la liquidation de la Société que je n'ai connue qu'en février*) sont là pour profiter de tout ce qui a été fait par notre Société et s'approprier ce qui est actuellement la propriété de nos actionnaires, et un peu la mienne aussi.

» Car le 10 0/0 de l'actif social, au 30 juin 1883, m'a été cédé par contrat ; cet actif ne pouvant être estimé à moins de 3,000,000 *de francs,* c'est donc *300,000 francs* légitimement et péniblement gagnés que je perds si la Société l'abandonne.

» Vous me connaissez assez, mon cher ami, pour savoir que je me consolerai aisément de cette perte ; que j'oublierai facilement tout, travaux, fatigues, dangers, si ce que j'ai fait à Obock, à Sagallo, au Choah, chez les Oromons de Djema, chez les Guerra, les Limoux, les Gomas, les Sidamas de Kaffa, sur les rives de l'Abaî, de l'Oromo, de l'Haouache, contribue à l'extension en Afrique du commerce, de l'industrie, de la civilisation de la France.

» D'après votre *post-scriptum,* notre Société, en faisant prononcer sa liquidation par le Tribunal de commerce, aurait donné pour raison l'insuffisance de son capital. Cela est discutable : la perte totale du capital souscrit ne pouvait être exacte en août 1882, puisque ce ne l'est pas en septembre 1883, plus d'un an après.

» Quelles sont alors les causes de la liquidation ?

» Vous les ignorez et moi aussi, mon cher ami, mais : *n'oubliez jamais, jamais, au moins, que je suis étranger à tout ce qui a été fait à Paris et aussi à Aden au nom de la Société française d'Obock.*

» Ce que nous avons fait en Afrique, je viens de vous l'exposer, et j'en assume bien volontiers toute la responsabilité ; je la revendique même, car s'il n'y a pas profit, il y a honneur. »

Maintenant que nous n'aurons plus à revenir sur ces histoires de liquidation de société, rien ne nous arrêtera plus dans le récit des beaux voyages qui ont terminé l'épopée d'une existence trop courte et pourtant si bien remplie.

Le dimanche 20 août 1880, les Éthiopiens de la caravane du roi de Choah, qui sont chrétiens, célébraient à Obock la fête de la Transfi-

Conducteurs de caravanes. (D'après une photographie).

guration du Christ sur le mont Thabor. Ils firent de grandes démonstrations amicales à Soleillet qui préparait son voyage auprès du roi Menelick II.

Il quitta Obock le mardi 22 août monté sur sa mule Rosine. Il était précédé par Mohamed Dim, le fils du sultan qui a cédé Obock à la France et suivi du sultan Mohamed Loïtah.

MM. Gabra Mariem, un des secrétaires du roi du Choah, qui avait organisé et dirigeait la petite caravane et quelques autres personnages, Abd-el-Rahmann, cheik Yusef, etc., complétaient le cortège.

Ils arrivèrent le mercredi 23 août, à la petite ville de Tadjourah, qui compte de 7 à 800 habitants.

Les murs de la ville sont en terre, les maisons sont des cabanes en chaume et en boue desséchée.

Les Égyptiens y ont une garnison de 16 hommes et un agent des Douanes.

C'est là qu'est né le fameux Abou-Bekre, pacha de Zeïlah, et c'est son fils aîné, Ibrahim qui gouverne Tadjourah, avec le titre de bey.

La caravane d'ailleurs ne séjourna pas à Tadjourah. Après une courte halte, elle continua sa route jusqu'à la rencontre d'un puits où elle s'arrêta de nouveau.

Un charmant spectacle les retint là près d'une heure : des jeunes filles gracieuses, aux cheveux tressés, vêtues d'étroites tuniques bleues, parées de bijoux en cuivre et en étain puisaient de l'eau et formaient un tableau biblique.

Le lendemain, la caravane traversa Ambabo, village aujourd'hui abandonné, composé d'une douzaine de grandes cases et situé sur une butte qui domine la mer. C'est là qu'à son premier voyage au Choah, Pierre Arnoux et ses compagnons furent retenus 6 ou 8 mois par le pacha Abou-Bekre.

A 9 h. 15 m. du matin, les voyageurs atteignirent Sagallo, qui est une anse de la baie de Tadjourah et forme un excellent mouillage pour les grands boutres et les petits navires.

Situé au pied de la grande montagne Godah, Sagallo reçoit de l'eau en abondance. Ce point précieux du territoire a été donné à Soleillet par le sultan de Loïtah et l'acte de donation en a été déposé le 3 août 1882 au Consulat de France à Aden.

CHAPITRE II

VOYAGE AU CHOAH

Organisation de la caravane. — Éthiopiens et Afars. — Mules et chameaux : *Figaro* et *Rosine*, la chienne *Brûlée*. — Halte au torrent Moya. — Lanfrey de Marseille. — Le pays de Loïtah. — Les Afars. — Le mont Jugamara. — Chez le sultan Mohamed-Loïtah au pays d'Aéroli et Daka. — Défection du frère de Loïtah. — Dans l'Asbari. — Le Gayallé, pays de lait et de riz. — Les plaines d'Erred aux portes du Choah. — Rencontre d'un convoi afar. — Flèches empoisonnées. — Grandes chasses. — Une alerte. — Le camp des Afars Ouïmu. — Les moustiques et les moineaux. — Éléphants, singes, lions, hyènes. — Ali Fallo, chef de la tribu Sidi-Aboura. — Passage de l'Haouache. — Arrivée à Ferré, dernier pays musulman. — Les gaboris : privilège du roi. — Ankober : dans la maison de M. Chefneux.

La caravane fut organisée définitivement à Sagallo le mercredi 30 août et le départ fixé au lendemain.

Voici la liste des personnes qui accompagnent Soleillet :

1° M. Gabra Mariem, déjà cité, qui parlait et écrivait le français, l'arabe, l'amarigna, l'ouromon (gallal) et l'afar.

Cette science classait nécessairement le secrétaire du roi comme interprète de l'explorateur auquel il était appelé à ce titre à rendre de très grands services ;

2° Aillé Amara, au service particulier de Soleillet depuis son arrivée à Obock et qui devait plus tard l'accompagner en France ;

3° Erdau, Éthiopien d'Ankober, chargé de la tente ;

4° Tourra, Éthiopien, cuisinier ;

5° Le grand et le petit Circossé (le dernier surnommé Cartouche), chargés des mulets ;

6º Oula Gabriel, Toka, Tokaïl, Gabriel, Oldi, Éthiopiens dont le service devait être de charger et de décharger les chameaux;

7º Un Afar ou Dankali, Kamil et deux hommes de Tadjourah Mohamed et Abd-el-Rhamann qui devaient servir de guides.

Soleillet avait deux mulets pour son usage personnel : *Figaro*, petit mulet à robe isabelle que lui avait donné le sultan de Loïtah et *Rosine*, jolie mule noire, cadeau de M. Léon Chefneux.

Il possédait en outre huit mules ou mulets de selle pour ses hommes.

Ses chameaux transportaient les vivres et les bagages.

Les Éthiopiens avaient été armés d'un fusil, d'un revolver et d'un sabre, tandis que les Afars avaient leur lance, leur bouclier et leur couteau.

Ibrahim, l'ancien guide de M. Chefneux se joignit à la caravane avec son domestique, ainsi qu'un marchand de Farré, Mohamed et un Éthiopien du nom de Darras. Ceux-ci avaient deux mulets et un chameau.

La caravane était donc forte de 19 hommes, 12 mulets, 7 chameaux. Nous allions oublier la chienne *Brûlée*, bien qu'elle méritât une mention dans les annales géographiques. En effet elle était descendue du Choah à Aden avec le voyageur italien, capitaine Martini, qui l'avait laissée à Aillé, à Aden.

C'était un pur spécimen du chien-loup blanc et fauve d'Éthiopie et elle retournait au Choah.

La caravane ainsi organisée se remit en route le jeudi 31 août à 3 h. 15 m. du soir et campa à 6 h. 30 m., après avoir été rejointe par le sultan Mohamed Loïtah, grand guerrier et chef Afar.

Il arriva à pied, portant sur l'épaule comme un fusil, une longue gaule de bois blanc et son parapluie. Un enfant de dix ans, au plus, son neveu, le suivait, portant sa lance et son bouclier et tirant par la longe un petit mulet blanc.

Il était escorté de l'un de ses frères et de deux de ses guerriers.

Le lendemain on fit une longue étape et le surlendemain, 2 septembre, on s'arrêta dans un torrent nommé Moya, devant un trou plein d'eau.

Laissons pour le récit de cette aventure la parole à l'explorateur :

« On amène, dit-il, les mulets pour les faire boire et je m'engage dans le lit du torrent avec l'espoir de prendre un bain.

» Les berges, très élevées, sont formées par des murailles verticales de pierres noires et grises, qui décrivent des courbes sinueuses et forment de puissants échos.

» Tout fait effet : les sabots des mulets glissant sur les larges pierres luisantes qui dallent le lit du torrent, la voix des hommes, les glapissements de ma chienne *Brûlée* qui nous éclabousse en bondissant dans les marmites que l'eau a creusées.

» Le lit du torrent se rétrécit en étroit boyau. Je vais dans un endroit qui forme un coude et je monte sur des rochers polis comme du marbre, où je ne puis me tenir que nu-pieds et encore me faut-il l'aide d'Aillé. Quant à lui, il est joyeux et bondit comme un chamois.

» J'arrive à un endroit où une petite cascade se déverse dans une véritable baignoire ovale et je me livre au double plaisir du bain et de la douche.

» Pendant ce temps, mes gens m'ont installé un lit de repos contre le tronc d'un gommier, couché par les eaux. En examinant ce tronc, j'y découvre une inscription en lettres romaines, creusées au couteau, et ce n'est pas sans une très vive émotion que moi, Provençal, je déchiffre cette inscription : « LANFREY DE MARSEILLE ».

» M. Lanfrey était un employé de la maison Tramier, Lafage et Cie, de Marseille. Il fut tué lors du massacre de Musinguer pacha et de son armée par les Adals dans le Haoussa, il y a un peu plus de cinq ans.

» On m'a raconté depuis, à Ankober, un beau trait de M. Lanfrey.

» Il avait sa tête à côté de celle du pacha et il fut l'un des premiers blessés quand les Adals surprirent l'armée égyptienne. Il avait des domestiques très dévoués qui, le voyant blessé, le transportèrent dans une île de l'Haouache. Revenu à lui, il aurait dit :

» Non, ce ne serait pas honnête !

» Et s'échappant des bras de ses serviteurs, il vint tomber, percé de coups de lance, à côté des cadavres encore palpitants de Musinguer pacha et de sa femme. »

La caravane continua sa marche pénible à travers ce pays qui, comme le torrent, s'appelle Moya. Soleillet a proposé de le nommer Lanfrey.

On passa sur un plateau, d'où l'on dominait un lac salé de forme elliptique et occupant un ancien cratère ; puis à 6 heures un quart on arriva dans une dépression où l'on bivouaqua.

Le lendemain, dimanche, les voyageurs, après avoir traversé un pays sauvage et désolé, trouvèrent un lac salé qu'ils quittèrent après que Soleillet en eut constaté la hauteur qui est d'une centaine de mètres environ au-dessus du niveau de la mer ; puis ils entrèrent dans le pays de Loïtah, où ils campèrent pour passer la nuit sur un plateau pierreux appelé Datalacta.

Le lundi, 4 septembre, la caravane partie à 4 h. 55 m. du matin, rencontra, après moins de 3 heures de marche, les éclaireurs d'une caravane d'esclaves conduite par Maki, le fils d'Abou-Bekre, pacha de Zeïlah. Les voyageurs apprirent là par Maki la victoire remportée récemment par le roi Menelick sur Ras Addal.

Le jour suivant, la caravane, toujours montant et descendant, traversant des plaines sablonneuses, parfois herbues, escaladant des pentes pierreuses, arriva à une oasis plantée de palmiers, pour descendre encore dans un volcan, le pays de Kauri.

Là, croissaient dans les déjections volcaniques, quelques palmiers, des arbres épineux et des gommiers.

« On m'éloigne alors, dit Soleillet, de la route, pour ne pas me faire croiser la caravane d'esclaves que conduit Maki, le fils du pacha de Zeilah. J'aime autant cela.

» A 10 heures, des Afars qui coupent des palmiers nous viennent voir. Ce sont de véritables bêtes sauvages. Leurs jeunes filles sont des squelettes ambulants. C'est un monde de voleurs qu'il faut tenir à distance. On leur crie : *katto! katto!* va-t'en ! va-t'en ! Ils ne s'en fâchent pas et reviennent.

» Je prends un bain dans une flaque d'eau et, en revenant, je trouve un mollusque d'une espèce nouvelle. Mohamed Loïtah me quitte pour aller m'attendre à son camp ; mais son frère reste avec moi.

» Nous rencontrons une caravane qui va aux lacs chercher du sel. Les Afars font avec des nattes de 0^m,25 à 0^m,30 sur 0^m,40 à 0^m,50, des sacs qui, pleins, ont la forme de cylindres.

» Dans le lit d'un torrent que nous suivons quelque temps, coulent des filets d'eau. Ses deux rives sont couvertes d'une végétation luxuriante et beaucoup de gens coupent des palmes.

» Ce passage rappelle celui de la rivière de Guardaya, dans l'oasis du M'zab. Quand le regard, fatigué des pierres noires, tombe sur des plantes vertes, tout être humain est enthousiasmé ; les animaux eux-mêmes manifestent de la joie.

» Vers six heures nous arrivons au pied du mont Ingamara. Nous en gravissons le premier gradin, qui est séparé du second par un plateau pierreux à travers lequel coule la Galla-Sungo.

» Sur cette rivière, se trouvent des constructions en pierres sèches, des ruines et des murs réguliers de forme ronde ; ce sont des emplacements de camps ou villages.

» Sur le second gradin de l'Ingamara nous voyons les tombeaux des chefs Afars de la famille de Mohamed Loïtah.

» Nous descendons de cette hauteur dans le pays de Lafaufilé, plateau en forme de cirque, comme tous ceux des environs, avec des bords tantôt pierreux, tantôt couverts de végétation. »

Nous avons donné cette citation du journal de voyage de Soleillet et nous en donnerons encore, pour montrer aux lecteurs avec quelle minutieuse conscience l'explorateur a noté les moindres détails de son voyage.

Ce précieux monument a été inséré *in extenso*, par les soins de M. Gabriel Gravier, le savant secrétaire général de la Société normande de géographie, dans le Bulletin de ce corps savant. C'est là que ceux de nos lecteurs qui trouveront cet abrégé des aventures de Soleillet trop écourté, pourront trouver le récit circonstancié et noté jour par jour de ce beau voyage en Éthiopie.

Voici par exemple la narration que fait Soleillet de la réception qui lui fut faite le 7 septembre par le sultan Mohamed Loïtah.

« Vers 5 h. 30 m., nous rencontrons une troupe d'Afars qui viennent nous souhaiter la bienvenue de la part du sultan et nous arrivons tous ensemble, par une pluie d'orage, au pays d'Aeroli.

» Nous nous arrêtons un instant pour disposer notre arrivée chez Loïtah.

» Je place en avant les chameaux et leurs conducteurs. Je suis entouré d'une vingtaine d'Afars de Loïtah ; puis viennent MM. Gabra Marjem et Aillé ; derrière eux sont mes gens, sur deux rangs, en bataille, suivis et flanqués de ceux du sultan.

» A six heures, nous arrivons devant le sultan. Il est debout sur un tas de pierres et entouré d'une vingtaine de guerriers.

» En l'apercevant, je m'empresse de descendre de ma mule; il accourt pour me tenir l'étrier, mais je suis à terre quand il le saisit.

» Nous nous serrons la main. Il me fait remarquer qu'arrivant avec la pluie, j'amène l'abondance. Ce qui indique ceux qui sont aimés de Dieu.

» Il me prend la main et me conduit à l'emplacement qu'il a choisi pour établir mon campement. Nous saluons le sultan par une décharge de nos armes.

» Au moment où j'ai aperçu le sultan et ses gens, ils formaient un groupe pictural.

» Le sultan Mohamed-Loïtah doit être à peu près de ma taille, 1^m73.

» Il est élancé, bien proportionné. Il a les mains fines et bien musclées. Sa tête, couleur de café au lait moyen est belle et intelligente. De beaux cheveux noirs, fins et bouclés, encadrent bien son visage. Un collier de barbe noire, fine, épaisse, frisée donne au masque une grande expression de mansuétude et de fermeté.

» Le front est large et ample, les sourcils fournis et bien dessinés, les yeux grands, très fendus, couleur marron foncé avec des reflets métalliques, paraîtraient féroces s'ils n'étaient voilés par des cils d'une grande longueur qui adoucissent le regard. Le nez est bourbonnien, la bouche petite, mais les lèvres un peu trop minces.

» Le sultan était vêtu d'une pièce de cotonnade blanche, serrée autour de la taille par la courroie qui retient le grand couteau recourbé ornementé de cuivre qu'il porte devant lui, en travers.

» Une toge en coton, fabriquée à Rouen (c'est moi qui la lui ai donnée), à couleurs vives, à dessins grecs, lui couvre le haut du corps. Il est drapé avec élégance. Relevant du bras droit les deux bouts frangés qui sont croisés sur son épaule, il tient à la main une mince baguette de bois blanc.

» Comme je l'ai dit, il est sur un tas de pierres et un homme tient sur sa tête un parasol. Autour de lui, debout, appuyés sur leur lance, le bouclier au bras gauche, se trouvent une vingtaine de guerriers aux cheveux ruisselants de graisse, aux toges grises, à l'aspect farouche. Ils sont tous au bas du tas de pierres et le tout a un aspect naïf qui ne manque pas de majesté.

» Nous sommes alors dans le pays de Daka. Les gens du camp de Loïtah, notamment ses deux fils viennent nous voir curieusement. Tous sont armés de la lance, excepté le sultan qui n'a que sa baguette.

Dimanche 10 septembre. — J'achète deux sous de doura (mil), pour un tolbé. Ce grain qui vient du Haoussa est très blanc.

» Le sultan me présente les hommes qui doivent m'escorter.

» Les nouvelles qui viennent des Somalis Issas sont peu rassurantes. Tout près d'ici, ils ont surpris, battu et pillé les gens du sultan du Haoussa, Mohamed-Hamfallé.

» Je veux partir à 2 heures 50. Loïtah s'efforce de me retenir jusqu'à demain matin. Je lui dis que ma patience est à bout et qu'il me faut partir.

» Je me sers pour cela d'une expression arabe impropre, ce qui fait rire mon guide Abd-el-Rahmann.

» Je dis en arabe à cet impertinent, et il comprend bien :

» Tu es un rossard. La mère de plus nigaud que toi est encore à naître. Remercie Dieu que je ne partage pas ta figure d'un coup de courbache.

» Tout en parlant, je brandis ma courbache qui est longue, souple, épaisse, en cuir d'hippopotame ; elle tombe sur la croupe de *Rosine* qui n'en peut mais, et nous voilà partis. Il était trois heures.

» Une heure et demie après, nous rencontrons un groupe de jeunes filles, puis des troupeaux gardés par des femmes qui font des sacs à sel.

» *Lundi 11 septembre.* — A deux heures et demie, notre escorte arrive.

» Il faut avoir une foi robuste pour se confier à de pareils gaillards, qui tous sont de mine à finir leur vie entre ciel et terre, au bout d'une corde. Ils sont commandés par un frère de Loïtah, qui, en arrivant, demande à me parler, et commence ainsi la conversation :

« — Mon frère fait ce qu'il veut, et moi je fais ce que je veux. Il
» n'a pas voulu me dire ce que vous me donneriez. Je ne voulais pas
» partir sans le savoir, mais je ne me lèverai pas d'ici que vous ne
» me l'ayez dit. »

» — Il a été convenu avec le sultan Mohamed-Loïtah, lui dis-je, que, suivant l'usage, je donnerais aux hommes de l'escorte, un tolbé blanc en américané et au chef un tolbé de couleur.

« — Après ce que vous avez donné à mon frère, ce n'est pas
» assez. Vous n'avez pas la prétention de ne payer que comme les
» gens du pays ? »

» — Certainement, j'ai cette prétention.
» — Je ne partirai pas.
» — Comme il vous plaira.
» — Je vais faire retourner les gens.
» — Comme vous voudrez.
» — Vous partirez seuls.
» — *Dieu est le plus grand*, dis-je en arabe.

» Sur ce, je me lève, et donne l'ordre du départ. Le frère de Loïtah prend avec lui les hommes de l'escorte et va faire avec eux un *Kalam*.

» Au moment de notre départ, ils paraissent très animés.

» Nous suivons un plateau pierreux, parallèle au torrent.

» Pendant une heure, nous marchons dans le lit même du torrent, puis nous traversons un plateau ondulé dont les parties élevées sont nues et les plis couverts de graminées à fleurs en forme de panache argenté. Les Afars en coupent et s'en mettent dans les cheveux.

» Nous entendons des cris de bêtes sauvages, et nous voyons une troupe qui vient en sautant, brandissant des lances, agitant des boucliers. C'est notre escorte ! Le frère de Loïtah est retourné chez lui ; un neveu, Ibrahim, a pris le commandement, et la plupart des hommes l'ont suivi. Moins d'une heure après, nous étions dans l'Asbari. »

L'escorte en question se décida, non sans peine à suivre la caravane et l'accompagna jusqu'au vendredi 15 septembre. Ce jour là Soleillet fit donner au neveu de Loïtah un tolbé de couleur et à chacun de ses hommes un tolbé blanc, ainsi que le voulait l'usage. Quand tous, même Ibrahim se furent déclarés satisfaits, le voyageur fit donner en cadeau à ce dernier trois coudées de toile bleue. Les gens de l'escorte quittèrent la caravane en se disant très contents.

Les voyageurs avaient atteint le pays de Gayallé. Les hommes de Soleillet auraient bien voulu séjourner quelques jours dans cette contrée pour y boire le lait et manger le riz qui y abondent, mais l'explorateur ne se souciait pas de rester sous une tente minuscule par 40 degrés au-dessus de zéro, il fit cadeau au chef du pays d'un superbe tolbé et le frère de ce souverain consentit à accompagner la petite troupe jusqu'à Errer.

Ils arrivèrent dans les plaines de ce nom, le dimanche 17 septembre à 4 heures 45 et de là ils aperçurent distinctement les montagnes du Choah.

Le lendemain en quittant cette petite contrée pleine d'arbres à soie, ils rencontrèrent un camp afar en déplacement.

Les Afars n'ont pas de tentes. Ils transportent sur leurs chameaux de longues perches dont ils forment une espèce de cage circulaire de deux à quatre mètres de rayon.

On y pénètre par une ouverture de 0^{m}60 à 0^{m}80 de haut sur 40 à 50 centimètres de largeur.

Cette cage est ensuite garnie de nattes et d'herbes sèches.

Pour parquer leurs bestiaux ils font des enceintes en pierres sèches, et c'est à cela qu'on reconnaît l'emplacement des campements.

Comme dans les régions où se trouvait alors Soleillet, il n'y a pas de pierres, les enceintes sont faites en épines.

Voici comment le voyageur raconte sa rencontre avec ces nomades intéressants.

« Les chameaux de la troupe que nous rencontrons, dit-il, sont au nombre de 20 ou 30, mais la file paraît immense, étant allongée par les chargements de perches qui débordent en avant, à droite et à gauche.

» Des hommes, la lance sur l'épaule et le bouclier au bras, marchent par petits groupes des deux côtés de la route. De belles jeunes filles, dont le buste nu laisse voir une poitrine admirablement modelée conduisent des ânes en soutenant leur charge.

» Une très vieille femme, aïeule et bisaïeule de la bande, la peau parcheminée entourée de chiffons, traîne derrière elle, une bourrique qui pourrait bien être sa contemporaine.

» Un chien grave et fier avançant à pas comptés, ferme la marche.

» Nous causons avec trois hommes qui conduisent un chameau chargé de sel. Dans le fond, un cavalier galope sur un cheval blanc. Tout ici est vivant. »

Le mardi 19 septembre, la caravane entra dans le Korrikati où des jeunes filles vinrent échanger du lait contre des perles.

Les Afars sont de grands chasseurs; Soleillet en rencontre trois armés de flèches empoisonnées.

Chose remarquable, paraît-il, ces peuples sans foi ni loi, qui tuent pour tuer, ne se servent jamais de ces flèches, même contre un homme, même en état de défense. Ce serait se déshonorer.

Puisqu'il est ici question de chasse, disons que les Afars ont beaucoup d'éléphants sur leur territoire, mais qu'ils ne les poursuivent pas.

En revanche, ils tuent beaucoup, pour les manger, d'antilopes, de buffles et d'ânes sauvages.

Ils se contentent d'enlever un morceau de chair plus ou moins gros autour de la blessure faite avec la flèche empoisonnée.

Ils chassent aussi le lion et la panthère. Avec les peaux ils se font des manteaux de guerre qu'ils se fixent sur le corps en s'attachant les deux pattes de devant sous le bras droit qui reste nu ainsi que l'épaule. La tête de l'animal leur bat sur l'épaule gauche, tandis que la queue et les pattes de derrière frottent sur les mollets et souvent traînent à terre.

Le mercredi, 20 septembre, au petit jour, au moment où tout le monde sommeillait, des cris humains et des aboiements de chiens se firent entendre tout à coup. Chacun fut bientôt debout, les armes à la main.

Heureusement il ne s'agissait que d'une alerte sans importance. C'était la chienne, Brûlée, qui donnait la chasse aux autruches de Bitta.

Soleillet va nous expliquer la présence de ces autruches.

« Bitta, dit-il, chef de la tribu des Afars Ouïmu et fils du vieil Agudo, mort il y a quelques mois, est un enfant de 15 à 16 ans. Il vient nous voir. Il a une figure de singe, mais intelligente.

» Une nombreuse caravane d'esclaves appartenant au sultan Abou-Bekre de Zeïlah est chez lui.

» Il vient nous chercher, monté sur un joli cheval blanc à crins noirs et il nous descend dans son grand camp, dans le *Bérilla*, où se promènent trois autruches privées.

» La population du camp est très nombreuse et préparée pour une expédition contre les Itous.

» Toute la nuit on entend les femmes qui crient contre des voleurs réels ou imaginaires; nos sentinelles et celles de la caravane d'esclaves, pour montrer qu'elles font bonne garde, tirent des coups de fusil.

» Le chef de la caravane de captifs est lui-même un esclave d'Abou-Bekre; il se nomme Assaro.

» Le pacha, pour indiquer la confiance qu'il a en lui, lui a remis un sabre connu pour lui appartenir et qui lui permet de parler en son nom.

» Bitta m'envoie un magnifique mouton et s'excuse de ne pas m'envoyer du lait.

» C'est aujourd'hui mercredi, dit-il, et cela porte malheur aux bestiaux de laisser ce jour-là sortir du lait des maisons. Venez en boire chez moi.

» Je le remercie; il reste à causer. »

Parti le vendredi 22 septembre du camp de Bitta, Soleillet continue sa route vers le Choah.

Mardi 26 septembre. — « Les moustiques, dit-il ne nous permettent pas de fermer l'œil de la nuit, et le matin nous prenons un peu de repos.

» A côté de notre camp, se trouve une jolie piscine où viennent les eaux thermales de Billen qui ont ici une température de 41 degrés. Elles sourdent à 5 ou 600 mètres de là et sont très fades.

» Nous partons à 7 heures un quart. A 4 heures je veux voir l'Haouache.

» Dans la prairie paissent quantités d'outardes. D'effrontés moineaux leur montent sur le dos et se font ainsi promener. La forêt est voisine et le gazon porte des traces d'éléphants.

» Dans les arbres jouent beaucoup de petits singes connus dans le pays sous le nom de *tanta*. Sur les bords de l'Haouache se promènent des lions et des hyènes.

» Des oiseaux descendent la rivière sur des pièces de bois. Le gibier est très abondant. Nous tuons 18 outardes et pintades.

» La nuit est chaude, les moustiques sont nombreux et affamés. Les hyènes hurlent près de nous. Impossible de dormir. »

27 septembre. — « Nous attendons Ali Fallo, le chef de la tribu Sidi Aboura qui doit nous faire passer l'Haouache.

» Son fils Auldo, jeune et gentil garçon, vient sur les 9 heures, me dire que son père me demande à son camp. Cela ne me plaît pas et je lui envoie Kamil pour le prier de venir.

» Mohamed, le marchand de Farré, part en avant pour le Choah. Nous construisons des cabanes. Les gens vont à la chasse et tuent encore 16 pintades.

» Ils ont vu sur les rives du fleuve un grand troupeau de buffles et deux éléphants.

» La nuit est chaude, les lions, les hyènes et les moustiques continuent, les uns à nous assourdir, les autres à nous sucer le sang.

Jeudi 28 septembre. — Kamil revient à 9 heures 30 avec le chef Ali Fallo. Celui-ci a une figure de vieux brigand des mieux réussies. Il porte des pendants en cuivre et une peau de tigre lui sert de manteau.

» Il a longtemps guerroyé contre le Choah. Enfin réduit, il est chargé de faire passer l'Haouache aux caravanes qui vont au Choah, et reçoit pour cela une *coutume*.

» Nous partons à trois heures. Cinq minutes après, nous sommes sur le bord de la rivière et nous coupons le bois nécessaire pour faire le radeau qui nous servira demain.

» A 4 heures et demie, nous sommes de retour au camp.

» Comme les nuits précédentes, nous sommes éveillés par les lions, les hyènes et les moustiques. Il y a un mois un lion a mangé un homme et une femme afars. Il n'est pas utile de recommander de faire bonne garde. »

« *Vendredi, 29 septembre.* — Ali Fallo arrive à cheval, il a des prétentions exorbitantes. Après une longue discussion, nous nous arrangeons pour deux tolbés de couleur et huit coudées de toile bleue. Il voulait à toute force des talaris.

» Enfin, à neuf heures, je vois partir notre premier radeau (cadre en perches supporté par des outres gonflées). Chaque voyage demande une heure.

» . . . . .

» *Dimanche, 1er octobre.* — Au petit jour, nous sommes réveillés par des coups de fusil. C'est M. Labatut, négociant français à Ankober et M. Léon Chefneux, qui ont la gracieuseté de venir à ma rencontre. J'en suis bien joyeux.

» Nous partons à six heures. Après avoir traversé des champs cultivés, nous entrons, par un beau pays, dans les premières gorges de la montagne et nous faisons halte à *Dinameli*, plateau en esplanade, où se forment les caravanes.

» Cet arrêt a pour but de nous épousseter, de charger nos armes et de nous mettre en ordre.

» A huit heures nous arrivons devant Farré, que nous saluons par une décharge de toutes nos armes. La population nous fait bon accueil. Ce sont ici les derniers musulmans.

» Il n'y a pas de douanes, mais une loi particulière nous oblige à remettre tout notre avoir aux mains des *schoum* (fonctionnaires), qui les font transporter par des *gabares* (paysans corvéables) à la résidence du roi.

» Le roi a le droit de tout visiter et l'on est obligé de lui donner la préférence pour tout ce qui est à vendre. Il paie, du reste, *très bien* tout ce qu'il prend ainsi. »

Soleillet et son escorte continuèrent leur route vers Ankober et y arrivèrent le lendemain, lundi, 2 octobre, à quatre heures cinquante minutes. Il furent reçus là dans la maison occupée par M. Léon Chefneux.

CHAPITRE III

EN ABYSSINIE

Soleillet et ses compagnons invités par le roi aux noces de sa fille. — Azage Ouada Tsadeck. — Lettre de Menelick. — Chez Atto Kataro. — Les gorges de Doat. — Séjour à Aureillo. — Visite au roi. — Réception cordiale; vieille amitié pour la France. — Le grand marché; monnaie d'argent et monnaie de sel : le thaler et l'amoulé. — Cadeau de Gulla Gobana au roi Menelick. — Réception des envoyés de l'empereur Jean. — Les ras emmènent la princesse. — Cortège pompeux. — Toute l'armée sur pied. — Clergé et suivantes. — Innombrables montures caparaçonnées. — La princesse et sa sœur de lait. — Musique et danses sacrées. — Amphores d'hydromel. — Cuisinières et fileuses. — Bêtes de bât. — Troupeaux de moutons et de bœufs. — Mariage civil et mariage religieux. — Mariage au berceau. — A dîner chez le roi. — Trois mille invités. — Les bardes Astinari. — Retour à Ankober. — Cadeau du roi à Soleillet.

Le voyageur resta dans cette demeure hospitalière jusqu'au 10 octobre. Puis, quittant Ankober à neuf heures et demie du matin, il alla attendre, avec son escorte, dans une prairie, l'Azage Ouada Tsadeck (fils des saints), avec qui il devait voyager.

Dans cette prairie, il rencontra le *guécho,* arbuste employé à faire fermenter la bière et l'hydromel.

La caravane, suivie d'une brillante escorte des gens du pays, gravit la colline Gourra-Veilla, qui, jusqu'à son sommet, est cultivée et couverte d'un fin gazon émaillé de marguerites et de petites crucifères d'un bleu pâle, et continua sa route par de riches contrées bien cultivées.

Ils étaient là quatre Européens, Soleillet, M. Chefneux, M. Labatut et le docteur Alfiéri, qui avaient été invités par le roi aux noces de sa fille, et ils voyageaient en compagnie de l'Azage. Ils traversèrent le village de *Koundi*, lieu de naissance de la mère du roi, et s'arrêtèrent le soir à cinq heures pour passer la nuit à *Oualab Ager* (Terre d'Oualab).

Le mercredi, 11 octobre, la caravane traversa le pays de *Gieb-Ouassa* (Caverne de l'hyène), ainsi nommé à cause d'une caverne qui s'y trouve creusée dans le rocher, passa la ligne de faîte et redescendit par une pente douce et gazonnée dans une nouvelle vallée.

Pendant la route l'azage reçut un courrier ; il y avait une lettre du roi pour Soleillet.

Dans cette lettre Menelick exprime la crainte que le voyageur soit fatigué et lui conseille d'attendre à Ankober, qu'il soit revenu à Debra-Beram, où il le recevrait prochainement.

On se remet en route, et le soir, à quatre heures quarante minutes, on arrive à Guezet, dernier village de la province de Tagoulet.

Les voyageurs sont reçus là dans une grande et belle maison appartenant à *atto* (monsieur) Kataro, juge royal d'Ankober.

C'était un homme très riche, qui leur donna un dîner maigre, composé de pain et de légumes crus, pois, raves, etc. En revanche la bière et l'hydromel leur furent servis en abondance.

Le lendemain, continuant leur route, les voyageurs arrivèrent aux environs de Doat, où se trouvent les curiosités naturelles les plus remarquables de l'Éthiopie ; ce sont les gorges ou précipices qui portent aussi le nom de Doat.

« Une pierre, dit Soleillet, met neuf secondes pour arriver du bord au fond du précipice, qui aurait ainsi une profondeur de 397 mètres.

« Les murailles en sont à pic, alternées de lits de roches grises régulièrement stratifiées et de terre végétale en talus dont quelques-uns sont cultivés et les autres couverts d'une végétation sauvage et abondante.

» Le point où arrive la pierre forme une terrasse, près de laquelle se trouve un autre précipice. De l'eau s'échappe des blocs de pierre.

» Ce précipice coupé ici en deux, coupe un plateau rocheux dont les deux bords peuvent être distants l'un de l'autre de 60 à 70 mètres. L'effet en est imposant, triste, sévère.

» Les singes cynocéphales, pour qui de telles régions sont des palais, sont ici innombrables. Il y en a de toutes tailles et de tout âge.

» Les uns, gravement assis, vous regardent curieusement en remuant les babines, d'autres gambadent gaiement et grimacent sans s'occuper de nous. Des nourrices, frappées sans doute par nos figures et nos costumes insolites (nous sommes trois Européens : MM. Chefneux, Alfiéri et moi), appellent leurs petits, les prennent sous le bras droit serré contre la poitrine et courent sur trois jambes suivies des aînés, qui gambadent autour d'elles et vont se cacher dans les anfractuosités des roches.

» Voulant juger de la sonorité de ces roches, je prends mon revolver, et j'en tire deux coups.

» Ces détonations répercutées par les échos, font l'effet de coups de canon.

» Les singes répondent par des aboiements infernaux et bondissent dans tous les sens comme des légions de diable.

» Un paysan, attiré par le bruit, nous prévient charitablement qu'il est imprudent de troubler le calme de ces solitudes, car on peut indisposer les esprits qui les habitent.

» Nous continuons à nous amuser, à faire rouler des pierres dans le précipice et nous rentrons au camp.

» Les tentes éthiopiennes sont en laine noire, tantôt en forme de bonnets de police, tantôt en forme de pavillon, comme les tentes égyptiennes.

» Il fait froid et l'on allume du feu au milieu. Le combustible, vu la rareté du bois, se compose de bouse de vaches ou de bœufs, pétrie avec un peu de terre séchée au soleil.

» On lui donne la forme de gâteau rond, et quand on l'allume, elle répand une épaisse fumée et une forte et pénétrante odeur ammoniacale : une fois à l'état de braise, ce combustible est sans odeur et dure très longtemps. »

Soleillet et ses compagnons arrivèrent enfin à Aureillo le 14 octobre au soir. Ils devaient y séjourner jusqu'au 30.

Voici comment le voyageur décrit ce séjour et la réception qui lui fut faite par le roi :

» *Samedi, 14 octobre.* — On nous fait d'abord arrêter dans une maison appartenant à l'azage et située au bas de la ville.

» M. Labatut et le docteur Alfiéri font dresser leurs tentes dans les dépendances de la maison. M. Chefneux et moi, nous demandons une maison plus rapprochée de la résidence royale, qui est au sommet d'une montagne.

» On nous installe suivant notre désir. Nous logeons nos gens et nos mulets dans la maison et nous dressons nos tentes à côté. Les gens du roi viennent nous visiter, et lui-même vient pour me souhaiter la bienvenue.

» *Dimanche, 15 octobre.* — A dix heures, nos bagages, qui étaient en arrière, nous arrivent.

» M. Chefneux et moi, nous avons nos habits noirs. Ce vêtement est ridicule, je le sais, mais par sa forme inusitée, il frappe l'esprit des indigènes et indique une certaine cérémonie.

» Les Européens ne sauraient croire le tort qu'ils se font, avec leur laisser-aller, dans les pays de l'Afrique. Pour moi, dans tous mes voyages, j'ai porté mon costume indigène toujours très simple, mais très propre.

» Dans ce présent voyage, j'ai cru devoir conserver le costume européen, et je crois bon de suivre l'étiquette de l'Europe. L'absence d'étiquette frappe désagréablement les Éthiopiens.

» M. Arnaud d'Abbadie rapporte à ce sujet que les Éthiopiens lui disaient : « — Quand tu seras retourné dans ton pays, les habitudes
» civilisées et polies que tu as contractées parmi nous, vont te faire
» trouver tes compatriotes bien grossiers et barbares. »

» A deux heures, lorsque le *balderabas* (introducteur) du roi vient nous prévenir que S. M. nous attend, nous sommes sous les armes, cravates blanches, escarpins vernis, bas de soie, claque et habit.

» La résidence royale porte ici, comme partout, le nom de *Gebbi* (Intérieur).

» Vous avez certainement lu les *Récits mérovingiens* d'Augustin Thierry ; vous y avez vu des descriptions des résidences des rois mérovingiens ; tout est de même ici.

» Un sommet dominant des plaines cultivées est entouré des cabanes des soldats et des serviteurs.

» Plus bas, celles des laboureurs ; la résidence elle-même est entourée d'un mur en pierres sèches et d'une clôture en épines avec palissades et chevaux de frise.

» Il y a d'abord, dans cet intérieur, les logements des femmes employées au service de la table ; elles sont au nombre de plusieurs centaines, les unes pour moudre, ou mieux, pour écraser le grain, les autres pour fabriquer la bière, l'hydromel.

» Viennent ensuite les logements des pages chargés du service ceux des officiers.

» La cour a ici des charges nombreuses. Comme les lois civiles, l'étiquette est réglée en Éthiopie sur ce qui se passait à la cour de Salomon et à celle de Byzance.

» Une grande maison, *aldarache,* en forme de grange, où le roi donne à plusieurs milliers de soldats, de ces repas éthiopiens où des centaines de bœufs se mangent crus, où l'hydromel coule à flots.

» Après le repas, les soldats ivres dansent en chantant les louanges de leur chef. Nous aurons occasion de le voir plus tard.

» Nous sommes introduits chez le roi. Il est accoudé sur un lit de parade en brocatelle pourpre et or, vêtu d'un ras massaria (mouchoir de tête) en mousseline blanche, d'un burnous de drap noir, sous lequel il est drapé dans une toge en coton blanc et à linteau rouge.

» Il est nu-pieds, comme tout le monde.

» La figure, quoique ravagée par la petite vérole, est agréable à cause de l'expression des yeux, qui sont fort beaux, intelligents et doux.

» L'entretien avec le roi fut cordial, mais banal. S. M. nous demanda des nouvelles de M. le Président de la République, de M. Gambetta, des enfants de Louis-Philippe et de Rochet d'Héricourt. Je lui remis une lettre du vice-consul de France à Aden.

» Le roi nous offrit du *tedje* (hydromel), qui était contenu dans des carafes de Venise à long col et à gros ventre, connues en Éthiopie sous le nom de *brûlé.* Il nous offrit aussi, dans des verres de cristal, de l'araqui ou eau-de-vie de tedje.

» *Mardi, 17 octobre.* — Le roi, ayant reçu la traduction en amarigna, de la lettre du vice-consul, me fait appeler, et je me rends auprès de lui avec M. Chefneux.

» Il me dit qu'il a lu avec attention la lettre que je lui ai apportée et qu'il y a vu avec plaisir que je venais pour étudier le pays dans le but d'établir des relations suivies entre la France et le Choah, par Obock.

» — La création de rapports de commerce et d'amitié avec la
» France, ont été, dit-il, l'une des préoccupations de mon grand-père,
» et je ferai tout ce qui dépendra de moi pour la faire réussir. »

» ... En sortant, je visite en détail la résidence du roi.

» En général les maisons n'ont qu'un rez-de-chaussée et une pièce. Elles ne sont pas divisées en compartiments plus ou moins grands servant les uns de salon ou de salle à manger, les autres de chambres à coucher, de cabinet de travail ou de boudoir; pour chacun de ces besoins on a des constructions indépendantes...

» Les toitures de ces constructions sont invariablement en chaume, généralement de forme conique, avec un pignon en poterie.

» *Jeudi, 19 octobre.* — Dans la matinée, le bouffon de l'azage, remarquable par trois épis de cheveux tressés, l'un sur le front, les autres sur les tempes, vient, avec force gestes et contorsions, me réciter un compliment.

» Il fait suivre ce compliment d'énumérations dans le genre de celles qu'aimait Rabelais. Il imite ensuite divers animaux. Notre bouffon éthiopien mime le cheval au galop, le mulet à l'amble, l'âne chargé, le mouton, la chèvre, le coq, la poule, le bœuf, le chameau. Ces divertissements nous amusent jusqu'à l'heure du déjeuner.

» Après déjeuner, on nous amène nos mules sellées et nous nous rendons au marché, qui est hors de la ville.

» Il doit y avoir sur ce marché de trois à quatre mille personnes. Les marchands sont rangés par catégories et forment des allées bordées; à gauche, par des marchands de grains; à droite, par des marchands de tissus, de mercerie, les changeurs, etc.

» La monnaie en usage en Éthiopie, et cela depuis longtemps, est le thaler de Marie-Thérèse d'Autriche, au millésime de 1780. Le thaler sert à la fois de monnaie de compte et d'étalon pour les poids.

» En Éthiopie la monnaie divisionnaire du thaler est l'*amoulé*, pierre de sel gemme, ayant la forme et la dimension d'une pierre à aiguiser les faux et provenant des mines du Tigré.

» Ces mines, qui jouent un grand rôle dans l'économie de l'Éthiopie, sont la vraie cause de la prépondérance du Tigré dans l'empire éthiopien.

» Les gens qui fréquentent le marché se divisent en deux bandes : les marchands proprement dits et les paysans venant présenter leurs denrées à la vente.

» Avec ces derniers les transactions sont assez compliquées. L'usage veut que le vendeur exige de l'acheteur les denrées dont il a besoin. Par exemple, nous voulons de l'orge pour nos mulets. Nous changeons d'abord un thaler contre quatorze amoulés ; quand nous avons des amoulés, il nous faut trouver un paysan qui ait de l'orge. Nous offrons nos amoulés, mais c'est du blé que veut le vendeur. Nous trouvons, après beaucoup de recherches, un marchand de blé. Nous lui présentons nos amoulés ; c'est du teffe qu'il veut. Nous avons enfin la chance de trouver un marchand de teffe qui veut bien de notre monnaie.

» Nous changeons alors notre teffe contre du blé, et notre blé contre de l'orge, à raison de deux mesures d'orge pour une de blé, ce qui est le prix courant en Éthiopie.

» Nous achetons ensuite, pour un thaler, un burnous en laine beige.

» Les piments et la soie à broder se vendent au poids. Pour ces objets, l'unité de poids est l'amoulé, qui pèse environ vingt et un thalari, près de 500 grammes.

» On partage l'amoulé en quatre parties égales.

» On se sert généralement de balances à un seul plateau en peau. Le fléau est en bois. Quatre encoches indiquent le quart, la demie, les trois quarts et l'amoulé. La balance est tenue en équilibre par un cordon de soie, qui glisse sur l'encoche donnant le poids que l'on veut obtenir.

» On trouve sur ce marché : des chevaux, des ânes, des mulets, des chèvres, des moutons, des bœufs et des poules ; des céréales, quelques légumes, principalement des ciboules, des échalotes, des oignons et des piments ; des tissus de coton, des étoffes en laine beige pour burnous, et des burnous confectionnés.

» Les marchands vendent les produits qui viennent de la côte : verroteries de Venise, soieries de Lyon et de Brousse, papier, bimbeloterie anglaise ou allemande, toiles de coton, cotonnades, indiennes et mousselines de fabrication anglaise ou indienne.

» Dans un coin, les forgerons et les bijoutiers débitent leurs produits ; instruments aratoires, lames de sabre et fers de lance ; bracelets, boucles d'oreilles, bagues en cuivre et en argent.

» *Vendredi, 20 octobre.* — Nous entendons de grand matin le son des flûtes et des hautbois qui annoncent une sortie du roi. Nous nous informons et nous apprenons que S. M. va recevoir, dans une plaine des environs, le cadeau qu'un de ses chefs, le Gulla Gobaña, lui envoie à l'occasion du mariage de sa fille.

» Nous faisons seller nos montures et nous chevauchons une grande demi-heure avant d'arriver au lieu du rendez-vous, une grande plaine coupée par un ruisseau et parée de quelques bouquets d'arbres.

» Le roi monte un beau mulet gris dont le harnais est en velours vert brodé de paillettes dorées. Il est entouré d'un brillant état-major.

» Le gendre du *ras* lui présente le cadeau de son beau-père : 1 300 chevaux de choix, dont 500 harnachés ; 300 ont les harnais garnis d'argent ; 500 mules de selle, dont 100 harnachées ; de l'or, de l'ivoire et du musc.

» Le temps est magnifique et l'œil est charmé des gracieuses évolutions des chevaux, dont les harnais scintillent au soleil, et de la belle prestance des hommes, vêtus de légères draperies blanches et pourpres, qui les conduisent.

» *Dimanche 22 octobre.* — L'empereur Jean a envoyé au roi Menelick II, pour recevoir la fiancée de son fils, plusieurs grands de l'empire, qui ont une escorte de 1 800 à 2 000 personnes. Menelick doit les recevoir aujourd'hui solennellement.

» Nous prenons pour but de notre promenade matinale le camp des gens de l'empereur, situé à 3 ou 4 kilomètres de notre demeure.

» En rentrant sur les deux heures, nous trouvons les troupes du roi sous les armes. La haie des soldats est émaillée de fanions de soie aux couleurs vives qui servent à désigner les diverses unités de troupes.

» A onze heures arrivent les gens de Tigré. Ils sont formés en ordre de bataille. En tête s'avance un corps de fusiliers d'élite montés sur des chevaux dont presque tous les harnais ont des garnitures d'ar-

Soldat du Choah.

gent. Les cavaliers ont pour coiffure un cercle en argent ou en vermeil qui retient une crinière de lion faisant panache.

» Derrière cette avant-garde marchent deux clairons précédant un certain nombre de Soudaniens, anciens soldats au service de l'Égypte, faits prisonniers par l'empereur Jean, qui les a gardés à son service.

» Viennent ensuite les trois *ras* (1), montés sur des mules blanches. Le plus âgé est au milieu et porte pour coiffure une sorte de tortil de baron.

» Les ras sont suivis d'une brillante troupe de grands seigneurs, montés sur des mules. Une nombreuse escorte de piétons marche derrière eux ; ils chantent, brandissent leurs armes, exécutent une sorte de danse guerrière.

» A mesure que les ras avancent devant les troupes royales, les soldats les saluent en s'inclinant trois fois jusqu'à terre.

» *Lundi, 23 octobre*. — La grande préoccupation de la cour et de la ville, c'est la distribution de présents faite par le roi aux gens de l'entourage des ras. Ces présents consistent en chevaux, mules, armes, vêtements de parade et thalari. Le soir, et jusque bien avant dans la nuit, les gens de Tigré manifestent bruyamment leur satisfaction.

» *Mardi, 24 octobre*. — Cet après-midi, le roi doit se séparer de sa fille, la princesse Zaôdito (Petite couronne). Les ras la conduiront à Barroumeida, où elle est attendue par l'empereur Jean et son fils, le ras *Sohala Selessié* (Ressemblance de la Trinité), qui est le futur époux.

» Dès huit heures du matin, toutes les troupes du roi du Choan, actuellement à Aureillo, sont sous les armes. Tout le monde est en habit de fête, et l'on ne voit que vêtements de dames brochés d'or et d'argent.

» Comme la veille, les troupes forment la haie. Nous nous plaçons au bas de la butte qui porte la maison du roi, auprès d'une église dont le clergé, couvert de riches vêtements sacerdotaux est sorti pour bénir le cortège. Des moines vêtus de peaux sont mêlés au clergé.

---

(1) *Ras* est un mot éthiopien qui signifie *tête*. C'est le titre des princes héritiers.

» A 11 heures 50 minutes, le cortège sort du palais. Les troupes le saluent d'une salve de mousqueterie et placent l'arme sur l'épaule, la crosse en l'air, en signe de deuil, à cause du départ de la princesse.

» Voici le cortège. Vraiment imposant et magnifique, il rappelle les pompes de Byzance.

» En tête, 20 mules richement harnachées portent chacune deux timbales (qui sont le symbole de la puissance).

» Elles portent aussi, montés en croupe, les timbaliers, vêtus de cottes d'armes en soie.

» Vient ensuite une troupe de moines gyrovagues vêtus, les uns de peaux de bêtes, les autres d'étoffes jaunes; tous sont coiffés de la calotte en coton blanc qui est, avec le turban, le signe distinctif des ecclésiastiques.

» Suit une troupe de gens de tous rangs et de toutes classes, les uns à pied, les autres à cheval ou à mulet.

» Les grands personnages s'abritent sous des parasols de toutes couleurs. Des soldats dansent et chantent un chant rythmé d'un bel effet. On me traduit les paroles; elles bravent absolument l'honnêteté.

» Les servantes et dames d'atours de la jeune princesse sont montées sur des mules harnachées avec soin, et chacune est suivie de deux valets de pied. Toutes ces dames, au nombre de deux ou trois cents, sont richement vêtues. Chacune porte une pièce de la corbeille de la mariée. C'est ainsi que nous voyons défiler les bijoux et les costumes.

» Derrière elles, un corps de musiciens jouent de la flûte et du hautbois.

» Une femme porte, suspendu au col, un grand nombre de cordons de soie auxquels sont enfilés des petits sacs de maroquin de diverses couleurs et brodés.

» Ces sacs contiennent des prières et des versets de la Bible écrits sur parchemin. Ce sont les phylactères de la princesse.

» Viennent ensuite deux jeunes filles voilées, vêtues de riches brocarts, montées sur de belles mules richement caparaçonnées. Leur habillement est identique ainsi que le nombre de leurs écuyers.

» On tient ouvert sur la tête de la seconde, trois parasols en soie rouge brodés d'or. Sur la tête de la première, on ne tient ouverts que deux parasols. C'est la seule distinction qu'il y ait entre la princesse et la sœur de lait.

» Un usage touchant, qui rappelle les puissants à l'égalité humaine, veut que les grands ne se présentent en public qu'accompagnés de personnes portant les mêmes vêtements et les mêmes insignes qu'eux. L'empereur lui-même a l'un de ses officiers qui est toujours vêtu comme lui. C'est Liq Menkuase.

» La princesse est suivie d'une jeune fille montée sur un mulet. Elle porte, suspendue dans le dos, une paire de babouches en velours cramoisi, brodé d'or, longues d'une bonne coudée.

» Ce sont les chaussures d'apparat de la princesse.

» En Éthiopie, où l'usage est d'aller les pieds nus ou chaussés de sandales, la chaussure fermée est considérée comme un insigne réservé à la famille royale et aux dignitaires de l'Église. C'est pour cette raison que l'on porte, derrière les grands personnages, pour rappeler leur rang, ces chaussures d'apparat.

» Le cortège est fermé par les ras et leur escorte.

« Lorsque la petite reine passa près de nous, les prêtres appelèrent sur elle la bénédiction du ciel en chantant des psaumes avec accompagnement de tambours et de sistres, et en dansant comme David dansait devant l'arche.

» Viennent des femmes portant des amphores remplies d'hydromel ou de bière; des cuisinières gravement montées sur des mules et entourées de leurs filles de cuisine portant les instruments de leur profession.

» L'une est coiffée d'un chaudron, l'autre porte en sautoir un trépied.

» Des fileuses accompagnent des ânes et des mulets chargés de coton.

» Tout ce bagage est porté par deux cents ânes et mulets.

» Enfin vient un troupeau de bœufs et de moutons pour le service de la bouche.

» La jeune princesse doit coucher ce soir au camp des Tigréens. C'est ainsi qu'elle sera conduite, à petites journées, à Barroumeida, où doivent avoir lieu les cérémonies du mariage.

» Ils connaissent deux espèces de mariages : le mariage civil et le mariage religieux ou la communion.

» La première union est un contrat passé entre les deux époux du consentement de leurs familles. Toutes les questions d'intérêt sont réglées et le douaire à donner à la femme en cas de divorce est déterminé.

» La seconde forme de mariage ne s'accomplit qu'après plusieurs années de vie commune. C'est surtout une cérémonie religieuse.

» Il est d'usage, dans certaines familles, de marier les enfants presque dès le berceau. Dans ce cas, on les élève ensemble; ils ont une table et une couche communes. On a remarqué que ces unions étaient très heureuses.

» *Jeudi, 26 octobre.* — C'est aujourd'hui que le roi recevra les gens du Choah. Nous sommes invités à dîner.

» Bien que le festin royal soit fixé pour midi, nous sommes au palais à dix heures. Nous tenons à nous rendre compte des préparatifs et nous allons un peu partout regarder et questionner.

» A l'*Ingera-bit* (maison du pain), grande construction rectangulaire, nous voyons le moulin à farine. Il se compose d'un mortier et d'un pilon en bois.

» Les graines, après avoir trempé dans l'eau, sont mises au pilon pour être décortiquées.

» Le grain décortiqué passe au moulin proprement dit, le *ouaf-chô*, qui se compose d'une table de pierre dure, à gros grains, placée sur deux pierres, inclinée en avant et terminée par un auget.

» La meunière écrase le grain avec une pierre ovale et pousse la farine dans l'auget.

» Pour séparer la farine du son, on la passe dans un tamis en vannerie.

» En Éthiopie, on fait du pain avec du blé, du teffe, de l'orge, des pois, etc. On fait ainsi une grande variété de pains. Les principales sont les *ingera*, sortes de crêpes, et les *dâbô*, pains qui se rapprochent des nôtres.

» Des amphores en terre servent de pétrins. La pâte est plus ou moins délayée suivant le pain que l'on veut faire.....

» De l'ingera-bit nous passons au *tedje-bit* (maison de l'hydromel).

La fabrication du pain au Choah.

» Il faut ici visiter plusieurs bâtiments, car il y en a pour l'hydromel, pour la bière, pour l'eau-de-vie.

» Il y a aussi les celliers où l'on conserve les boissons, et des magasins pour le *guécho*, le miel, l'orge, le mil, qui servent à leur fabrication.

» Pour fabriquer l'hydromel, on prend des gâteaux de miel en rayon (plus le miel est ancien, plus l'hydromel aura de bouquet, aussi, dans les grandes maisons, on se sert de miel de 10 à 15 ans), on en extrait la cire, puis on le brasse avec de l'eau dans une amphore.

» Quand il a fermenté huit ou dix jours, on y ajoute une certaine quantité de feuilles de guécho, qui activent la fermentation et donnent du ton à la liqueur. Huit ou dix jours après, l'hydromel est bon à boire.....

» Au Choah, on fabrique la bière, soit avec de l'orge, soit avec du mil. Les procédés de fabrication sont à peu près les mêmes que chez nous, sauf que le houblon est remplacé par le guécho.

» L'eau-de-vie s'obtient par la distillation de la bière et de l'hydromel. Le roi et les grands seigneurs ont des alambics en métal de fabrication européenne ou indienne ; mais, dans la plupart des maisons, ces appareils sont remplacés par des vases en terre ou des cannes forées.

» Du tedje-bit, nous allons au quartier des *ott-bit* (cuisines, où règne une animation extraordinaire. Mesdames les cuisinières et mesdemoiselles les marmitonnes remuent, avec des cuillers longues comme des pelles, le contenu de pots gigantesques, tout en riant et plaisantant avec de joyeux compères qui viennent s'esbaudir au milieu des écuelles.

» On nous présente un monsieur qui a l'air très important. C'est le chef du *Saga-bit* (maison de la viande).

» Il nous introduit dans une vaste maison où une centaine de bœufs, soigneusement dépecés, sont étalés par quartiers suspendus à des crocs.

» C'est le *broundo*, viande que les Éthiopiens mangent crue.

» Un *agafari* (huissier) du roi vient nous chercher au saga-bit.

» Il est vêtu d'une tunique de brocart et tient à la main une longue gaule blanche.

» Précédés par lui, nous fendons la foule des invités, 2 500 à 3 000 personnes et nous arrivons à la salle du festin.

» Un homme se tient à la porte avec un bassin et une aiguière remplie d'eau chaude. Nous nous lavons les mains, car ici on mange avec ses doigts.

» On a voulu, ainsi que c'est l'usage en Éthiopie pour les étrangers chrétiens, nous honorer tout particulièrement, et nous sommes amenés devant le roi, qui commence à peine son repas. L'effet est saisissant.

» Menelick est assis sur un lit de parade élevé, en brocatelle cramoisi et or, surmonté d'un dais de même étoffe.

» Une table est placée devant Sa Majesté.

» Les officiers de bouche se tiennent debout à ses côtés ; huit pages richement vêtus, tiennent à la main des torches de cire parfumée.

» Le lieu où mange le roi est séparé du reste de l'addarache par un épais rideau. Derrière et sur les côtés du trône se tiennent debout de jeunes princes de la famille royale. A droite et à gauche, les grands du royaume, richement vêtus, sont accroupis sur des tapis.

» On nous fait asseoir, et l'on nous apporte, dans une corbeille en jonc, une vingtaine d'*ingera*.

» Sur ces pains on nous sert divers ragoûts, parmi lesquels il faut remarquer un plat de viande de mouton coupée en dés, assaisonnée d'une sauce au piment et qui se mange mélangée avec du fromage frais. C'est réellement bon.

» Le *douro-dabo* (pain de poule), est également excellent. Il se compose de morceaux de volaille et d'œufs cuits dans un pain dont la pâte est assaisonnée d'épices.

» Des hommes distribuent des couteaux à la ronde ; d'autres, portant des quartiers de bœuf, se placent devant les convives. C'est le *broundo*. Chacun se coupe une aiguillette de viande.

» On tient de la main gauche, entre le pouce et l'index, l'une des extrémités du morceau de chair ; on saisit avec les dents l'autre extrémité de la chair, et on la coupe de la main droite avec le couteau.

» Les gourmets assaisonnent cette viande avec de la moutarde, que l'on fabrique très bien ici, mais le commun des mortels mange le *broundo* nature.

» Le roi me fait la gracieuseté de m'envoyer, par l'un de ses officiers de bouche, un morceau de *broundo* de choix. Tout en m'efforçant d'oublier que cette chair est crue, je lui trouve un goût très agréable.

» Après le *broundo* on sert l'eau-de-vie.

» Des pages, portant un bassin et une aiguière monumentale en vermeil, entrent. Tout le monde se lève.

» Deux toges sont étendues devant Sa Majesté, qui fait ses ablutions.

» On donne ensuite à laver à tout le monde, puis on ouvre les rideaux.

» Dans l'*addarache* sont rangées des tables basses chargées d'*ingera*, et quelques servantes circulent parmi les tables.

» Sur un signe du roi, les portes sont ouvertes et les convives entrent les uns après les autres. Bien que plusieurs ne soient que des laboureurs ou de simples soldats, tous, en entrant, saluent avec grâce.

» Ce repas, auquel prennent part plus de 3 000 personnes, où sont prodiguées les boissons les plus capiteuses, se passe sans le moindre désordre.

» Sur la fin du repas, des *astmari* (bardes) chantent avec accompagnement de tambours des chansons en l'honneur du roi et de ses ancêtres.

» *Lundi 30 octobre.* — Nous devons tous partir aujourd'hui, les uns pour Barroumeida où se trouve le roi Jean, les autres pour rentrer à Ankober.

» Après avoir pris congé du docteur Alfiéri qui ne peut quitter le roi dont il est le médecin ordinaire, nous nous mettons en marche. »

Ce nouveau voyage à Ankober ne fut terminé que le samedi 4 novembre.

Le lendemain Soleillet recevait du roi en cadeau un magnifique mulet noir. Cet animal sortait des écuries royales ; de plus le roi avait ordonné qu'on le lui donnât harnaché et, d'après sa volonté, ce harnachement était celui dont les nobles seuls et, les personnes à qui le roi veut faire l'honneur d'une assimilation, ont le droit de se servir.

Le lundi, 6 novembre, Soleillet et M. Chefneux prirent une importante décision.

M. Chefneux devait partir pour Sagallo, Obock et Aden tandis que Soleillet prendrait la route de Kaffa.

C'est ce voyage d'Ankober au Kaffa que nous allons rapidement raconter.

CHAPITRE IV

DÉPART DU CHOAH

Le ras Gobanna. — Le convoi pour Kaffa. — Le fidèle Aiellé chef de la caravane. — Bagages et présents. — Kollah, Ouïn-Daga et Daga, les trois régions de l'Éthiopie. — Première halte. La résidence d'un seigneur amara. — Gracieuse hospitalité de l'azage qui s'offre lui-même comme guide. — Les ruines d'Angolala. — La tribu des Abichou. — A la résidence de Gimbisi. — Le vieillard Anda-Djake. — Descente du ravin. — La suite de Mme Gobanna. — La rivière Gouyoq. — Dame, damoiselle, chapelain, nain et bouffon ; écuyers et pages. — Arrivée chez le ras. — La Cour de justice. — Lettre du ras pour le roi de Djéma et le premier ministre du Kaffa. — L'abba Koro préfet de la province de Karkari. — A Djiré chez le motti de Djéma. — Marchands musulmans chassés par l'empereur Jean. — La rivière de Gaudjeb.

L'explorateur commença par rendre visite au ras Gobanna, un des seigneurs les plus puissants du Choah. L'accueil qu'il en reçut fut des plus gracieux et le ras lui promit de le faire accompagner partout jusqu'au Kaffa.

Enfin le lundi 13 novembre, le voyageur put se mettre en route.

Ses compagnons de voyage étaient :

Gabra Mariem, chambellan du roi, qui déjà servait d'interprète à Soleillet depuis mai 1882 et Aiellé son fidèle serviteur qui ne l'a plus quitté jusqu'à sa mort.

Aiellé fut désigné comme chef de la caravane qui fut composée ainsi qu'il suit :

1° Un enfant de onze à douze ans de race oranaise ;

2° Circosis, Achabert et Ould Gorguis, enfants amaras de treize à quatorze ans qui devaient, en route, couper de l'herbe pour les mules ;

3° Gabra-Mikaël, jeune Tigréen au service de Soleillet depuis Obock, Dannié Amara, jeune homme de seize à dix-sept ans.

4° Abba Meri, galla d'une trentaine d'années et Ould Selassier, amara de quarante ans environ, engagés pour charger et conduire les *agassas* (mulets de bât) ;

5° Un porteur, Guindo, noir, originaire de Kaffa ;

6° Une mule, Rosine, et un mulet, César ; ce dernier était précisément l'animal offert par le roi. Qu'on y ajoute trois mules de selle pour les gens de l'escorte, deux mulets de bât et la mule de Mariem.

Donc treize personnes et huit mules forment la troupe aventureuse qui allait entrer dans l'inconnu.

Le bagage consistait en linge et vêtements ; plus les objets destinés à être offerts en cadeau aux hôtes futurs des voyageurs.

C'étaient :

Des verroteries, perles et petits miroirs ;

De la coutellerie, couteaux fermants à une ou plusieurs lames, petits ciseaux, rasoirs ;

Ambre en filière ;

Soierie, soie floche pour broderie, damas pour chemises ;

Drap bleu et rouge pour burnous ;

Parasols et parapluies, les premiers de couleurs claires, les seconds de couleurs sombres.

Le tout était renfermé dans des valises de cuir munies de courroies, d'un chargement facile sur les bêtes de somme et qu'un homme pourrait transporter sur le dos comme un havre-sac.

Les armes, outre les lances, sabres, couteaux, boucliers des hommes, comprenaient quatre fusils et six revolvers.

Qu'on joigne à ceci quelques instruments, un chronomètre, un baromètre, deux thermomètres, deux boussoles de poche et une bonne carte, on aura une idée exacte de l'état de la petite troupe au moment de son départ.

Les Éthiopiens, divisant leur sol suivant les climats et les productions, le partagent en trois régions déterminées par différences d'altitudes, et auxquelles ils donnent le nom de :

1° *Kollah.* Ce sont les régions les plus basses, où se cultivent le coton, les mils, le café, la canne à sucre, le bananier, les endryophères, le cactus, les euphorbes arborescents. L'altitude des Kollahs varie de 1 500 à 2 000 mètres.

2° *Ouïn-Daga* (région de la vigne). Là se cultivaient, avant l'invasion musulmane, les vignes, et se cultivent aujourd'hui les céréales : teffe, blé, orge ; des plantes légumineuses et oléagineuses ; les cyprès, les sycomores, les oliviers sauvages. L'altitude de cette région est de 2 000 à 2 500 mètres.

3° *Daga* est le nom donné aux plateaux les plus élevés, dont l'altitude dépasse 2 500 mètres. Là se cultivent le blé et l'orge, les stippées, les églantiers, les conifères.

A ces trois régions correspondent aussi trois faunes particulières :

La première est caractérisée par l'éléphant, le rhinocéros, l'hippopotame, le buffle, le caïman, le lion, la panthère noire, le léopard, l'oryctérope.

La deuxième est fréquentée par les antilopes, les gazelles, le golobe gouereza.

Un corbeau particulier, à corps noir et à plumes blanches, qui lui font comme une calotte de tonsuré ; certaines espèces d'antilopes, dont une, le sass, a des poils forts et piquants, et la marmotte caractérisent la troisième.

De même que les animaux sauvages, les animaux domestiques sont localisés. Les bœufs, les ânes, les chèvres sont communs aux trois régions, mais le cheval et le mouton ne prospèrent que sur la Daga.

Soleillet quitta Ankober le lundi 13 novembre 1882 et arriva le soir à quatre heures dix minutes au sommet d'un plateau où se trouvaient de grandes maisons. Là on gardait les mulets et les chevaux, et les voyageurs avaient résolu d'y passer la nuit.

En Éthiopie, pays féodal, c'est l'habit qui fait le moine. Grâce à son grand mulet César et au harnais de dedjazmatche que le roi lui avait donné, le voyageur fut reçu en grand seigneur par le Schouni qui avait l'administration des écuries royales.

» Il s'empressa, dit Soleillet, de me faire approprier une des plus grandes maisons. Ces maisons, qui ne doivent, du reste, servir de logement qu'à des chevaux et à des mulets, sont de simples cabanes de forme rectangulaire sur damiers en pierres sèches et des toits en chaume ; la maison bien nettoyée, on en jonche le sol d'herbe fraîche et parfumée, et nous nous y installons à la mode éthiopienne, bêtes et gens.

» Le soir, on nous apporte un mouton, des pains, de la bière, de l'hydromel, et après un repas confortable, les pieds au feu, je m'étends sur mon tapis. »

Le mardi 14 novembre, l'explorateur arrive à Eucouks-Kousso où il fut reçu par l'azage Oul-Guerguis

» La résidence, dit Soleillet, est celle d'un grand seigneur Amara : un vaste enclos fermé par un mur en pierres sèches, de hauteur d'homme, large d'un mètre, surmonté d'une palissade en bois dur, avec des pointes acérées en dehors et derrière lesquelles se mettent les tireurs en cas d'attaque ; une porte fortifiée, à côté de laquelle, dans une guérite en paille, se tient un gardien, donne accès dans cet enclos, qui contient, outre les habitations de l'azage, celles de ses gens.

» Le tout peut être comparé à un château du moyen âge, ou mieux à une résidence mérovingienne ; le gardien nous a fait traverser deux cours dans lesquelles se trouvent des huttes en paille, logements des gens de l'azage. De nombreux chiens, trouvant mon costume insolite, viennent me grogner aux mollets ; je les éloigne avec mon *ankassé* (bâton ferré).

» Nous arrivons enfin dans la cour d'honneur où se trouve l'addarache.

» On nous fait asseoir sous le porche de l'addarache, sur des bancs de terre battue ; nos montures sont introduites dans l'intérieur et on leur apporte du grain.

» L'addarache d'Entoula-Kousso a une quinzaine de mètres de largeur, sur vingt mètres environ de profondeur, et sept à huit mètres de hauteur. On y accède par un porche, sous lequel sont des bancs en terre battue ; aux quatre coins se trouvent des cabinets (*goudjo*) qui servent, les jours de réception, à renfermer les gannes d'hydromel et de bière ; en face du porche, et de l'autre côté de l'addarache, se trouve un enfoncement dans lequel se place l'alga, où siège le maître de céans pour présider ses réceptions ; on y accède par une porte dérobée qui donne dans la cour particulière de l'azage.

» Un homme vient nous prendre, nous fait traverser l'addarache et nous pénétrons dans une quatrième cour où se trouve l'*elfine* (appartement particulier), jolie chaumière ronde dont le toit est surmonté d'une croix.

» En nous voyant entrer dans la cour, l'azage, qui est sur un tapis, sous le porche de son elfine, se lève et vient vers moi en me tendant la main à l'européenne ; il me la prend et me fait asseoir en face de lui, sous le porche, sur un tapis de Perse...

» Après les compliments d'usage que l'azage, qui est rempli de tact, veut bien abréger lorsqu'il se trouve avec les Européens, gens qui ont perdu les raffinements de l'étiquette, on nous apporte des burillès (fioles à gros ventre et à col allongé) remplis d'hydromel.

» Je lui offre, ainsi le veut l'usage dans tout l'Orient, un présent d'amitié. Il le reçoit gracieusement et me remercie poliment. Il me dit ensuite qu'il pense que je suis son hôte pour quelque temps. Je le remercie mais lui fais observer que je vais être obligé de partir su l'heure, car Ras Gobanna m'a fait prévenir de me hâter d'être auprès de lui parce qu'il a deux envoyés du *Motti* (roi) de Djema-Ballifar ; il veut me faire partir avec ses gens et ils doivent rentrer ensuite.

» J'aurai cependant à prier l'azage de me donner un homme pour me faire visiter les ruines d'*Angolala*.

» — Volontiers, me répond l'azage, mais auparavant venez avec moi.

» Cela dit, l'azage me prend par la main, me fait traverser son elfine et, suivi seulement de Gabra Mariem, nous passons dans une autre cour où se trouve une petite chaumière ronde très coquette ; nous y entrons ; le sol en est jonché d'herbe fraîche et odorante aux fanes desquelles sont mêlées des fleurs ; aux murs sont suspendues des selles de chevaux aux ornements d'argent et des selles de mules brodées, plus quelques outils européens : scies égoïnes, bisaiguës, herminettes et autres instruments de charpentier, brillants et luisants comme de l'argent.

» La pièce est meublée de deux algas recouverts de tapis européens, l'un représentant un lion et l'autre un tigre, plus une peau de bœuf, mouchetée, tannée ; un feu de bois d'olivier flambe dans un brazero en fer.

» L'azage me fait asseoir sur un alga, se place sur l'autre, et fait signe à Gabra Mariem de s'installer sur la peau de bœuf.

» On apporte des burillès; une servante s'accroupit dans un coin, tenant sur la cuisse une ganne d'hydromel; on apporte la chair d'une *mouquette* (bouc gras), que l'on vient d'abattre en mon honneur; un magnifique soldat, au profil d'aigle, aux longs cheveux tressés et beurrés, l'habit à la ceinture (1), s'accroupit devant le feu et se met en devoir de nous confectionner des grillades; un page entre avec une aiguière et un bassin; nous nous lavons et commençons un goûter qui se termine par le café et les liqueurs.

» Un moment après je regarde ma montre; elle marque deux heures et demie. Je demande où est l'homme qui doit nous accompagner à Angolala.

» — Il est prêt, me répond en souriant l'azage, car c'est moi. Attendez, je me ceins et nous partons.

» En disant cela, il se lève et nous laisse seuls.

» Il rentre un moment après, les reins entourés d'une énorme ceinture, et tenant à la main une longue gaule blanche dont une extrémité se termine en fourche.

» Nous sortons et devant la porte extérieure du *liébig* (domicile), un écuyer tient un beau cheval gris pommelé, qui piaffe, sous son harnais d'argent, à côté de ma mule.

» L'azage, poliment, me dit de me mettre en selle le premier.

» — Pour vous obéir, dis-je en m'inclinant, et j'enfourche Rosine.

» L'azage est à cheval, un page le précède, portant sur l'épaule sa grande épée dans un fourreau de satin cramoisi; un écuyer le suit portant son fusil (un magnifique mousqueton Winchester), et son bouclier, à l'ambon duquel pend une crinière de lion.

» Nous arrivons au pied de l'omba de l'azage, où nous trouvons une eau courante très pure et très fraîche. Elle provient de la Fontaine du roi.

---

(1) Le vêtement des Éthiopiens est une toge de coton, dans laquelle ils se drapent à la mode antique. Il est digne quand on reçoit des inférieurs de se cacher le bas du visage par la toge dont on ramène un pli à la hauteur du nez. On doit, au contraire, devant des supérieurs, se fixer la toge autour des reins, comme un jupon. C'est ce que l'on nomme porter l'habit à la ceinture.

» Cette fontaine se compose d'un enclos maçonné, carré, d'une vingtaine de mètres de côté, planté de beaux arbres.

» Elle est formée d'un bassin en maçonnerie, ruiné en partie ; cet enclos suffisait autrefois à tous les besoins de la résidence royale.

» Je goûte de son eau dans le creux de ma main ; elle me paraît pure et légère ; elle est très agréable au goût et très fraîche.

» Je remonte sur ma mule et nous continuons notre route.

» Nous arrivons au premier mur d'enceinte d'Angolala. Il est en pierres sèches, tout en ruine, et entoure complètement la butte sur laquelle est placée la résidence ; sur la gauche, à 200 mètres environ, sous de grands et beaux arbres, se trouve une église, le seul bâtiment qui ait été restauré. Nous traversons un champ de blé, aux épis mûrs et dorés poussant au milieu des ruines.

» A 3 h. 28, nous pénétrons dans la deuxième enceinte, par une brèche au milieu d'un mur en pierres sèches écroulé.

» A côté du mur, à droite, une tombe ; plus loin, les ruines du tedjébit, du tulla-bit ; sur la gauche, les ruines de la maison de Démétrious, architecte arménien, qui construisit cette résidence.

» En face, l'addarache, ruine vraiment imposante. Les murs avaient une vingtaine de mètres de hauteur. Sa forme était celle d'un parallélogramme. Dans un enfoncement des murs se trouvait une pièce circulaire où se plaçait l'alga royal.

» La largeur de l'addarache devait être de 30 à 35 mètres et sa longueur de 40 à 45.

» A côté de l'addarache se trouvaient les elfines du roi, il n'en reste que les caves.

» Le roi actuel les a fait fouiller. Elles forment un boyau de 6 à 8 mètres de largeur sur 20 à 25 de long. Elles ont été construites en pisé ; les voûtes en sont très régulières.

» Angolala a été détruite par les Abichou, qui se révoltèrent lors de l'invasion du Choah par l'empereur Théodoros.

» Je prends congé de l'azage et nous descendons une pente raide où se trouvent quelques maisons. »

Soleillet traverse ensuite la rivière Fathio, puis le torrent de Galla-Tcha-tchia et la rivière de ce nom qui est une des limites du Choah.

A partir de là, il était sur le territoire de la tribu des Abichou.

A six heures, au moment où le soleil allait disparaître à l'horizon, les voyageurs mirent pied à terre devant le mur d'enceinte de la résidence de Gimbisi.

Ras Gobanna était parti ; en son absence, sa femme fit splendidement recevoir les arrivants.

Soleillet quitta le lendemain matin cette maison hospitalière, et conduit par un vieil Amara, nommé Altman, qui lui avait été donné comme guide par madame Gobanna, il continua sa route.

Le soir, vers 3 heures, les voyageurs s'arrêtèrent devant un vert vieillard, à la figure franche et ouverte, ornée d'une barbe et de cheveux d'une blancheur éclatante.

Adossé à un pan de muraille, il s'appuyait sur un long bâton et abritait sa tête avec une petite ombrelle en jonc tressé.

Altman lui demanda l'hospitalité pour les voyageurs, ajoutant qu'ils étaient les hôtes du ras.

Le vieillard répondit crânement :

— Je ne suis pas un fonctionnaire obligé d'obéir et de loger les étrangers. Je ne suis obligé à rien. Je suis un libre propriétaire cultivant l'héritage paternel, mais à Dieu ne plaise que ce ne soit pas pour moi un honneur et un plaisir de recevoir un étranger. Venez avec moi et tout ce que j'ai est à votre disposition.

C'est ainsi que, suivant leur nouvel hôte, les voyageurs arrivèrent à son manoir.

Ce vieillard se nommait Anda-Djake et son domaine *Daoue*. Soleillet et ses compagnons y furent très cordialement reçus.

Le lendemain matin la petite caravane se remit en route. Laissons le voyageur raconter quelques-uns des événements qui signalèrent ce voyage.

« A 4 heures, nous arrivons, dit-il, devant une enceinte en pierres sèches, surmontée de palissades en bois. Nous sommes arrivés à Tasmé, résidence d'un *schoum* (serviteur) du ras qui se nomme Toufo.

» Il vient de partir pour accompagner Mme Gobanna qui, partie de Gimbisi quelques heures avant nous, a couché hier ici.

» En l'absence du schoum, ses gens ne veulent pas nous laisser dépasser la première cour ; on menace même de la lance Altman, qui veut de gré ou de force, pénétrer dans l'intérieur.

» Pendant que les uns parlementent et que les autres se fâchent, je m'assieds par terre.

» Une jeune femme, coquettement vêtue, traverse la cour; elle s'incline gracieusement en passant devant moi; je me lève et la salue. Un écuyer et un page la suivent, menant une mule richement caparaçonnée et au col orné d'un large collier de perles bleues.

» Des ordres ont été certainement donnés, car l'on vient nous chercher et l'on nous installe, bêtes et gens, dans l'addarache.

» Le soir, on ne veut point nous apporter de la paille pour nos mules; nos gens, le fusil en bandoulière, vont en prendre d'autorité dans les aires.

» Cet acte de vigueur donne à réfléchir aux gens du schoum; ils pensent que le ras se fâcherait certainement s'il apprenait la réception qui nous est faite : on nous doit l'hospitalité.

» Une heure après, on nous apporte tout ce qui nous est nécessaire pour le souper : du bois, de la volaille, un mouton, des pains, de la bière, de l'hydromel et des torches de cire pour nous éclairer.

» Le lendemain, vers une heure de l'après-midi, à côté du village de Goubbé, nous prenons un ravin tout à fait à pic.

» La descente est très abrupte et encombrée de monde. C'est la suite de Mme Gobanna.

» Elle chemine devant nous dans les profondeurs vertigineuses du ravin avec son cortège.

» C'est un enchevêtrement pittoresque de suivantes, d'écuyers, de prêtres, de moines, de soldats et de valets. Tout le monde a mis pied à terre et les animaux aux harnais éclatants sont tenus en mains par des palefreniers.

» A 2 h. 10 m., nous arrivons à la rivière de Gouyoo qui coule au fond du ravin; de l'autre côté, sont de beaux arbres et de la verdure au milieu des rochers.

» Mme Gobanna et sa fille sont vis-à-vis de nous, assises à l'ombre de grands arbres, sur des blocs de rochers. Je vais, accompagné de mon interprète, présenter mes respectueux hommages à ces dames.

» Je ne savais qu'imparfaitement, ne l'ayant lu que dans des livres, ce que pouvait être une grande dame au moyen âge; maintenant, je le vois, car ici nous sommes dans un milieu identique à celui de l'Europe du VIIe au VIIIe siècle.

» Mme Gobanna est grande et forte, entièrement recouverte du col aux pieds, dans une ample mante de drap noir. Elle a la tête serrée dans un fichu en mousseline blanche; un vieil écuyer lui tient ouvert, au-dessus de la tête, un vaste parasol en soie, blanc, doublé de vert.

» Sa fille, belle personne de vingt à vingt-cinq ans, est assise à ses côtés. Elle est drapée dans une fine toge de coton blanc à linteaux pourpres, le tout recouvert par un camail bleu de ciel. Elle a, comme sa mère, la tête serrée dans un fichu de mousseline blanche, d'où sortent deux magnifiques tresses de cheveux noirs. Un vieil écuyer tient également un parasol ouvert au-dessus de cette dame.

» Un ecclésiastique à barbe blanche, l'aumônier, s'entretient familièrement avec ces dames.

» Lorsque je m'approche, Mme Gobanna, en véritable grande dame, se montre polie et gracieuse et s'informe minutieusement si nous n'avons manqué de rien en chemin, si la route ne m'a point fatigué. Je remercie, m'incline et me retire.

» La gorge est remplie d'une foule des plus pittoresques, où les mendiants et les moines dominent; ces derniers sont vêtus de peaux et ont la tête recouverte de calottes.

» Les hommes, aussi bien que les femmes, tiennent à la main une béquille et un chasse-mouches; ce sont des objets presque à l'usage exclusif des ecclésiastiques.

» Parmi les moines, je remarque avec étonnement des hommes vêtus comme eux de peaux, la tête nue et les cheveux longs : ce sont des Nazaréens.

» Nous remarquons aussi le nain et le bouffon de ces dames. De jeunes pages mènent en laisse, non pas des chiens, mais de beaux chats rouges et blancs.

» Le chat est ici le véritable animal familier et il suit partout les équipages de ses maîtres, se laisse conduire en laisse et s'attache aux personnes au lieu de s'attacher aux maisons, comme en Europe.

» Nous nous remettons en route, devançant cette fois Mme Gobanna.

» A 3 heures, nous arrivons sur un grand plateau de terre dure sur lequel sont répandues des pierres en rognons; il y a des arbres disséminés et des graminées sauvages.

» Les gens de Mme Gobanna, à mesure qu'ils arrivent, s'étendent par groupes sous les arbres, car c'est ici que le cortège se formera lorsque Mme Gobanna sera arrivée, pour faire une entrée convenable dans Falté, ville du ras, qui n'est qu'à quelques minutes d'ici.

» Nous, qui ne faisons partie d'aucun cortège, nous continuons notre route.

» Nous arrivons en vue de la ville où nous devons rencontrer le ras. Nous nous arrêtons sous de beaux arbres, à côté de sa résidence.

» Des serviteurs et des clients des deux sexes formant une foule compacte, stationnent devant le château pour saluer leurs dames et maîtresses. Un eunuque, richement vêtu d'une cotte d'armes en damas, et montant un magnifique cheval gris au harnais d'argent, cherche à maintenir un passage libre au milieu de la foule, en faisant caracoler son cheval et en distribuant des coups de fouet à droite et à gauche; les cris de joie et les acclamations de la foule nous annoncent que l'on a aperçu le cortège.

» Une fois que ces dames sont rentrées, nous nous présentons chez le ras. Il est à son tribunal occupé à rendre la justice.

» Il me fait appeler et, après un échange de compliments, il donne l'ordre de me faire accompagner à une habitation qu'il nous a fait préparer dans le bas de la ville. Cette habitation, qui est toute neuve, est composée de deux chaumières de forme ronde, au milieu d'un enclos, dans un coin duquel se trouve un magnifique sycomore. »

Samedi, 18 novembre. — Séjour à Falté. — « J'envoie de grand matin Gabra Mariem saluer le ras, qui lui dit que je suis fortuné, que tout se présente fort bien pour mon voyage et qu'il pense que je pourrai en toute sécurité voyager et séjourner jusqu'au Kaffa, compris ce royaume; car il va, d'une part, me confier aux envoyés de Djéma qui sont auprès de lui, et, d'autre part, il me fera partir avec le *Fittarori* (commandant de l'avant-garde), Garado, qui est auprès de lui.

» Je monte l'après-midi chez le ras; je le trouve en train de rendre la justice.

» Le tribunal est dans une tour carrée à un étage, ayant à la hauteur du premier un balcon recouvert par un auvent qui fait saillie sur la façade à quatre ou cinq mètres au-dessus du sol.

» Au-dessous du balcon, sur une petite estrade en terre battue, se tiennent debout cinq vieillards : ce sont les juges.

» Le ras préside de son balcon, où il est assis sur une pile de coussins.

» Devant cette tour, le public, maintenu par les huissiers, forme cercle.

» Au milieu du cercle, se trouvent les parties et les avocats.

» Le ras m'envoie chercher par un de ses écuyers et je suis introduit, avec mon interprète, dans la chambre de la tour précédant le balcon, où se tient le ras qui, tout en dirigeant les débats, nous donne audience.

» La conversation est naturellement amenée sur les pays que je vais aller visiter. Le ras parle avec un sentiment d'orgueil bien légitime des pays qu'il a soumis au tribut du roi du Choah.

» — L'année dernière, dit-il, je fus à Kaffa ; il vint de partout des gens pour me saluer ; je leur dis : il faut payer un tribut ; il nous en vient maintenant de pays dont je ne connais pas le nom. »

Mardi, 21 novembre. — « Dans la matinée, je vais faire une visite au ras qui me remet des lettres pour le roi de Djéma, le roi et le premier ministre du Kaffa.

» A 10 heures, après un léger repas, je me remets en route. »

Nous ne suivrons point, pas à pas, Soleillet dans ce voyage, renvoyant nos lecteurs au *Bulletin de la Société normande de géographie,* et nous arriverons le mercredi 29 novembre, à 2 heures 1/2, chez l'abba Koro, préfet de la province de Karkari.

Laissons de nouveau la parole au voyageur.

« Nous franchissons, dit-il, la porte d'une zariba et nous pénétrons dans une cour carrée, gazonnée, plantée de beaux arbres sous lesquels nous nous étendons, pendant que les gens de Djéma, qui nous accompagnent, vont prévenir de notre arrivée le maître de céans.

» Nous sommes chez Djané Abba Kétô, l'abba Koro, préfet de la province.

» Bientôt la porte du fond de la cour qui fait face à l'entrée s'ouvre et livre passage à une sorte de géant entouré de plusieurs hommes. Ils s'arrêtent d'abord à causer avec nos gens, puis se dirigent vers l'arbre sous lequel je me trouve.

» C'est l'abba Koro. Je m'aperçois que sa taille gigantesque est due en partie à des patins en bois, hauts de vingt centimètres.

» Du reste, c'est un beau jeune homme. A peine une légère moustache estompe sa lèvre supérieure. Il a le regard dur et la lèvre dédaigneuse. Il est drapé dans une toge très ample. Il a les oreilles percées et porte dans chacune un anneau d'argent, insigne de sa dignité.

» L'abba Koro se fait apporter une peau de bœuf tannée et s'y couche à moitié. Un soldat, le buste nu, allongé sur la peau de bœuf, lui sert de coussin.

» L'abba Koro parle lentement. Il paraît s'écouter avec plaisir et joue négligemment de la main droite avec la chevelure du soldat sur lequel il est appuyé.

» Pendant quelques instants, nous échangeons des compliments. L'abba Koro se lève et un de ses serviteurs nous accompagne dans le logement qui nous a été préparé.

» Ce logement est situé dans la deuxième enceinte, formée par un clayonnage en roseau. On y pénètre par une porte en bois, encastrée dans des linteaux en bois ouvrés et surmontés de sphères également en bois.

» Notre logement consiste en une grande chaumière de forme ronde, recouverte d'un toit cylindrique en chaume. A peine sommes-nous installés que des servantes viennent avec des amphores de *dadi* (hydromel).

» L'abba Koro vient me faire plusieurs visites dans la journée. Il se montre insolent et mendiant et veut au moins un de mes fusils en cadeau. Avant de le quitter, il me recommande de ne pas partir demain sans le voir et me fait envoyer un bœuf, de la volaille et des pains.

» Le service est fait par des femmes vêtues de peaux tannées, un jupon retenu autour des reins par des lacs en verroterie et une camisole sans manches.

» Comme il faut que sous toutes les latitudes, la coquetterie des femmes puisse s'exercer, les vêtements de ces dames sont enrichis de broderies artistement faites. Mais ce qui est une véritable œuvre d'art, c'est leur coiffure. Elles sont de deux sortes : l'une forme une sorte de turban, l'autre une corbeille évasée, vide à l'intérieur, haute 0^m,25 à 0^m,30, formée de tous les cheveux tressés et soutenus par des fragments de roseaux. »

» *Jeudi, 30 novembre.* — L'abba Koro vient me voir une ou deux fois pour me renouveler ses demandes de cadeaux... puis, le vendredi 1er décembre, profitant de ce qu'il a manqué à toutes les convenances hier, en ne nous envoyant pas le repas du soir, nous partons sans prendre congé de personne et nous étant fait ouvrir les portes d'autorité, nous sommes en route avant le jour.

» A 4 h. 48 m., nous franchissons l'enceinte extérieure du peu aimable abba Koro. »

Arrivons maintenant au séjour de Soleillet chez le motti de Djéma.

« Le mardi 5 décembre, dit-il, nous nous trouvons à 11 heures sur une éminence et, en face de nous, sur une autre éminence, se trouve Djiré, résidence principale du motti de Djéma. Sur la gauche du point où nous sommes, et à deux kilomètres environ, se trouve l'habitation du frère cadet du motti.

» Dix minutes après, nous rencontrons le jeune frère du motti. Il est monté sur un petit mulet et suivi de gens à pied dont l'un porte un parasol, qu'il maintient au-dessus de la tête du jeune prince.

» A quatre heures, le motti me fait demander. Je me rends chez lui ; sa résidence est immense, composée de cinq enceintes concentriques, dont les murs sont formés de clayonnages. Les maisons sont rondes. Quelques-unes, comme l'addarache, ont de grandes dimensions, de 40 à 50 mètres de hauteur sur 20 à 30 de rayon.

» Le motti est dans un petit pavillon ; son trône est un lit en bois sculpté et incrusté d'argent. Il a auprès de lui une grande chaire à bras du même travail. Cela me paraît si parfait comme ouvrage que je juge que ce doit être un travail indien. C'est bien cependant un travail du pays, car ici les ouvriers sont très habiles. Deux abbakorro seulement sont avec lui ; l'un, homme d'une trentaine d'années, avec une figure franche et ouverte, l'autre est un vieillard à mine rébarbative.

» Après les compliments, nous nous mettons à causer et cette fois assez cordialement. Il me fait voir du café en cerise et des coriandres fraîches qu'il envoie couper dans son jardin. Le café a tout à fait l'aspect d'une cerise comme forme et couleur et la chair qui entoure les deux graines juxtaposées a un goût aigre-doux.

» On apporte du café et de l'hydromel. Je présente un cadeau au motti : ombrelles et chemises de soie, plus quelques bibelots, perles, ciseaux et couteaux fermant.

» En prenant congé de lui sur les cinq heures je suis heureux de constater que la mauvaise impression du premier jour est tout à fait dissipée.

» En traversant les cours, un assez grand nombre de marchands musulmans, que l'empereur Jean a chassés dernièrement de ses États, viennent me saluer. Ce sont presque tous des vieillards ; les uns parlent arabe et d'autres m'interpellent en turc et en grec.

» Le soir Hadj-Salaa veut me voir. Il me raconte des histoires plus effrayantes les unes que les autres sur le Kaffa et parle surtout de l'usage où l'on serait, quand on veut se débarrasser des étrangers, d'empoisonner les eaux. Il fait son possible pour nous effrayer et nous dissuader de continuer notre voyage. Il me demande aussi à rentrer au Choah avec moi. »

Il va sans dire que Soleillet n'écouta pas ces conseils et se remit vaillamment en route. Le mardi 12 décembre, il franchit la rivière du Gaudjeb et se trouve enfin dans le royaume de Kaffa.

CHAPITRE V

VOYAGE AU KAFFA

Envoyés de Kaffa. — Leur salutation. — La première enceinte. — La rivière Potiyo. — Les baies de cactus. — Le marché de Baka. — Les miradors des vigies au haut des arbres. — Caféiers et incètes. — Hospitalité des rachos. — Le Kattama-racho, grand vizir de Tatino, roi de Kaffa, descendant de Salomon. — Le Tatino invisible. — Cérémonie de la remise des lettres. — Les prêtres catholiques, les deux seuls lettrés du royaume. — Négociations difficiles. — Le marché de Bonga. — Route commerciale à ouvrir entre Obock, le Choah, le Kaffa et les grands lacs. — Trafic du Kaffa. — Cadeaux du Tatino. Sa défiance. — Le petit esclave Noël. — La mission : deux prêtres indigènes. — Frayeur qu'inspire Soleillet au Kaffa. — Riche pays de culture. — Le pays des Changalla. — Retour à Ouaduso et à Ankober.

« *Royaume de Kaffa.* — Le pays dans lequel nous venons d'entrer, dit-il, a nom Aminya. Il est inhabité, traversé par le Gaudjeb et couvert de forêts et de marécages. Les unes sont le repaire de lions, de panthères noires, de civettes, d'orictéropes; dans les autres pullulent l'éléphant, le rhinocéros, l'hippopotame, le buffle, le crocodile. Des légions d'oiseaux de tout plumage, de tout chant et de tout cri, se partagent, avec d'innombrables singes, la cime des forêts et du domaine des airs.

» A 1 h. 55, nous voyons venir au-devant de nous deux hommes à pied précédant un cavalier. Ce dernier, dès qu'il nous aperçoit, met pied à terre, et, confiant à ses compagnons sa monture, sa lance et son bouclier, arrive, casquette à la main, s'inclinant jusqu'à terre et nous disant :

» — Je me cache sous terre, je me terre !

» Telle est l'étrange salutation usitée en pays Sidama.

» Ces hommes sont envoyés au-devant de nous de Kaffa pour me saluer et donner ainsi une preuve d'entière soumission aux volontés de leur suzerain, S. M. Menelick II, roi du Choah.

» Le costume des envoyés vaut une description.

» Il se compose d'un large caleçon en toile de coton bleu et blanc, qui ne descend qu'à mi-cuisse et est retenu aux hanches par un ceinturon en cuir dans lequel est passé un coutelas ; le haut du corps est couvert d'une demi-toge en coton retenue au col par des cordons.

» Sur la tête une petite casquette conique en peau de singe goureza noir et blanc, avec laquelle on salue à l'européenne.

» Précédés des *Kafitchio*, nous continuons notre route au Sud.

» Nous arrivons bientôt devant la première enceinte de Kaffa. Le roc est taillé à pic, une solide porte en bois et une herse en épines sont tout ouvertes pour nous recevoir.

» Le gardien, un Goliath noir, agite sa casquette en nous saluant par des *ouat chaka* (comment allez-vous ?) qu'il prononce d'une voix creuse et d'un accent lugubre. Il nous fait franchir l'enceinte et referme sur nous toutes les issues.

» A 2 heures et demie, une dizaine de personnes à cheval viennent à notre rencontre. Parmi elles se trouve un jeune homme du nom de Jacob, parlant l'amarigna et disant quelques mots de latin. Il nous est envoyé comme interprète.

» Cinq minutes après, nous sommes au bord d'une rivière nommée Potiyo. Tout le monde a soif, mais les histoires de rivières empoisonnées ont tellement impressionné mes hommes que personne n'ose s'aventurer à goûter l'eau du Potiyo. Je me fais apporter un gobelet et je bois, engageant mes hommes à suivre mon exemple...

» Nous arrivons à 4 h. 20 devant une double haie de cactus impénétrable.

» Ces haies, distantes l'une de l'autre d'une trentaine de mètres, sont percées de portes en bois très épais et soigneusement gardées.

» Il n'y a que dix minutes que nous avons dû franchir une pareille enceinte.

» Au milieu des gardes et des curieux se trouve un bel enfant : c'est le fils du cavalier qui est venu nous recevoir.

» En voyant le père embrasser avec effusion son marmot, je me dis intérieurement :

» Un homme qui sait ainsi embrasser son enfant ne saurait être méchant.

» Un peu plus loin c'est un vieillard que notre guide va embrasser : son père, dit-on.

» A 4 h. 40, nous arrivons au marché de Baka, plateau gazonné, orné de grands arbres sous lesquels sont construites, pour les marchands, de petites échopes de paille.

» A la cime du plus haut de ces arbres, on a construit une sorte de hune dans laquelle veillent deux hommes.

» Des pièces de bois creuses et sonores sont placées près des vigies qui doivent frapper dessus dès qu'elles aperçoivent quelque chose d'insolite.

» Des lieux de guet sont disséminés dans l'état de Kaffa, de manière à pouvoir se correspondre, et former un véritable réseau télégraphique.

» Deux *rachos* (chefs) viennent me souhaiter la bienvenue. Ils me conduisent à la maison qui m'a été préparée.

» Cette maison est située au milieu de jardins entourés de plantations d'incetes et de caféiers, et clos par de hautes haies feuillues.

» L'incete *(musa insete)* rend ici des services plus nombreux que le dattier dans le Sahara.

» Les racines et le bas des tiges fermentées servent à faire le pain, qui est la base de la nourriture du Kaffa.

» Avec ses feuilles, qui ont des dimensions gigantesques, de 1^m,50 à 2 mètres de longueur sur 50 à 80 centimètres de largeur, on couvre les maisons ; on s'en sert comme de nattes et de tapis.

» Teillées, elles donnent une belle filasse qui sert à tresser des cordes, à confectionner des filets, à tisser des étoffes, même à faire des vêtements : témoin un petit captif vêtu d'une feuille autour des reins et d'une autre sur les épaules, qui est là, les yeux béants, à me regarder prendre mes notes, pendant que les rachos font étendre devant ma demeure des feuilles d'incete en guise de sièges.

» Les rachos se retirent après m'avoir fait amener un magnifique bœuf et apporter des pains, de la biere, de l'hydromel et des volailles.

» *Mercredi, 13 décembre*. — Le Kattama-racho, sorte de grand-vizir ou de maire du palais, qui détient, au nom de Tatino, roi, le pouvoir, m'envoie deux hommes chargés de m'accompagner et de me guider auprès de lui.

» Nous nous mettons en route à 8 h. 30... A midi 48, après de nombreux tours et détours, nous arrivons devant une maison qui nous a été préparée et où je suis reçu par le racho de Bonga.

» On nous amène des moutons, un bœuf; on nous apporte de la volaille, des pains, de la bière, de l'hydromel et l'on installe sous le porche de ma maison le serviteur chargé de faire le café, que l'on prend ici à tout instant.

» Mes compagnons ont grand'peur d'être empoisonnés, et ils font tout goûter aux gens qui nous servent avant d'en user.

» Cela me fait observer une curieuse coutume de Sidama, celle de boire à deux en même temps dans le même gobelet, ce qu'ils font en s'asseyant l'un à côté de l'autre, en se passant un bras autour du col, et en soutenant, l'un de la main droite, l'autre de la gauche, le vase où ils trempent en même temps les lèvres ; ils boivent même ainsi le café dans leurs petites tasses en corne.

» Un vieux musulman, né à Gondar, et qui se nomme Hadj-Mohamed-Salé, me donne sur le Kaffa divers renseignements qui méritent d'être notés.

» Le souverain du Kaffa est toujours un *ouizero* (descendant de Salomon); son titre est Tatino.

» A Kaffa tout se fait en son nom ; on le croirait partout ; cependant personne ne le voit, sauf ses eunuques et ses femmes.

» Cette majesté éthiopienne est gardée à vue par les susdits eunuques comme un véritable prisonnier.

» Les ministres ou grands du royaume ne pénètrent dans la maison où elle demeure que les épaules couvertes d'une peau de bœuf et à reculons.

» C'est dans cette attitude qu'ils s'approchent du rideau derrière lequel se trouve, leur dit-on, le Tatino, auquel ils ne parlent que par l'intermédiaire des eunuques.

» Le Tatino ne mangeant pas lui-même; ce seraient encore les eunuques qui lui donneraient, pour ainsi dire la béquée et qui le feraient boire.

» Quand il sort des chaumières qui lui servent de palais, c'est couvert d'un sac, qui le cache complètement de la tête aux pieds, et hissé sur un vieux cheval dont le harnais doit être sale et déchiré ; une troupe d'eunuques armés de fouets entourent le monarque dont la monture est tenue en main par les quatre plus grands dignitaires du royaume, qui ont les épaules couvertes d'une peau de bœuf.

» Tout individu qui essayerait de voir la figure du souverain serait puni de mort.

» Son nom même est un mystère. Pour savoir le nom du Tatino actuel, lequel est *Gallito*, nous dûmes corrompre l'un des eunuques par le don d'un collier de perles dorées de Paris, — une grande nouveauté, par parenthèse, et qui a beaucoup plu en Ethiopie.

» Un tel souverain ne pouvant guère, on le comprend, gouverner effectivement, c'est une sorte de grand-vizir ou maire du palais, le Kattama-racho, qui administre le royaume avec les gouverneurs de province, dont chacun est, du reste, à peu près indépendant dans son gouvernement.

» Les rachos de Bonga qui sont venus me voir dans la matinée du 14 décembre, reviennent sur les cinq heures avec une nombreuse escorte.

» Ils me disent que le Kattama-racho est malade et me demandent de lui envoyer les lettres que j'ai pour lui et pour le Tatino.

» Pressentant un piège, je réponds que je suis prêt à aller trouver le Kattama-racho, s'il ne peut venir, mais que je ne remettrai certainement les lettres qu'à lui-même.

» Après beaucoup de compliments et de salutations, les rachos se retirent et me font envoyer deux bœufs, de la volaille, des pains, de la bière, de l'hydromel, etc., etc.

» J'ai l'occasion d'observer qu'ils sont soumis à une minutieuse étiquette. C'est ainsi que chaque homme est suivi d'un enfant esclave qui lui porte, sur le bras, un cuir de bœuf découpé en manteau.

» Dans toute réunion, une seule personne peut porter la *toge* librement drapée ; les autres, en signe de respect, l'ont attachée avec des ficelles, de la même manière que l'on agrafe un manteau autour du cou.

» Enfin lorsqu'on se présente devant son supérieur immédiat, ou devant une personne que l'on veut honorer d'une manière toute particulière, on quitte la toge et l'on se couvre de la peau de bœuf que porte le suivant, auquel on remet sa lance.

» Ce n'est que le samedi, 16 décembre, vers les huit heures, qu'on vient m'annoncer la prochaine visite du Kattama-racho.

» Je passe une longue redingote en drap noir, une chemise et un gilet blanc; je chausse mes pantoufles de maroquin rouge, et j'attends avec impatience le moment de l'entrevue.

» A neuf heures, Kattama-racho est arrivé.

» Il vous attend, vient-on me dire.

» Je me lève; je suis sans armes ainsi qu'Aiéllé, qui doit me servir d'interprète, mais mes autres domestiques, même celui qui porte mon parasol, sont armés jusqu'aux dents.

» On nous fait traverser des jardins et l'on nous mène dans une prairie où sont assis, auprès d'une haie d'incete, sur des feuilles d'incete, abrités par des feuilles d'incete, le Kattama-racho et deux vieillards.

» En face, on a étendu à terre quelques feuilles d'incete pour moi-même.

» Une foule nombreuse forme la haie à droite et à gauche; le Kattama-racho se lève et me fait signe de m'asseoir.

» C'est un homme encore jeune. Il a la peau noire et les cheveux crépus, mais la forme du visage, ainsi que l'expression, n'a rien de chamitique.

» Sa physionomie rappelle le type si populaire de Méphistophélès.

» A sa droite, est assis un beau vieillard, à la figure franche et ouverte, au teint pâle, à barbe et cheveux d'une blancheur de neige. L'autre vieillard, celui qui est à la gauche du Kattama-racho, a la barbe grise, et la figure rébarbative.

» Après un moment de silence, on me demande de mes nouvelles. Nous échangeons des compliments.

» Je présente alors mes lettres. Le Kattama-racho me fait dire qu'il n'y a dans tout le royaume que deux personnes lettrées, les prêtres catholiques, qu'on les attend, qu'ils vont venir, et qu'avant leur arrivée, il ne veut pas toucher les lettres.

» On pourrait l'accuser de les avoir changées, dit-il en terminant.

» Je dépose alors les lettres à terre, devant le Kattama-racho et nous restons tous les deux les yeux fixés dessus, sans ouvrir la bouche.

» Cette position ridicule dure bien une grande demi-heure.

» De temps en temps, un officier, les épaules couvertes du cuir de bœuf d'ordonnance, la casquette à la main et suivi de son petit servant d'armes, portant sa toge, sa lance et sa rondache, s'approche du Kattama-racho, lui dit mystérieusement quelques mots à l'oreille, et va ensuite grossir le nombre des hommes armés qui nous entourent : plus de mille assurément.

» *Drin, drin, drin !* tout le monde est debout ; deux mulets trottinant et faisant tinter leurs sonnettes arrivent : Ce sont les prêtres.

» Kattama-racho et tous les assistants se précipitent pour leur tenir l'étrier, leur baiser la main, et être aspergés d'eau bénite, qu'ils ont dans un goupillon en cuivre, de la forme d'une poire à poudre.

» Après que j'ai serré la main à ces prêtres le Kattama-racho remit à celui qui est le supérieur, Abba Fessas, un grand maigre, les lettres pour qu'il les traduise, ce qu'on lui fait recommencer par trois fois.

» Ensuite, il a un long entretien avec ses acolytes, pendant lequel le vieillard à barbe blanche ne cesse de me regarder en souriant, haussant les épaules, et me mimant très clairement :

» — Mon Dieu ! que ces gens sont bêtes !

» Kattama-racho, me faisant adresser la parole, me dit que l'usage est que les étrangers ne dépassent pas le marché de Bonga, sur lequel on trouve à acheter et à vendre tout ce qui s'achète et se vend dans le pays ; qu'il ne peut, avant d'en avoir référé au Tatino, me donner l'autorisation d'aller dans le pays.

» Je lui ai demandé alors à aller tout d'abord visiter le marché de Bonga.

» C'est impossible, me dit-il. En vous voyant, tout le monde prendrait la fuite.

» Me sentant envahi par la colère, je me lève avec dignité, et suivi de mes domestiques, je rentre chez moi, laissant Aiellé négocier avec le Kattama-racho.

» Aiellé revient à onze heures et demie. Je suis autorisé à visiter le marché de Bonga.

» Bonga, la seule agglomération du royaume ressemblant un peu à une ville, est située en amphithéâtre sur un coteau dont une rivière assez large, baigne le pied.

» Elle se compose de quatre quartiers distincts, habités par des marchands de Gondar, Djéma, Godjam et Guerra.

» Entre ces quatre quartiers, se trouve le marché proprement dit, qui est quotidien.

» J'ai surtout envie d'ouvrir une route commerciale, qui, partant d'Obock, possession française, aboutisse par le Choah au Kaffa, route qui pourra être prolongée jusqu'aux grands lacs de l'Afrique équatoriale. Il est donc naturel que j'étudie Bonga et le commerce de Kaffa sur lequel je vais donner tous les renseignements que j'ai pu me procurer.

» Le principal commerce, après la traite des esclaves, est celui du café. Viennent ensuite le musc, la coriandre et l'ivoire.

» La troque est inconnue à Bonga. Toutes les transactions s'y font au moyen de l'*amoulé*; monnaie de sel d'un usage commun dans toute l'Ethiopie. Les subdivisions de l'amoulé sont représentées par des grains de verre, de forme irrégulière, de dimensions minuscules et de couleurs variées, rouge, bleue, verte, blanche, jaune, etc.

» Les thalari de Marie-Thérèse ont également cours au Kaffa, leur change varie de un thaler pour 5 ou 7 amoulés.

» A Bonga, un captif se payerait suivant l'âge de 10 à 20 amoulés; un bœuf gras de 3 à 5; un mouton vaut de 30 à 50 grains de verre.

» Mais la production la plus importante du Kaffa, c'est le café.

» Ici le café s'appelle *boune* et à Moka *boun*; partout ailleurs, il porte un nom rappelant le Kaffa qui est peut-être son pays d'origine, probablement le pays où l'usage de sa culture est depuis le plus longtemps répandu, certainement un des pays du globe produisant les meilleures sortes, les plus exquises au goût.

» A partir du *Guebé*, point où disparaissent les oliviers, les caféiers constituent le sous-bois de presque toutes les forêts, et croissent, du reste, en quantités tellement considérables partout, même sur les grands chemins, qu'on ne se donne pas la peine d'en faire une récolte régulière.

» C'est ce café sauvage, très noir, et d'un arome très fort, qui se vend à Massaouah et est connu dans le commerce sous le nom de café d'Abyssinie. »

Il ne se vend sur le marché de Bonga que du café cultivé, au grain régulier, d'un beau vert, et dont l'arome est d'une délicatesse exquise.

Le café ne se vend pas au poids ; mais à la mesure, au *ouancha*, goblet en corne d'une capacité d'environ trois quarts de litre.

Quant au prix, on paie un amoulé pour 15 ou 20 gobelets suivant la saison. Le prix du café en cerise est moitié moindre.

La production du café au Kaffa peut être estimée de 50 000 à 60 000 kilogrammes par an et elle pourrait être très certainement centuplée.

Presque tout le café du Kaffa est actuellement monopolisé par les Gondarais musulmans qui font le commerce des esclaves, et le vendent dans les harems de l'Orient dont ils sont les fournisseurs.

Les autres produits indigènes du Kaffa sont :

Le musc, qui provient du chat musqué, ou civette d'Afrique, réduite à l'état domestique ; le musc vaut à Bonga de 3 à 5 amoulés l'okiet, du poids d'un thalari ;

Le corrarima, fausse coriandre, très recherchée comme condiment par tous les Orientaux, et qui se vend, à raison de 1 000 à 1 200 têtes pour un amoulé.

L'ivoire, enfin, assez abondant sur le marché de Bonga, vaut de 25 à 30 thalari, l'*okiet*, du poids de 13 kilogr. 500 grammes.

Le coton, le miel et la cire existent également au Kaffa, mais ils ne paraissent pas sur le marché de Bonga où ne se vendent non plus ni étoffes ni articles manufacturés, si ce n'est des boucliers ronds en cuir de buffle, fabriqués dans le pays qui jouissent d'une grande réputation dans toute l'Ethiopie.

En plus des quatre quartiers signalés, se trouvent des groupes de maisons isolées pour les gens de Gouma, Goma, Limoux, et même du Zanguebar.

Les maisons des marchands à Bonga sont mal aménagées. Ce sont des demeures provisoires.

Partout errent des captifs de tout sexe, de tout âge et de toute provenance ; les uns libres, les autres les fers aux pieds.

Des courtiers vont et viennent, et plusieurs font des offres de service à Soleillet.

Il y a là un trafic relativement important.

Les importations consistent en verroterie, quelques métaux, cuivre, étain et surtout amoulés.

Les étoffes qui servent à vêtir la population du Kaffa, ainsi que les armes offensives, lances et coutelas sont fabriquées par les Zingero.

Le dix-huit décembre vers une heure de l'après-midi, le Kattama-racho fit appeler Soleillet. Il était dans la prairie où avait eu lieu leur première entrevue.

Après un échange de compliments mutuels, il offrit au voyageur le cadeau du Tatino.

Ce cadeau consistait en un jeune esclave de six à sept ans, une mule de selle, deux cornes de musc, deux toges fines pour l'explorateur et dix ordinaires pour ses gens.

Le Tatino fit en outre cadeau à Aiellé d'une toge fine et d'une corne de musc.

Soleillet remercia et envoya chercher le cadeau qu'il destinait au Tatino : une chemise et un parasol en soie, des perles dorées et quelques autres menus objets.

Il offrit aussi son présent au Kattama-racho qui le pria de tout remporter chez lui.

— Je ferai prendre, dit-il, ces cadeaux la nuit, car il n'est pas utile qu'on sache ce que vous donnez au roi et à moi.

Du reste, il remercia courtoisement le donateur, tant en son nom personnel qu'en celui du Tatino.

Laissons la parole à Soleillet :

« Le Kattama-racho me dit que je suis autorisé à visiter l'ancienne mission de Mgr Massaja et à aller à une journée au sud de ma résidence.

» Mais, ajoute-t-il, le Tatino préférerait vous donner tout ce que vous voudriez pour vous voir sortir tout de suite du Kaffa.

» Je remercie des autorisations qui me sont accordées et sans m'arrêter aux réflexions du Kattama-racho, je rentre chez moi, suivi du négrillon qu'on vient de me donner.

» Cet enfant est très effrayé d'appartenir à un homme fait comme moi ; il a une peur terrible et se désole.

» Rentré à la maison, je fais interroger cet enfant.

» Il ne connaît pas son pays, *il ne sait s'il a une mère* (sic) et se nomme Gabino.

» Il a pour vêtement un morceau de filasse d'incete autour du corps, la tête rasée à l'exception d'un long toupet au-dessus du front. Il est très maigre avec un ventre énorme.

» J'ordonne qu'on lui fasse immédiatement une chemise et des culottes, ce qui est fait séance tenante.

» On habille Gabino, on lui coupe son toupet, et je lui donne le nom de Noël, en souvenir de l'époque où je l'ai reçu.

» Le mardi 19 décembre, à 11 heures, nous nous mettons en route accompagnés, ou mieux, gardés à vue, par l'Hadj Mohamed et un racho; une dizaine d'hommes armés nous escortent...

» A midi, nous sommes à Sapa, mission fondée en 1855 par Mgr Massaja, qui, pendant une année a évangélisé le Kaffa.

» Cette mission est actuellement tenue par deux prêtres indigènes catholiques.

» Celui qui est le supérieur est originaire de Gondar ; son nom est *Abba Fessas* ; il est long et maigre avec une tête ascétique.

» L'autre est tout rond, très noir et se nomme *Abba Loquare*.

» Les deux prêtres vinrent au-devant de moi, au seuil de leur domaine ; ils me conduisirent chez eux et me firent asseoir dans une grande chaise en bois sculpté.

» Ils m'offrirent du café dans un bol de faïence orné de fleurs jaunes et rouges. C'est le bol de Monseigneur qui les a élevés et a été leur maître.

» Ils me font visiter en détail leur maison et leur chapelle ; leur domaine est important et leur produit abondamment le boire et le manger pour eux et une colonie de captifs qui les entoure.

» Le vêtement est leur grande préoccupation ; on ne peut se procurer des vêtements qu'en les payant avec des amoulés ou des thalari et ils n'ont ni l'un ni l'autre ; aussi tous leurs colons en sont-ils réduits à se couvrir de peaux de bêtes.. »

» *Mercredi 20 décembre.* — Nous devions partir dès le matin, mais personne ne se présente avant dix heures. Enfin, arrive l'Hadj Mohamed et le racho qui doivent m'accompagner dans mon excursion.

» Ils s'excusent de venir en retard, disant que le froid les a empêchés de venir le matin et qu'il est peut-être trop tard pour nous mettre en route. Ils sont tout penauds quand je leur dis que nous allons partir.

» Ils font contre mauvaise fortune bon cœur et disent qu'ils vont chercher leurs chevaux.

» J'ai grand'peur que ce soit une fugue, car, par deux fois, on est venu, pendant la nuit, prier Aiellé de me persuader de renoncer à ma promenade, et lui promettre, s'il réussissait, de lui donner tout ce qu'il voudrait.

» En même temps, on le chargeait de me dire que le Tatino était prêt à m'accorder tout ce que je désirerais, *son propre fils même pour esclave*, si je renonçais à voir le pays.

» Cette crainte que nous inspirons a trois causes :

» 1° Nos armes à feu nous rendent terribles et l'on a peur que nous profitions de notre force pour piller et commettre des méfaits;

» 2° On craint que je ne renseigne S. M. Menelick II ou Ras Gobanna sur la situation du pays.

» 3° Bien que le plus absurde et le plus ridicule, le motif que je vais donner est le principal pour les habitants : on craint les sortilèges que je puis faire, les sorts qu'il m'est loisible de jeter. Je suis regardé comme un être très dangereux et très puissant.

» J'ai fait un jugement téméraire, : nos gens reviennent avec leurs chevaux et nous nous mettons en route.

» A 2 h. 50, nous sommes sur un sommet d'où nous dominons le pays, qui est entouré d'une ceinture de montagnes, dont la côte où nous sommes fait partie.

» Il forme une cuvette d'un ovale très allongé qui demanderait, d'après les indigènes, quinze jours pour être traversée dans le sens de la longueur et 3 à 5 dans celui de la largeur, ce qui me paraît très exagéré, car j'estime à l'œil de 50 à 60 kilomètres de longueur et de 20 à 3° de largeur.

» Au milieu de cette cuvette se trouve une région mamelonnée et formant des vallées qui rayonnent, se croisent et s'enchevêtrent comme les mailles d'un filet.

Les pentes des vallées, très douces, sont recouvertes d'un sol rougeâtre ou noirâtre qui paraît fort riche en humus.

» Le climat y est tempéré, le rempart de roches qui l'entoure de toutes parts, l'abrite contre tous les vents, et d'un autre côté, les sommets des mamelons sont couverts de bouquets d'arbres qui brisent la force des courants atmosphériques, tandis que leurs racines filtrent pour ainsi dire les eaux pluviales qui sont ainsi utilement distribuées. Tout semble ici réuni pour faire des cultures intertropicales, dans des conditions exceptionnellement favorables.

» Je relève un pic derrière lequel se trouverait le pays des Changalla.

» Les Ethiopiens donnent ce nom aux populations de race nègre qu'ils distinguent soigneusement des populations de couleur noire auxquelles ils appartiennent pour la plupart.

» Hadj-Mohamed raconte que ces Changalla, quand ils veulent traiter avec les gens du Kaffa, viennent au pied de la montagne et se tenant de l'autre côté d'une rivière qui en baigne les pieds, ils font par signes leurs échanges.

» Ces Changalla seraient très sauvages, iraient nus, le corps orné de lacs de verroterie et d'anneaux de cuivre.

» Ils seraient très riches en bestiaux et habiles à chasser l'éléphant, le rhinocéros, la panthère et autres fauves, dont ils échangent l'ivoire, les cornes et les dépouilles aux marchands du Kaffa, contre du sel, de la verroterie, du cuivre et quelques objets en fer, lances et coutelas.

» Nous nous remettons en route et à quatre heures et demie, après avoir traversé un jardin embaumé des parfums des metassiers, jasmins et même violettes, nous arrivons dans une maison qui a été préparée pour nous recevoir, et où l'on ne tarde pas à nous amener des victuailles en abondance, entre autres un bœuf sur pied.

» Pendant toute la nuit des ombres mystérieuses circulent autour de nous ; nous sommes surveillés de près.

» Le lendemain, jeudi, 21 décembre, nous reprenons la route de Bonga et nous arrivons à notre maison, où nous avons été précédés par des gens chargés de tout ce qui se boit et se mange dans le pays.

» L'effort nécessité par une si courte promenade paraîtra peut-être peu en rapport avec le but atteint ; j'ai cependant eu la preuve que j'avais obtenu un résultat réel et important lorsque j'ai entendu les Kaféchio nous dire naïvement et avec les plus grandes marques d'étonnement :

» — Quoi ! vous êtes allé au milieu du pays ? Vous n'avez tué personne ? Rien volé ? Fait aucun mal ?... »

Soleillet se remit en route pour le Choah le samedi, 23 décembre, continuant ses études sur le pays du Kaffa.

Le dimanche, 24 décembre 1882, il entra dans le royaume de Guerra et après un court repos sur les bords du fleuve qui sépare le Kaffa du Guerra, il se remit en route ; le lundi, 25, à trois heures, la petite troupe a à traverser sur un pont la rivière de Kouma.

Ce pont, bien que n'ayant qu'une dizaine de mètres de long, n'est pas franchi sans difficulté par les mulets, car les planches sont fortement disjointes.

Nous passerons rapidement sur un arrêt qu'ils firent dans une des résidences du Mottlet et où ils furent assez mal reçus ; nous ne parlerons pas davantage de la visite qu'ils rendirent le 28 décembre à la mission d'Affalo, ni de diverses haltes qu'ils firent chez les petits souverains dont ils traversèrent les états, et nous nous contenterons de dire que le lundi, 15 janvier, à deux heures de l'après-midi ils étaient de retour à Ouaduso, la ville du Fittorari Garado qu'ils avaient quittée le 26 novembre précédent.

Enfin ils reprirent la route d'Ankober où ils arrivèrent le 31 janvier, à deux heures de relevée.

CHAPITRE VI

DERNIÈRES EXCURSIONS EN ÉTHIOPIE

En compagnie du roi Menelick. — A Dabeub. — Les Amaras (chrétiens) sauvages, de Kollache. — Le torrent Missemah, au pied du mont Tcha-tcha. — Le Ras Dargué oncle de Menelick. — Pêches cultivées par des moines. — Menelick protecteur de l'agriculture. — Les monts-forts. — Le roi retourne à Aureillo. — Le mont-fort de Kollache. — Les grands singes. — Le mont-fort de Tormo. — Le tribunal de Ras Dargué sous un sycomore. — Grande pêche. — Les lépreux. — Le plateau d'Adi-Samba. — Fitché, ville du Ras. — Départ pour l'Abaï. — Projet des Portugais de détourner l'Abaï dans l'Haouache. — Retour à Ankober et à Obock. — Soleillet rejoint M. Chefneux. — Décoration envoyée à Soleillet par le roi du Choah. — Soleillet seigneur feudataire, vassal de Menelick. — Une terre d'évêque sur l'Accachi.

Soleillet rentré dans les états de Menelick II, fut invité par le monarque à faire avec lui une excursion dans l'intérieur.

Nous laisserons le voyageur raconter lui-même les principaux épisodes de cette exploration.

« Le samedi 31 mars, à sept heures nous atteignons le plateau d'Aman. Une haie de mendiants accroupis des deux côtés de la route et invoquant Dieu et les saints annoncent l'approche du roi.

» En effet nous le rejoignons à huit heures au moment où nous passons du plateau d'Aman sur celui de Djirou.

» Après avoir mis pied à terre avec le docteur pour saluer le souverain, qui nous demande gracieusement des nouvelles de notre nuit, nous enfourchons nos mules et nous nous mêlons aux courtisans de l'escorte.

» A 10 h. 45 nous arrivons au village de Dabeub, résidence d'un parent du roi, chez qui Sa Majesté nous emmène tous déjeuner.

» Devant le manoir se trouvent des meules de paille qui disparaissent en un clin d'œil, au milieu des cris et des clameurs de nos domestiques et des gens du roi, qui les émiettent botte à botte pour porter la pâture aux montures.

» Nous sommes admis à la table du roi. Pendant le déjeuner, on raconte divers détails sur les mœurs des habitants, des Kollah du voisinage.

» Bien qu'*amaras* (chrétiens), ils ont les mœurs les plus sauvages.

» Tous les samedis, ils se rendent par petites bandes sur les bords d'un torrent nommé Missemah, qui coule au pied d'une montagne appelée Tcha-tcha.

» Là, ils cherchent mutuellement à se surprendre, se dressent des guet-apens et des embûches, et ceux qui sont assez favorisés du sort pour en tuer d'autres, se mettent dans les cheveux une plume blanche qu'ils remplaceront plus tard par un anneau de cuivre ou d'argent porté au poignet droit.

» Ce qu'il y a de particulier, c'est que ces gens vivent en paix le reste de la semaine.

» *Lundi, 2 avril.* — A onze heures quinze minutes nous arrivons au village d'Aradi, où nous trouvons Ras Dargué, venu pour recevoir son neveu, le roi Menelick II.

» Vers une heure après midi, le roi nous fait appeler le docteur et moi. Nous trouvons Sa Majesté avec le ras, son oncle, qui sont en petit comité seulement.

» Le roi me dit en riant, en me faisant présenter un paquet lié dans un mouchoir :

» — Voyons si vous connaissez ce qu'il y a là dedans? Y en a-t-il dans votre pays?

» Je défais le mouchoir et suis heureusement surpris en voyant rouler sur le tapis qui me sert de siège, de belles pêches aux couleurs variées.

» J'en saisis une et j'y mords avec une avidité qui nous fait tous rire. Elle était excellente.

» On m'apprend que ces fruits, ainsi que les raisins, ne sont plus aujourd'hui cultivés que par les moines, dans les jardins de leurs monastères.

» Nous parlons ensuite des fruits de l'Europe et de l'agriculture en général à laquelle Menelick II attache la plus grande importance et qu'il développe chaque jour de plus en plus dans ses états.

» Sur les deux heures, nous sommes appelés, le docteur et moi, à l'honneur d'assister au repas que le ras offre au roi.

» A l'issue de ce repas, S. M. veut bien me recommander à son oncle et lui dire qu'elle désire que je visite en détail tous les monts-forts (ce qui est une très grande faveur) : l'Abaï, Djarso et Debra Libanos. »

« *Mardi, 3 avril.* — Désireux de prendre congé du roi avant son départ pour Aureillo, je suis debout à trois heures du matin et bientôt après je suis admis à présenter mes hommages au roi qui part à quatre heures, accompagné du docteur à qui je fais aussi mes adieux.

» Hier le ras m'a donné un *balderaba*, homme attaché à mon service, qui doit m'accompagner et me faire connaître comme un protégé de S. M. et de son oncle.

» A 6 h. 30 m. nous nous mettons en route et nous arrivons à 7 h. 15 m. à la porte du mont-fort de Kollache.

» Pendant qu'on parlemente pour nous la faire ouvrir, j'examine le sol et je trouve plusieurs mollusques.

» La porte du fort est établie dans un couloir creusé dans le roc, auquel on accède par une étroite languette de roche ; à gauche, le mont-fort est formé par des assises de pierres en forme de gradins taillés à pic. Une muraille en pierre sèche est construite devant la porte.

» Nous traversons un couloir de roches et nous trouvons, sur une éminence, la maison du gouverneur de Kollache, où nous arrivons à 8 h. 30 m. et où nous mettons pied à terre.

» Son Altesse Ras Dargué nous a devancé chez le gouverneur et après lui avoir présenté mes hommages, je vais, accompagné d'un garde donné par le gouverneur, me promener pendant deux heures pour visiter le mont-fort sur lequel se trouvent des habitations et des cultures.

» Kollache est de tous côtés inaccessible, car dans les rares endroits où il ne l'était pas naturellement il l'a été rendu artificiellement.

Chrétiens d'Abyssinie. (D'après une photographie).

» Sur ce mont se trouve une quantité considérable de singes cynocéphales à crinière de lion et de très grande taille. L'un se lève debout à côté de moi; il peut avoir de 1^m,50 à 1^m,60 de hauteur. »

Parti de Kollache le lendemain de bonne heure, Soleillet arriva à 1 heure et demie dans le mont-fort de Tormo, où il pénétra par une échelle de pierre.

Ce fort est très étendu. Il y a des cultures, des villages, des eaux vives. C'est un lieu de refuge incomparable où une population peut trouver un abri des plus sûrs.

Mais rendons la parole à l'explorateur.

« *Vendredi, 6 avril.* — Arrivés la veille au village de Zomaï, nous y trouvons le ras qui nous reçoit tout le jour au milieu de sa famille et de ses familiers.

» Ras Dargué est le quatrième fils de Sahala-Sélassié.

» Né en 1825, il est haut de taille. Sa peau a la couleur de l'ambre; sa barbe et ses cheveux sont blancs. Sa tête est belle. Toute sa personne a grand air, malgré beaucoup de simplicité dans le geste et le vêtement.

» Ras Dargué a avec lui sa femme à laquelle il est uni depuis trente-cinq ans par les liens indissolubles du mariage religieux. Elle lui a donné quatre enfants, deux fils et deux filles; l'une d'elles est ici.

» Le ras est un fin causeur; il a beaucoup vu et aime bien à se rappeler. »

« *Dimanche, 8 avril.* — Nous partons le matin pour la pêche, avec le ras, sa suite et presque tout le village.

» Nous atteignons un rocher en forme de promontoire, nous le descendons et nous arrivons dans de toutes petites vallées inhabitées, au sol blanchâtre, avec quelques pierres au milieu des terres.

» La végétation spontanée est composée d'acacias et de buissons épineux. Les plantes cultivées sont le coton, la canne à sucre, les mils et les piments.

» Un peu après huit heures, nous nous arrêtons au bord de la rivière Djama. Les eaux sont actuellement basses et coulent sur un fond de cailloux qui ont en moyenne la grosseur du poing.

» Sur les rives de la rivière se trouvent des sycomores et des plantes à soie.

» Nous trouvons le ras assis sous un sycomore. Il est occupé à dicter des lettres à ses secrétaires, tout en écoutant les réclamations que font à ses juges, un homme et une femme, contre un prêtre, au sujet de quelque lopin de terre.

» L'homme est un lourdaud, le prêtre un beau parleur qui cherche l'effet, ce que voyant la femme, qui paraît une fine luronne, écarte d'un geste son mari et prend la parole, en s'adressant directement au ras.

» Elle se démène si adroitement, répond avec tant d'à-propos aux questions du tribunal, riposte si habilement aux filandreuses défenses de son adversaire, qu'elle obtient séance tenante, un jugement favorable.

» Le courrier expédié et les plaideurs ouïs, le ras se rend, avec les juges à la pêche

» Le spectacle est unique.

» Un millier de personnes, hommes, femmes et enfants sont à l'eau ; les uns, armés de sabres, pour frapper les poissons déjà engourdis par le suc des plantes que l'on a répandu dans les eaux ; les autres, avec des linges en guise de filets, les ramassent. Une fois pris, les poissons sont ouverts et vidés et ensuite exposés sur la grève pour être séchés au soleil.

» Tout en suivant les opérations de cette pêche, nous traversons la rivière et nous allons nous asseoir sous un large sycomore.

» Pendant le déjeuner on me raconte que les bergers du pays utilisent la sève de cet arbre pour en enduire les petites guérites portatives dont ils se servent pendant la saison des pluies et qui, une fois recouvertes de cet enduit sont imperméables à l'eau.

» A 6 h. 30 m., nous arrivons au grand village de Derako, province d'Ansarro, qui s'étage au sommet d'une colline et où nous nous arrêtons.

» Le costume des femmes est le même que celui des femmes d'Obock ; elles sont cependant vêtues en blanc au lieu de l'être en bleu comme à Obock.

» Les femmes de Derako ont de gros bijoux en cuivre, notamment des anneaux aux poignets et aux chevilles. »

« *Lundi, 19 avril* — Le ras a des affaires qui le retiennent ici et je puis à loisir étudier les nombreux lépreux qui le suivent, vivant de ses aumônes, car Ras Dargué est un prince très généreux.

» Ces lépreux sont au nombre de 2 ou 300, hommes, femmes, enfants. Ces derniers sont très beaux et paraissent sains et gentils.

» La lèpre est héréditaire et ne paraît pas contagieuse, car les lépreux errent partout librement et tout le monde devrait être infecté.

» Les lépreux du Choah vivent par bandes, suivent les grands seigneurs ou parcourent le pays.

» Ce sont des noctambules, passant la journée dans quelque lieu écarté.

» Ils viennent sur le minuit dans les villages, chantant en chœur, avec goût : ils ont de belles voix.

» Dans la matinée, ils vont d'habitation en habitation mendier ; on n'ose guère leur refuser, car ils blasonnent la nuit suivante les maisons où ils ont été éconduits la veille.

» Une des injures que les lépreux ont le plus souvent à la bouche est celle-ci :

» — J'irai me coucher sur ton lit.

» Cela paraît indiquer qu'ils considèrent la lèpre comme contagieuse.

» Le mardi 10 avril, poursuivant notre excursion, nous atteignons un plateau où se trouve le grand village d'Adi-Samba, qui est habité par des ouvriers.

» Je prends prétexte d'achats à faire et je m'arrête.

» Ce qui me frappe d'abord, c'est la pureté du type juif des habitants ; ils en ont la physionomie, les allures et l'accent particulier.

» Dans la première maison où nous entrons, on fabrique des arçons de selle.

» Nous allons aussi successivement chez des forgerons, des orfèvres, chez un spéculateur qui achète du coton non filé aux femmes et le fait filer chez lui pour revendre ensuite les étoffes.

» Je désire acheter un collier de mulet en cuivre. On m'en apporte plusieurs chez lui : il m'en fait acheter un pas très cher et d'un curieux travail.

» Il est composé d'une large chaîne plate, à chaque anneau de laquelle est attaché un losange de cuivre de deux centimètres de côté et orné d'un dessin repoussé au centre.

» Le mercredi 11 avril, à 10 h. 45 m., nous arrivons à Fitché.

» Sur un vaste plateau tout vert, gracieusement mamelonné, s'étend la ville du Ras. Le centre en est occupé par une butte couronnée de beaux arbres, au centre desquels a été construite une église.

» Le soir, vers les cinq heures, le ras rentre de la pêche. Il est fort triste et ramène avec lui le cadavre d'un de ses fusiliers qui s'est noyé.

» Je me présente chez le ras, qui me reçoit avec son aménité accoutumée. La mort de son serviteur l'a affligé très sérieusement.

» Tous ces hommes, me dit-il, sont mes enfants.

» Le lendemain matin, je vais prendre congé du ras et, à 7 heures, je me mets en route pour l'Abaï. »

Soleillet poursuivant sa route traversa successivement le village de Temano, d'Ambisso, de Kellitcha, où se trouve le manoir de la fille aînée du ras.

A midi, la petite caravane arrive au village de Nagaou, résidence du gouverneur de l'Idabou.

A 1 heure, on est dans la plaine d'Abolté où l'on voit de nombreuses habitations disséminées dans les cultures.

A 2 heures, les voyageurs traversent la rivière d'Alatou et trouvent sur l'autre bord le grand village d'At-en-Darou.

C'est ainsi que, continuant leur route, ils arrivèrent enfin au bord de l'Abaï (Nil Bleu) le dimanche 15 avril, à 8 h. 15 m. du matin.

« Nous sommes venus, dit Soleillet, en descendant des chemins impossibles, dans lesquels j'ai dû le plus souvent glisser sur les mains et le fond de ma culotte, de moleskine heureusement.

» Le fleuve est certainement imposant. Il coule sur une largeur de 200 mètres, entre deux hautes murailles de roches rouges, de 50 à 60 mètres de hauteur et dans les interstices desquelles, aussi bien sur la rive du Godjam que sur celle du Choah, poussent des acacias au tronc tordu et au feuillage grillé.

» Où un peu de terre végétale l'a permis se voient de rares et malingres sycomores.

» L'Abaï mérite peu aujourd'hui le nom de Nil Bleu, car la couleur de ses eaux est jaune.

» Nous trouvons sur les bords du fleuve une centaine de gens du Godjam venus, hier, au marché de Djarso, et se disposant à rentrer chez eux avec leurs acquisitions qui consistent principalement en veaux et jeunes mulets.

» La hauteur des eaux au gué ne dépasse pas les aisselles d'un homme de taille moyenne ; les femmes et les enfants perdent pied et traversent le fleuve en appuyant leurs mains sur les épaules d'un homme.

» Un voyageur économiste, comme j'ai toujours tâché de l'être en Afrique, où, depuis longtemps déjà, je cherche à ouvrir des routes, créer des relations entre nos possessions et l'intérieur du continent, ne saurait se trouver sur les bords de l'Abaï sans songer au projet des Portugais de détourner ce fleuve dans l'Haouache, projet qui aurait pour conséquence directe de réunir à l'intérieur de l'Afrique, par un grand fleuve, notre possession d'Obock.

» Il est certain que si l'on parvenait à détourner dans l'Haouache un volume d'eau aussi considérable que doit être celui de l'Abaï aux hautes eaux, ces eaux, jointes à celles de l'Haouache se créeraient, par leur propre force, quels que soient les obstacles qui s'y opposent, une route vers la mer. »

Soleillet prit congé, le 17 avril, du Ras, qui devait passer quelques jours au village de Kési.

Nous renverrons au *Bulletin de la Société normande de géographie* ceux de nos lecteurs qui tiendraient à connaître jour par jour l'itinéraire du voyageur et les événements survenus pendant son voyage. Pour nous, bornés par le cadre de ce volume, nous nous contenterons de résumer à grands traits la suite de cette grande exploration.

Rentré à Ankober le samedi 21 avril 1883, Soleillet en partit pour retourner à Obock le lundi 7 juillet 1884.

Le lendemain, il arriva à Azakel, où M. Léon Chefneux, avec qui il devait voyager, avait établi son camp depuis quelques jours ayant ainsi l'obligeance de lui épargner les ennuis des préparatifs de départ.

Voici le texte même d'une lettre adressée par Soleillet à l'auteur de ce livre et dans laquelle il nous fait part d'un honneur inespéré que vient de lui faire le roi Menelick II.

« Mon cher ami,

» A mon arrivée à Azakel, M. Chefneux me remit deux lances et un bouclier d'honneur, garni en argent, que le roi m'a fait envoyer ici, ainsi qu'une décoration ayant la forme d'une étoile en or et qui se porte au cou avec le cordon de soie aux couleurs de l'Ethiopie (rouge, blanc, jaune et vert).

» A cette décoration était jointe un brevet, que M. Joseph, interprète de la station italienne de Let-Marafia, venu pour nous dire adieu, a traduit comme il suit :

Moi,

Menelick II, par la grâce de Dieu, roi du Choah, du Kaffa et de tous les pays Gallas.

Suivant l'usage des rois qui donnent leur décoration à leurs amis et à leurs guerriers, pour leur dévouement, leur science, leur force, leurs vertus et leur intelligence ;

Je donne ma décoration

A M. PAUL SOLEILLET, mon ami,

Qui est resté deux ans auprès de moi et a travaillé à renouveler les bonnes relations amicales et commerciales établies autrefois par un traité entre mon grand-père Séla Selassié et Louis-Philippe.

En récompense de ses services, je l'autorise à porter sur sa poitrine cette distinction d'amitié.

Cette étoile est la troisième décoration de mon royaume.

Écrit en ma ville d'Ankober, le 24 Sanié 1876 (1ᵉʳ juillet 1884), l'an dix-neuvième de mon règne. »

Ce ne fut pas là la seule marque de faveur que Soleillet reçut du roi Menelick.

Plus tard, retenu en Afrique par les embarras que lui causait sa Compagnie, il écrit de Gallam la lettre suivante, à notre ami commun, M. Gabriel Gravier, président de la Société normande de géographie.

« Mon cher ami,

» Je suis dans une position absurde ; comme sœur Anne, j'attends et ne vois rien venir.

» J'attends des nouvelles de feue ma Compagnie et suis réduit à faire suppositions sur suppositions.

» Pour le moment, grâce à la bonté de S. M. Menelick II, ma vie s'écoule assez doucement, ce roi ayant bien voulu me nommer titulaire d'un *malcagnat* (fief).

» Je suis indépendant sur une terre qui ne relève que du roi et mène à peu près l'existence des barons du moyen âge dans leur manoir féodal.

» Le matin je passe une heure ou deux à manèger mes chevaux dans mes prairies ; je chasse ou je pêche.

» Je préside ensuite le dîner de mes gens et je rends la justice, car à tout malcagnat sont attachés des *gabares* (paysans), qui sont administrés au nom du roi par le malcagnat.

» Les gabares ne doivent pas être assimilés aux serfs du moyen âge, car ils sont propriétaires du sol qu'ils cultivent. Ils peuvent le vendre, le léguer ; mais à ce sol, au lieu d'impôt, est attachée, en faveur du malcagnat, une corvée de deux jours sur cinq jours ouvrables.

» J'ai ainsi une centaine d'administrés, et un territoire d'une bonne journée de longueur, sur une demie de largeur, qui est traversé par la rivière Accachi, affluent de l'Haouache.

» La moitié du terrain à peu près m'appartient ; il y en aurait assez pour nourrir 1000 personnes, car le sol est des plus fertiles, surtout en grains, blé et teffe.

» Cette terre avait jadis eu comme malcagnat un évêque catholique, Mgr Torreins.

» La plupart des paysans sont catholiques, et le roi, en me la donnant, a voulu remettre ces gens, qui avaient appartenu à un Français, entre les mains d'un Français et donner ainsi une nouvelle preuve de sa tolérance religieuse ; de plus une terre d'évêque est bonne en tous pays.

» Il m'a donné ainsi un témoignage d'amitié auquel je suis très sensible, et je m'efforce d'être, pour le moment, aussi bon malcagnat que faire se peut.

» Bien à vous.

» Paul Soleillet. »

CHAPITRE VII

OBOCK ET ABOU-BEKRE

Arrivée à Sagallo. — Le pavillon français. — Les enfants Danakil : « Bonjour Monsieur ! ». — Le pacha de Zeïlah. — Arnoux, Lucereau et Guiletti ; le comte Antonelli et Soleillet. — La traite des esclaves d'Éthiopie faite par ceux qui ont mission de l'empêcher. — Ennemis protégés de la France.

Nous terminerons le récit de ce voyage en laissant l'explorateur lui-même raconter son arrivée à Sagallo et à Obock.

« *Le vendredi 1er août* a lieu notre arrivée à Sagallo.

» Ce n'est pas sans une vive émotion que nous voyons, sur les ruines de notre paillotte, flotter le drapeau français.

» A l'instigation des Anglais et d'Abou-Bekre, pacha de Zeïlah, les Égyptiens ont construit ici un fortin, où ils entretiennent un officier et une trentaine de soldats (1).

» L'officier qui commande le détachement vient nous saluer, et, l'après-midi, nous offre une collation dans le fortin, qu'il a entouré d'un magnifique jardin.

» Le lendemain, M. Chefneux allait s'embarquer à Ras Ali, sur un boutre, pour Obock, et je continuais moi-même la route par terre.

» J'arrivais à Obock le mercredi 4 août, à quatre heures de l'après-midi.

---

(1) Ce fortin a été abandonné depuis, et tout le golfe de Tadjourah est terre française.

Jeune indigène d'Obock. (D'après une photographie).

» Les enfants danakil, qui viennent me saluer, me disent en français :

» — Bonjour, monsieur ; monsieur, bonjour !

» C'est que depuis mon départ, Obock a été occupé par les Français, et que les enfants, mêlés à nos marins, ont vite reconnu quelques mots de notre langue. »

Nous aurons terminé les points les plus importants de ce voyage de Soleillet quand nous aurons cité une lettre qu'il a adressée à la Société de géographie commerciale de Paris, et dans laquelle il fait connaître son appréciation sur le rôle qu'a joué et que joue encore dans ces parages le trop fameux Abou-Bekre, pacha de Zeïlah.

« A Monsieur Gauthiot, secrétaire général de la Société de géographie commerciale.

» Mon cher monsieur Gauthiot,

» J'aurai, une autre fois, l'honneur de vous entretenir de l'exploration que je viens de très heureusement effectuer à l'Abaï (Nil bleu). Je crois devoir vous parler aujourd'hui du pacha de Zeïlah, Abou-Bekre, dont la Société de géographie commerciale s'est occupée d'une façon toute particulière à propos du meurtre d'un de ses membres, le voyageur français Lucereau. Tout le monde, à Zeïlah et sur la côte, connaît l'animosité qui existe entre Abou-Bekre, le pacha de Zeïlah, et Nadi, le pacha du Harrar.

» Avant l'arrivée de Nadi dans le Harrar, le commerce de cette région était presque monopolisé par Abou-Bekre ; aussi les ennemis de l'un sont-ils les clients de l'autre. Or, l'assassin de Lucereau serait le fils d'un homme que Nadi Pacha a fait mourir sous la courbache, par conséquent un client d'Abou-Bekre Pacha. Notre malheureux collègue Lucereau avait vivement et plusieurs fois offensé Abou-Bekre Pacha, qui a guidé, j'en suis convaincu, le bras des assassins d'Arnoux. Ce qui est certain, c'est que la famille d'Abou-Bekre a décerné l'honneur d'une plume blanche, recherché chez les Afars, à l'un des assassins de Pierre Arnoux. Je crois que, si l'on cherchait bien, l'on trouverait que ce même pacha n'est pas étranger au massacre de la mission Guiletti.

» Le fait qu'Abou-Bekre m'a fait poursuivre pour m'assassiner est incontestable ; il a également fait poursuivre le comte Antonelli, jeune et vaillant voyageur italien qui vient d'ouvrir la route d'Assab au Choah, comme j'ai déjà ouvert celle d'Obock.

» Maintenant, examinons les mobiles qui dirigent Abou-Bekre Pacha et toute sa famille dont les membres ont, quand ils sont en Europe, une tenue irréprochable et qui ici vont nu-pieds, la tête nue, la chevelure couverte de graisse, n'ayant pour vêtement qu'une pièce de cotonnade serrée autour des reins par une ceinture qui soutient un large couteau recourbé.

» Le père et le grand-père du pacha Abou-Bekre étaient les plus riches marchands d'esclaves de Tadjourah. Lorsque Rochet d'Héricourt vint au Choah, ce fut la famille d'Abou-Bekre qui le fit accompagner, et de là datent les relations des Abou-Bekre avec la France. Ayant paru nous aider lors de l'acquisition d'Obock, ils sont devenus protégés français, et c'est en partie à cette qualité qu'Abou-Bekre doit sa nomination de pacha de Zeïlah. Depuis cette nomination le pacha a été le maître omnipotent de la route du Choah. Avant moi et depuis Rochet d'Héricourt, aucun Européen n'avait pu parvenir au Choah sans se placer sous la protection de ce pacha ; avant moi aussi, le roi Menelick n'avait pu recevoir d'armes ou d'autres produits de l'Europe que par l'intermédiaire d'Abou-Bekre. Ayant les routes du Choah en son pouvoir, Abou-Bekre avait sur le souverain de ce pays une très grande puissance. A quoi l'a-t-il employée jusqu'à présent ? Depuis longtemps la traite est interdite au Choah. Le roi actuel, S. M. Menelick II, est très franchement abolitionniste ; mais, ne pouvant se passer des Abou-Bekre, il a, un temps, fermé les yeux sur leur commerce criminel. Depuis que j'ai ouvert la route d'Obock, les choses ont changé et le roi a voulu faire rentrer cette famille dans le droit commun ; me faire disparaître, fermer la route d'Obock est donc pour elle une question vitale.

» Comme tous les marchands musulmans (c'est ce qui leur donne une puissance d'action que vous ne pouvez soupçonner en Europe), les Abou-Bekre ont des maisons, des femmes du pays, des enfants partout où ils vont ; ils se trouvent partout dans leur famille, de Kaffa à Zeïlah et de Zeïlah à Bailloul, Abou-Bekre est pacha de Zeïlah ; son fils Ibrahim Bey est gouverneur de Tadjourah ; un autre de ses fils, Bouranta, officier dans l'armée égyptienne, commande les troupes du pa-

Vue de Zeïlah, d'après un croquis de M. de Rivoyre.

cha de Zeïlah, et ils sont aussi, à eux trois et à titres divers, chargés de la police de la côte et de la suppression de la traite, à laquelle ils peuvent, en conséquence, se livrer impunément. Voici comment ils opèrent :

» Au moment où j'écris, ils ont deux routes pour revenir du Choah, l'une, qui aboutit à Zeïlah, ne leur sert que pour le transport des marchandises tolérées, ivoire, café et peaux ; l'autre qui aboutit à Ambabo, propriété particulière de cette famille, entre Tadjourah et Sagallo, est le point où ils font arriver leurs caravanes d'esclaves, composées d'enfants des deux sexes, destinés aux harems de l'Égypte et de la Turquie. C'est à Ambabo qu'ils engraissent les filles et émasculent les garçons. Notre établissement à Sagallo les gênait dans cet ignoble trafic ; nous les avons obligés à aller se cacher un peu plus loin et ils ont été assez adroits pour se faire aider par les Anglais. Une fois les filles engraissées et bien reposées, les garçons émasculés, on les mène par des routes parallèles à la côte, entre Reitta et Bailloul, et là, par une nuit plus ou moins sombre, on les embarque sur un boutre qui les transporte à Hodeida, Djeddah, ou Moka, et de là, au moyen de correspondants associés, on les fait parvenir à Constantinople, trouvant partout bon accueil.

» Lors du bombardement d'Alexandrie, le fils d'Abou-Bekre Pacha se trouvait dans cette ville. Il venait de terminer des affaires au Caire, et on peut deviner lesquelles. Effrayé par le bombardement, il alla se réfugier à bord d'un bâtiment de guerre français, où il fut très bien reçu, car, il me l'a dit lui-même, « lui et les siens sont tous protégés français. »

» Que la France retire à cette famille sa protection, qu'elle obtienne de l'Égypte que l'on enlève à ses membres leurs places, et ils deviendront impuissants pour le mal. Si ces négriers restent les protégés de la France, les fonctionnaires de l'Égypte, les alliés de l'Angleterre, les routes d'Obock et d'Assab seront refermées, et les quelques Européens qui viendront par ici auront bien de la peine à échapper au couteau. Pourquoi ces gens se gêneraient-ils ? Ils sont sûrs de l'impunité ! Qui a puni les meurtriers de Lucereau et d'Arnoux ? Qui les a seulement recherchés sérieusement ? »

CHAPITRE VIII

LA FIN D'UN EXPLORATEUR

Retour de Soleillet. — Récompenses méritées. — Dernier départ. — Sa mort sur son champ de bataille.

Rentré en France, Soleillet commença, comme conférencier, une infatigable campagne. Aussi les récompenses honorifiques ne tardèrent-elles pas à pleuvoir sur l'intrépide voyageur. Les sociétés de géographie de Rouen, Marseille, Lyon, Lille, la société Languedocienne de géographie, etc., etc., lui décernèrent leurs médailles d'honneur.

D'autre part, Soleillet avait rapporté de ses voyages dans l'Afrique Orientale des trésors ethnographiques, qui furent classés, par les soins du docteur Hamy, dans le musée ethnographique du Trocadéro. Le gouvernement ne pouvait se dispenser de montrer sa reconnaissance au voyageur, qui revenait chargé, au profit de nos musées, de richesses inappréciables.

Déjà officier d'académie depuis le 11 juin 1879, Soleillet fut décoré à son retour, en 1885, de la croix de la Légion d'honneur.

Là, malheureusement, se bornèrent les témoignages de gratitude du gouvernement. L'explorateur sollicita vainement de lui une mission scientifique ou diplomatique pour le royaume du Choah. Voyant qu'il n'y avait à compter sur aucun appui officiel, il se décida à chercher quelques capitaux parmi ses amis et ses connaissances.

C'est ainsi qu'il repartit pour le Choah, avec une caravane de marchandises destinées au roi Menelick.

Il revenait de cette expédition, peut-être avec des résultats précieux, quand la mort vint le surprendre à Aden, à l'âge de quarante-quatre ans.

Il a succombé, dit-on, à une maladie de cœur qu'il avait contractée pendant ses longs et pénibles voyages.

La Société des Félibres de Paris, dont Soleillet était un des membres les plus dévoués, a pris l'initiative d'un projet de monument à la mémoire de l'intrépide explorateur.

L'exécution en est, dit-on, confiée au sculpteur Amy.

Paul Soleillet, auquel de faux savants et des jaloux, ont reproché à tort d'être insuffisamment instruit pour tirer tout le parti possible de ses voyages, a écrit plusieurs livres, qui tous ont eu du retentissement dans le monde géographique. Citons : *Exploration du Sahara central* (1874); l'*Avenir de la France en Afrique* (1876); l'*Afrique occidentale* (1877); *Rapport sur le voyage de Saint-Louis à l'Adrar* (1879); les *Explorations de Paul Soleillet, racontées par lui-même* (1881); *Voyage en Éthiopie* (1885); *Une exploration en Éthiopie* (1886); plus un grand nombre de mémoires et de brochures.

La mort de cet intrépide, qui est venue grandir la liste nécrologique, déjà si considérable, des voyageurs en Afrique, est un véritable malheur pour la science géographique, à laquelle il a rendu des services aussi nombreux que signalés.

FIN

TABLE DES GRAVURES

1 — Paul Soleillet. 4
2 — Les danseuses s'avancent glissant mollement sur leurs beaux pieds nus 25
3 — Femme arabe du M'zab. 33
4 — Vue de Gardhaïa, capitale du M'zab 49
5 — Vue de Ouargla 53
6 — Caravane dans le désert 68
7 — Types de Touaregs. 85
8 — Village nègre. 99
9 — Vue de Tombouctou 102
10 — Paysage du Foutah-Djallon. 119
11 — Maures du Soudan occidental 130
12 — Rade d'Obock. 145
13 — Guerrier dankali. 151
14 — Conducteurs de caravanes 157
15 — Soldat du Choah. 181
16 — La fabrication du pain au Choah 187
17 — Chrétiens d'Abyssinie 225
18 — Jeune indigène d'Obock 235
19 — Vue de Zeïlah 239

TABLE DES MATIÈRES

Biographie de Paul Soleillet. 7

LIVRE PREMIER

DANS LE SAHARA

CHAPITRE PREMIER
LAGHOUAT. — LE DJEBEL AMOUR

Les Berbères. — Fêtes d'un mariage. — La musique arabe. — Aïn-Mahdi. — La mosquée. — Le marabout Sidi-Béchir — Les Beni-M'zab ou M'zabites. 21

CHAPITRE II
DJELFA. — OUARGLA

Deuxième voyage. — L'alfa. — La faune et la flore sahariennes. — A Djelfa. — Chez les Laârba. — Au M'zab. — L'agah Ben-Driss à Ouargla. — Les mehara. — A Metlili. — Le chérif Sidi-Mouley. — Le cheik Ahmet. — Les Châamba 37

CHAPITRE III
ZIRARA. — EL-GOLÉAH

Sur la route d'In-Çalah. — Grappes de sauterelles comestibles. — Le puits de Zirara. — Rencontre de Mohamed-ben-Messaoud. — Sinistres prédictions. — Au delà d'El-Goléah. — El-Hadj-Amar-ben-Bousseta. — Au Tildikelt. 59

CHAPITRE IV
L'OASIS D'IN-ÇALAH

Le carrefour de l'Afrique occidentale. — Hadj-Abd-el-Kader, seigneur d'In-Çalah. — Situation politique et religieuse. — La confrérie de Mouley-Taïeb. — Les esclaves. — Arrivée à In-Çalah. — Le queçar de Milianah. — Position défensive. — Envoi d'un messager à Hadj-Abd-el-Kader. — La monnaie française. — Le commerce du Sahara 76

LIVRE II

AU SÉNÉGAL ET AU SOUDAN

CHAPITRE PREMIER
LE SÉNÉGAL ET LE SAHARA

Départ de Saint-Louis. — Composition du convoi. — Chez le roi des Toucouleurs. — Guédé, capitale du Toro. — Le palais de Lam-Toro. — A Bakel. — Itinéraire projeté. — Convoi de petits esclaves : gamins et bébés. — Le chien du troupeau : le maître. — L'Afrique occidentale et le Niger. — Le *Karité*, beurre végétal. — Les fleuves souterrains du Sahara. — Immense région à cultiver et à peupler entre l'Algérie et le Sénégal. — La question de l'esclavage — Race intelligente du Soudan. — Massacres occasionnés par la suppression de la traite — La traite n'est pas supprimée. — Moyen de peupler le Sahara. — Chemin de fer d'Alger à Saint-Louis par Tombouctou. — Dans le Cayor. — Les Yolofs. Les *amandes de terre*; origine du commerce des arachides. — Le roi Lat-Dior allié de la France. . . . 97

CHAPITRE II
DE SAINT-LOUIS A SÉGOU

Les Toucouleurs du Foutah. — L'almani. — Fondation du royaume de Ségou par Hadj-Omar. — Bambara. — Les commerçants de Bakel en Galam. — Au delà du Foutah et du Galam sur l'autre rive du Sénégal. — Basiru, roi de Kouniakary. — Le Tata de Basiru. — Un sopha à dossier humain. — Médecin du roi. — Pourquoi tous les rois noirs ont été hospitaliers au voyageur. — Du Kouniakary à Dialla. — Massif montagneux et boisé du Kaarta. — Faraboubou, souvenir du grand voyageur Mungo-Park. — Région du Niger. — Grandes forêts ; lions, éléphants et girafes, autruches et colibris. — Grand marché de Guigné. — Yamina à sept cents lieues des sources du Niger ou Djoliba. — Pirogue envoyée par Ahmadou. — Descente du fleuve ; le drapeau français. — Réception à Ségou. — Luxe de la cour. — Arsenal. — A quatre jours de Tombouctou. — Retour au Sénégal. — Sympathies générales inspirées par l'explorateur. — Préparation d'un nouveau voyage. 117

CHAPITRE III
ENTRE LE SÉNÉGAL ET LE NIGER

Les Maures du Soudan occidental. — *Hassan* et *Cheik*, la caste des guerriers et celle des marabouts. — Franc-maçonnerie religieuse : *Zoua, Decker* et *Talibés*. — Mohamed-Fada. — Son petit-fils Cheik-Saad-Bou. — Soleillet chez Saad-Bou. — En route pour l'Adrar. — Fâcheuse rencontre. 129

CHAPITRE IV
EN ROUTE POUR MÉDINE

Indiscrétion d'un correspondant et d'un journaliste. — L'expédition Galiéni. — Ce qu'il en coûte de dire crûment la vérité à un gouvernement. — Les projets de Soleillet misérablement entravés par une rancune de fonctionnaires. 137

LIVRE III
DANS L'AFRIQUE ORIENTALE
CHAPITRE PREMIER
OBOCK

Soleillet met un signet à son livre du Sahara. — Entreprise commerciale. — Conduite d'une expédition sur la côte orientale d'Afrique. — Installation à Obock. — Meurtre de Pierre Arnoux. — Relations établies avec l'Éthiopie et le Choah. — M. Léon Chefneux. — Premières caravanes arrivées à Obock. — Le roi Menelick en compte avec la Société Française. — Soleillet part pour le Choah. — Comptoir fondé à Sagallo. — Concessions obtenues de Menelick. — Excursion au Kaffa. — Embarras causés en France à l'explorateur. — Développement de la Société en Afrique pendant qu'elle se dissout à Paris. — Tadjourah. — Sagallo, territoire donné à Soleillet par le sultan Loïtah. 144

CHAPITRE II
VOYAGE AU CHOAH

Organisation de la caravane. — Éthiopiens et Afars. — Mules et chameaux : *Figaro* et *Rosine*, la chienne *Brûlée*. — Halte au torrent Moya. — Lanfrey de Marseille. — Le pays de Loïtah. — Les Afars. — Le mont Jugamara. — Chez le sultan Mohamed-Loïtah au pays d'Aéroli et Daka. — Défection du frère de Loïtah. — Dans l'Asbari. — Le Gayallé, pays de lait et de riz. — Les plaines d'Erred aux portes du Choah. — Rencontre d'un convoi afar. — Flèches empoisonnées. — Grandes chasses. — Une alerte. — Le camp des Afars Ouïmu. — Les moustiques et les moineaux. — Éléphants, singes, lions, hyènes. — Ali Fallo, chef de la tribu Sidi-Aboura. — Passage de l'Haouache. — Arrivée à Ferré, dernier pays musulman. — Les gaboris : privilège du roi. — Ankober : dans la maison de M. Chefneux. 160

CHAPITRE III
EN ABYSSINIE

Soleillet et ses compagnons invités par le roi aux noces de sa fille. — Azage Ouada Tsadeck. — Lettre de Menelick. — Chez Atto Kataro. — Les gorges de Doat. — Séjour à Aureillo. — Visite au roi. — Réception cordiale ; vieille amitié pour la France. — Le grand marché ; monnaie d'argent et monnaie de sel : le thaler et l'amoulé. — Cadeau de Gulla Gobana au roi Menelick. — Réception des envoyés de l'empereur Jean. — Les ras emmènent la princesse. — Cortège pompeux. — Toute l'armée sur pied. — Clergé et suivantes. — Innombrables montures caparaçonnées. — La princesse et sa sœur de lait. — Musique et danses sacrées. — Amphores d'hydromel. — Cuisinières et fileuses. — Bêtes de bât. — Troupeaux de moutons et de bœufs. — Mariage civil et mariage religieux. — Mariage au berceau. — A dîner chez le roi. — Trois mille invités. — Les bardes Astinari. — Retour à Ankober. — Cadeau du roi à Soleillet. 173

CHAPITRE IV
DÉPART DU CHOAH

Le ras Gobanna. — Le convoi pour Kaffa. — Le fidèle Aiellé chef de la caravane. — Bagages et présents. — Kollah, Ouïn-Daga et Daga, les trois régions de l'Éthiopie. — Première halte. La résidence d'un seigneur amara. — Gracieuse hospitalité de l'azage qui s'offre lui-même comme guide. — Les ruines d'Angolala. — La tribu des Abichou. — A la résidence de Gimbisi. — Le vieillard Anda-Djake. — Descente du ravin. — La suite de Mme Gobanna. — La rivière Gouyoo. — Dame, damoiselle, chapelain, nain et bouffon ; écuyers et pages. — Arrivée chez le ras. — La Cour de justice. — Lettre du ras pour le roi de Djéma et le premier ministre du Kaffa. — L'abba Koro préfet de la province de Karkari. — A Djiré chez le motti de Djéma. — Marchands musulmans chassés par l'empereur Jean. — La rivière de Gaudjeb. . 193

CHAPITRE V
VOYAGE AU KAFFA

Envoyés de Kaffa. — Leur salutation. — La première enceinte. — La rivière Potiyo. — Les baies de cactus. — Le marché de Baka. — Les miradors des vigies au haut des arbres. — Caféiers et incètes. — Hospitalité des Rachos. — Le Kattama-racho, grand vizir de Tatino, roi de Kaffa, descendant de Salomon. — Le Tatino invisible. — Cérémonie de la remise des lettres. — Les prêtres catholiques, les deux seuls lettrés du royaume. — Négociations difficiles. — Le marché de Bonga. — Route commerciale à ouvrir entre Obock, le Choah, le Kaffa et les grands lacs. — Trafic du Kaffa. — Cadeaux du Tatino. Sa défiance. — Le petit esclave Noël. — La mission : deux prêtres indigènes. — Frayeur qu'inspire Soleillet au Kaffa. — Riche pays de culture. — Le pays des Changalla. — Retour à Ouaduso et à Ankober 208

CHAPITRE VI
DERNIÈRES EXCURSIONS EN ÉTHIOPIE

En compagnie du roi Menelick. — A Dabeub. — Les Amaras (chrétiens) sauvages de Kollache. — Le torrent Missemah, au pied du mont Tcha-tcha. — Le Ras Dargué oncle de Menelick. — Pêches cultivées par des moines. — Menelick protecteur de l'agriculture. — Les monts-forts. — Le roi retourne à Aureillo. — Le mont-fort de Kollache. — Les grands singes. — Le mont-fort de Tormo. — Le tribunal de Ras Dargué sous un sycomore. — Grande pêche. — Les lépreux. — Le plateau d'Adi-Samba. — Fitché, villa du Ras. — Départ pour l'Abaï. — Projet des Portugais de détourner l'Abaï dans l'Haouache. — Retour à Ankober et à Obock. — Soleillet rejoint M. Chefneux. — Décoration envoyée à Soleillet par le roi du Choah. — Soleillet seigneur feudataire, vassal de Menelick. — Une terre d'évêque sur l'Accachi. . . . 222

CHAPITRE VII
OBOCK ET ABOU-BEKRE

Arrivée à Sagallo. — Le pavillon français. — Les enfants Danakil : « Bonjour Monsieur ! ». — Le pacha de Zeïlah. — Arnoux, Lucereau et Guiletti ; le comte Antonelli et Soleillet. — La traite des esclaves d'Éthiopie faite par ceux qui ont mission de l'empêcher. — Ennemis protégés de la France. 234

CHAPITRE VIII
LA FIN D'UN EXPLORATEUR

Retour de Soleillet. — Récompenses méritées. — Dernier départ. — Sa mort sur son champ de bataille 242
Table des gravures. 244

À LA MÊME LIBRAIRIE

BIBLIOTHÈQUE COLONIALE
ET DE VOYAGES

VOLUMES IN-8° CARRÉ, ILLUSTRÉS

Broché.................. 2 fr. 50
Toile tranche dorée......... 3 fr. »
Reliure 1/2 chagrin.......... 4 fr. 50

LES FRANÇAIS DANS LES ILES DE LA MANCHE (Iles anglo-normandes), par **A. et Ch. Frémine.**
LES FRANÇAIS AU CANADA, par **A. Chalamet I. P.**
LES EXPLORATIONS DE PAUL SOLEILLET EN AFRIQUE, par **Jules Gros.**
LES FRANÇAIS EN AMAZONIE, par **Henri A. Coudreau.**
LES FRANÇAIS A OBOCK, par **Denis de Rivoyre.**
LES FRANÇAIS A MADAGASCAR, par **Fernand Hue.**
LES FRANÇAIS EN GUYANE, par **Jules Gros.**
ORIGINES DE LA CONQUÊTE DU TONG-KIN, depuis l'expédition de Jean Dupuis jusqu'à la mort d'Henri Rivière, par **Jules Gros.**
NOS EXPLORATEURS EN AFRIQUE, par **Jules Gros.**

Pour paraître dans la même collection :

LES FRANÇAIS AU CAMBODGE.
LES FRANÇAIS A SAINT-DOMINGUE.
LES FRANÇAIS EN TUNISIE.
LES FRANÇAIS EN SUISSE.
LES FRANÇAIS AU SÉNÉGAL.
LES FRANÇAIS EN ALGÉRIE.
LES FRANÇAIS EN OCÉANIE.
HISTOIRE DE LA COLONISATION FRANÇAISE.
LES FRANÇAIS A LA PLATA.
LE CANADA, depuis la fondation de Québec jusqu'à nos jours.

www.ingramcontent.com/pod-product-compliance
Lightning Source LLC
Chambersburg PA
CBHW070636170426
43200CB00010B/2046